# TABLE DES MATIÈRES

*Avant-propos*

## HISTOIRE DE JOSEPH LE CHARPENTIER.

Introduction   3
Histoire de Joseph Le Charpentier   7

## ÉVANGILE DE L'ENFANCE

Introduction   33
Évangile de l'enfance   39

## PROTÉVANGILE DE JACQUES LE MINEUR

Introduction   81
Protévangile de Jacques Le Mineur   85

## ÉVANGILE DE THOMAS L'ISRAÉLITE

Introduction   105
Livre de Thomas l'Israélite, philosophe, sur les choses qu'a faites le Seigneur, encore enfant.   107

## ÉVANGILE DE LA NATIVITÉ DE SAINTE MARIE

Introduction — 123
Évangile de la nativité de Sainte Marie — 127

## HISTOIRE DE LA NATIVITÉ DE MARIE ET DE L'ENFANCE DU SAUVEUR

Introduction — 143
Histoire de la nativité de Marie et de l'enfance du Sauveur — 150

## ÉVANGILE DE NICODÈME

Introduction — 183
Évangile de Nicodème — 199

# FRAGMENTS D'ÉVANGILES APOCRYPHES

GUSTAVE BRUNET

# AVANT-PROPOS

Nous offrons au public, une traduction fidèle des Évangiles apocryphes. Monuments des plus curieux, témoins irrécusables du mouvement des esprits à une époque particulièrement digne d'attention, ces récits, ces légendes naïves sont dignes souvent d'être comparés à ce que la poésie de tous les âges offre de plus beau ; ils ne se trouvaient que dans quelques ouvrages grecs ou latins, connus des seuls érudits de profession, difficiles à rencontrer, ou d'un prix inabordable. Le siècle dernier avait traduit, c'est-à-dire défiguré et tronqué certains fragments de cette littérature contemporaine du Christianisme à son berceau ; une intention irréligieuse les avait présentés sous un faux jour. En fait de travaux en langue française sur le sujet qui nous occupe, nous n'avons à indiquer que les leçons de M. Dohaire, insérées dans l'*Université Catholique* ; plus d'une fois nous avons fait usage des appréciations de ce judicieux critique. Nous le redirons avec lui : les légendes des cycles évangéliques sont de simples traditions trop crédules, souvent trop puériles ; mais à chaque page brillent la candeur et la bonne foi. Dans ces narrations familières, dans ces anecdotes contées au foyer domestique, sous la tente, à l'ombre des palmiers au pied desquels s'arrête la caravane, le tableau des mœurs populaires de l'église primitive se déroule en toute sincérité. L'âme et la vie de la nouvelle société chrétienne sont là, et elles y sont tout entières. Ces récits sont maintes fois dénués de vraisemblance ; nous en convenons ; ils manquent d'exactitude historique ; la chose est certaine quant à de nombreux détails ; mais les usages, les pratiques, les habitudes, les opinions dont ils conservent les traces, voilà ce qui réunit le mérite de l'intérêt à celui de la fidélité.

Ces légendes étaient les poèmes populaires des premiers néophytes du culte nouveau ; la foi et l'imagination les embellissaient sans cesse ; l'on y rencontre encore des lambeaux reconnaissables de compositions en vers, et qui étaient certainement chantées.

Un écrivain instruit l'a déjà remarqué ; des mémoires qui nous révéleraient l'état un peu complexe de la société chrétienne dans les premiers moments de sa naissance, seraient d'un prix inestimable. Ces récits existent ; mais ils avaient été oubliés, perdus de vue ; ce sont les actes des martyrs, les histoires des apôtres et de leurs disciples, les faux Évangiles des premiers siècles. En même temps, ces mémoires sont de petites épopées empreintes d'un caractère de crédulité naïve; elles ont pour descendants les grands poèmes épiques chrétiens, Dante, Milton et Klopstock.

Si vous cherchez la cause de la faveur démesurée dont ces légendes ont été l'objet durant quatorze siècles, si vous demandez le motif de leur multiplicité, interrogez ce besoin de merveilleux dont l'homme a constamment subi l'influence, qui s'est à chaque époque manifesté dans l'Orient avec une vivacité toute particulière, et dont la société nouvelle ne pouvait se défendre malgré la sévérité, malgré la gravité de ses croyances immuables. Ces gentils encore imbus des fables de la mythologie, ces juifs convertis, mais la tête pleine des merveilles qu'enfantait l'imagination des rabbins, ces néophytes d'hier, épars à Jérusalem, à Alexandrie, à Éphèse, ne pouvaient si vite vaincre leur penchant pour les fictions. Ce fut toujours le propre des peuples d'Orient d'entremêler le conte, la parabole aux matières les plus graves. Aussi, dans les légendes que nous allons reproduire, retrouve-t-on l'empreinte remarquable et profonde de cette fusion opérée entre les opinions anciennes et les dogmes nouveaux.

Parmi les écrits apocryphes, il importe de distinguer ceux qui ont été l'œuvre de quelques imposteurs, et ceux qu'à la fin du premier siècle, ou au commencement du deuxième, rédigèrent, avec plus de piété que de critique, quelques disciples jaloux de rassembler les traditions qui se rattachaient à l'origine du christianisme ; ils cherchaient ainsi avec zèle à conserver les paroles, les sentiments attribués au Sauveur.

À partir du règne paisible d'Adrien et des Antonins, les bizarreries de la magie, les subtilités de la cabale, les rêveries des théosophes commencent à se mêler aux doctrines philosophiques et religieuses ; les sectes pullulent ; les discussions, les schismes offrent un aliment inépuisable à ce besoin de nouveauté dont l'homme combat difficilement l'attrait. Les écrits apocryphes surgissent de toute part ; il y en a qui sont mis sous le nom d'un des apôtres ; d'autres s'annoncent comme l'œuvre des premiers successeurs des disciples immédiats de Jésus-Christ. Des historiens pseudonymes viennent raconter, chacun à sa manière, les prédications, les voyages, les aventures de leurs prétendus maîtres : on y mêle les anecdotes les plus controuvées, les épisodes les plus dépourvus d'authenticité.

Les écrits dogmatiques, que quelques-uns des hérésiarques primitifs ont voulu faire circuler sous des noms vénérés, afin d'appuyer leurs erreurs, offrent un mélange de subtilités, d'allégories résultant de la combinaison des doctrines orientales et du développement sans contrôle de la pensée grecque dans tout ce que son allure a de plus libre, de plus hardi. N'ayant eu cours que dans le sein de quelques sectes éteintes pour la plupart dès le commencement du quatrième siècle, ces légendes hétérodoxes disparurent promptement ; à peine en est-il demeuré les titres, à peine nous en a-t-il été conservé quelques phrases isolées. On peut déplorer leur perte, car les rêveries gnostiques sont maintenant sans danger, et parmi ces fictions, parmi ces rêves d'une imagination échauffée, il se trouverait maint détail fort utile à une histoire des plus curieuses et des plus dignes d'intérêt : celle de l'esprit humain pendant les premiers siècles de la régénération chrétienne.

Il y a une toute autre importance dans les légendes que l'Église rejeta, et avec raison, comme dénuées d'authenticité, mais qui du moins ne posaient aucun point de doctrine contraire à la foi. Celles-ci, l'église grecque les accueillit en partie ; encore de nos jours les chrétiens de l'Égypte et de l'Asie ne les révoquent nullement en doute. Loin d'être restées stériles, elles ont eu, pendant une longue suite de siècles, l'action la plus puissante et la plus féconde sur le développement de la poésie et des arts ; l'épopée, le drame, la peinture, la sculpture du moyen-âge n'ont fait faute d'y puiser à pleines mains. Laisser de côté l'étude des Évangiles apocryphes, c'est renoncer à découvrir les origines de l'art chrétien. Ils ont été la source où, dès l'extinction du paganisme, les artistes ont puisé toute une vaste symbolique que le moyen-âge amplifia. Diverses circonstances, rapportées dans ces légendes, et consacrées par le pinceau des grands maîtres de l'école italienne, ont donné lieu à des attributs, à des types que reproduisent chaque jour les arts du dessin. Saint Joseph est-il constamment représenté sous les traits d'un vieillard ? C'est d'après l'autorité d'un passage de son histoire écrite en arabe, et où il est dit que lorsque son mariage eut lieu, il avait atteint l'âge de quatre-vingt-dix ans. Dans une foule de toiles, ce même saint tient un rameau verdoyant ; l'explication de cet attribut doit se chercher dans une circonstance que relatent le *Protévangile de Jacques* et l'*Histoire de la nativité de Marie*. C'est sur l'indication d'autres passages de ces mêmes légendes, que l'on représente les animaux qui sont dans l'étable et adorant le Sauveur, que l'on donne des habits sacerdotaux à Siméon dans les tableaux de la *Présentation au temple*.

Rédigés dans le style populaire des époques et des lieux qui les ont vus naître, de pareils écrits seront d'une grande naïveté de style. On voit qu'ils ont été tracés par des hommes sans art ; les rhéteurs de la turbulente Alexandrie, de la Grèce dégénérée, n'ont point passé par là. Beaucoup de redites, de répétitions, de simplicités, mais des détails touchants et naïfs, des images gracieuses, des miracles que l'on peut considérer comme des paraboles ingénieuses, parfois des morceaux vraiment grandioses et relevés. Le cantique dans lequel sainte Anne, devenue mère après une longue stérilité, célèbre le bonheur qu'elle éprouve, est sublime d'exaltation et de pieux entraînement.

Citons encore la seconde portion de l'évangile de Nicodème comme une excursion des plus remarquables dans les domaines de l'enfer, dans de mystérieuses et inaccessibles régions ; l'auteur du *Paradis perdu* et celui de la *Messiade* s'en sont inspirés. Dans cette légende, ainsi que le remarque fort bien M. Douhaire, l'ampleur et l'éclat du récit atteignent à l'épopée, et l'on trouverait difficilement des scènes plus hardies de conception, d'une forme plus dramatique et plus vigoureuse, que cette solennelle confrontation des deux mondes, l'ancien et le nouveau, que cette vérification de la prophétie par les prophètes eux-mêmes, que ce réveil d'une génération de quatre mille ans au bruit de la voix perçante qu'elle avait entendue dans de surnaturelles communications. « Guidé par une imagination ardente, » observe M. Hase, « l'auteur a imité les couleurs sombres de l'Apocalypse. Se conformant à quelques traditions orientales ou gnostiques, il distingue le mauvais principe personnifié, du prince des enfers, lequel, occupant un rang inférieur, tenait renfermés dans ses vastes cavernes les patriarches, les prophètes, et, en général, tous ceux qui étaient morts avant l'avènement du Christ. En lisant le récit de leur délivrance, de leur entrée dans la loi nouvelle, on ne peut manquer de reconnaître une énergie d'expression, une vigueur de pensées peu communes. »

Notre traduction a été conçue et exécutée dans un système de fidélité rigoureuse ; nous avons uniquement cherché à rendre le texte original que nous avions sous les yeux, sans l'embellir, sans lui prêter aucun ornement, sans en faire disparaître ce que l'on prendrait aujourd'hui pour des vices de rédaction littéraire.

Quelques notes ont été annexées lorsque nous avons jugé que certains passages réclamaient des éclaircissements, ou étaient susceptibles de donner lieu à des rapprochements qui pussent offrir de l'intérêt. Plusieurs fois nous nous sommes aidés des travaux des éditeurs nos devanciers, mais nous avons cru devoir élaguer les discussions théologiques, les minuties grammaticales, l'attirail des variantes, enfin tout ce dont les commentaires que nous avons consultés ont été grossis énormément.

Nous avons disposé ces légendes dans l'ordre qui nous a paru le plus logique, dans celui qui nous a semblé devoir présider à leur lecture ; il s'écarte de la classification adoptée par les éditeurs. Fabricius a débuté par l'évangile de la *Nativité de Marie*, et Thilo par l'*Histoire de Joseph*. Celle-ci, le savant hambourgeois l'avait placée parmi les légendes de l'Ancien Testament : elle appartient toutefois exclusivement au Nouveau.

Chaque composition sera précédée d'un court avant-propos, dans lequel nous relaterons ce qui la concerne plus spécialement. Du reste, dans tout notre travail de critique et de glossateur, on ne peut voir qu'un précis des plus modestes et des moins prétentieux.

# HISTOIRE DE JOSEPH LE CHARPENTIER.

# INTRODUCTION

Cette légende fut publiée pour la première fois à Leipzig en 1722, par un érudit suédois : George Wallin ; il en donna le texte arabe d'après un manuscrit de la bibliothèque du roi à Paris[1], il y joignit une version latine et des notes. Personne après lui ne s'occupa pendant longtemps du texte arabe ; Fabricius se borna à reproduire la traduction latine dans le tome II (p. 309-331) de son *Codex pseudepigraphus Vet. Test.*, mais il supprima les notes de Wallin et il n'en mit point d'autres à leur place. Deux siècles avant l'éditeur Suédois, un dominicain d'Italie qui dédiait son ouvrage au pape Adrien VI, Isidore de Isolanis avait fait mention dans sa *Summa de donis S. Josephi* de la légende dont nous nous occupons ; elle était fort répandue parmi les Coptes ; divers auteurs ont parlé d'une version latine qui en fut faite, au milieu du IIIe siècle, sur un texte hébreu et qui paraît perdue.

Thilo a donné le texte arabe d'après une révision soigneuse, et il a fait disparaître bien des erreurs qu'avait laissées subsister son prédécesseur ; il a conservé celles de ses notes qui lui ont paru renfermer le plus d'intérêt. Wallin regardait cette légende comme antérieure au IV<sup>e</sup> siècle; son style est d'une grande simplicité; il ne se ressent point de l'enflure et de la recherche métaphorique dont aucun des écrivains arabes que nous connaissons n'a su se préserver, il conserve toutefois de l'élévation ; il s'y rencontre des passages fortement empreints de la couleur biblique ; une foi vive, une teinte patriarcale y domine partout.

Par une fiction hardie, l'auteur place son récit dans la bouche du Sauveur lui-même, et parfois aussi il paraît s'énoncer en son nom personnel. Il y règne dans quelques phrases une obscurité qui résulte de lacunes ou d'erreurs de copistes; nous nous sommes efforcés, sans nous écarter du texte, d'offrir toujours un sens aussi clair que possible, et nous avons profité, pour atteindre ce but, des conseils d'un orientaliste éclairé auquel nous avons soumis notre version. Un examen attentif fait reconnaître dans le texte arabe des locutions appartenant à l'idiome vulgaire, et l'on est fondé à y voir une traduction faite vers le XII<sup>e</sup> siècle, sur une relation écrite en copte et restée inédite jusqu'à ce jour.

Une preuve de la haute antiquité à laquelle remonte la rédaction primitive de cette légende, c'est que les erreurs du millénarisme y ont laissé des traces. On sait que cette croyance fut très répandue dans les deux premiers siècles et que des docteurs vénérables l'adoptèrent ou n'osèrent la condamner. Les millénaristes prétendaient que Jésus-Christ devait régner sur la terre avec ses saints dans une nouvelle Jérusalem, pendant mille ans avant le jour du jugement ; ce que certains d'entre eux racontaient de cet empire céleste ressemblait fort au paradis que se promettent les Musulmans, Cérinthe donna le premier de la vogue à cette opinion; elle flattait trop les penchants de l'humaine espèce pour ne pas faire de nombreux prosélytes; Papias l'épura et crut la démontrer par le 20ᵉ chapitre de l'Apocalypse. On peut consulter d'ailleurs l'*Historia critica Chiliasmi* de Corrodius. Un certain nombre de théologiens anglicans ont embrassé pareilles opinions. Tout récemment, en 1842, le docteur J. Griffiths, s'en est déclaré le champion le plus déterminé dans sa *Défense du Millénarisme*.

Les évangélistes parlent fort peu de saint Joseph.; ce n'est que dans les premiers chapitres de saint Mathieu et de saint Luc qu'il en est fait mention en peu de mots. Il n'en est plus reparlé après le voyage à Jérusalem avec Jésus et Marie ; il était sans doute déjà mort lorsque Jésus-Christ commença à enseigner, Au nom de Dieu, un en son essence et triple en ses personnes.

Histoire de la mort de notre père, le saint vieillard Joseph, le charpentier; que ses bénédictions et ses prières nous protègent tous, ô frères. Ainsi soit-il !

Sa vie fut de cent onze ans[2], et son départ de ce monde arriva le vingtième du mois d'Abib qui répond au mois d'Ab[3]. Que sa prière nous protège. Ainsi soit-il !

C'est notre Seigneur Jésus-Christ lui-même qui a raconté cette histoire aux saints ses disciples sur le mont des Oliviers, leur narrant tous les travaux de Joseph et la consommation de ses jours; les saints apôtres conservèrent ce discours et le laissèrent consigné par écrit dans la bibliothèque à Jérusalem. Que leur prière nous protège ! Ainsi soit-il !

---

1. Ce manuscrit est indiqué au Catalogue de 1739, t. I. p. 111, sous le n° CIV des manuscrits arabes; l'on y ajoute qu'il fut transcrit l'an de notre ère 1299, et que Vansleb en fit l'acquisition au Caire. Assemani mentionne un manuscrit de cette même légende comme se trouvant au Vatican, écrit en caractères sy-

riaques et Zoëga a parlé d'un autre manuscrit en langue copte, que renfermait la riche collection du cardinal Borgia. Il s'en rencontre au Vatican d'autres dans ce même dialecte. C'est d'après le manuscrit Borgia, n° CXXI, fragment de huit feuillets, allant de la page 65 à 80, que M. Edouard Dulaurier a traduit le récit de la mort de saint Joseph qu'il a inséré dans un opuscule fort intéressant, mis au jour en 1835. (Fragment des Révélations apocryphes de saint Barthélémy et de l'histoire des Communautés religieuses fondées par saint Pakkome, Paris, impr. Royale, 1885, 8° 48 pages). Mous reviendrons plus tard sur ce fragment.

2. En rapprochant de ce chiffre le calcul qu'on trouve au chapitre XIV, il en résulte que Joseph mourut dix-huit ans après la naissance de Jésus-Christ, ce qui s'accorde à peu près avec l'assertion de saint Épiphane, qui place l'époque de son décès lorsque Jésus-Christ avait douze ans, (tom. II, p. 1042 de l'édition de Petau).

3. Le mois d'Abib chez les anciens Égyptiens a porté depuis le nom d'Epiphi; les Coptes lui donnent celui de Gupti, et les Musulmans d'Elkupti; le mois d'Ab, usité chez les Syro-Chaldéens, correspond partie à juillet et partie à août.

# HISTOIRE DE JOSEPH LE CHARPENTIER

## CHAPITRE I<sup>er</sup>.

Il arriva un jour que le Sauveur, notre Dieu, Seigneur et maître, Jésus-Christ, était assis avec ses disciples sur le mont des Oliviers et que tous étaient réunis ensemble, et il leur dit : O mes frères et mes amis, enfants du père qui vous a choisis parmi tous les hommes, vous savez que je vous ai souvent annoncé qu'il fallait que je fusse crucifié et que je mourusse à cause du salut d'Adam et de sa postérité, et afin que je ressuscite d'entre les morts. J'ai à vous confier la doctrine du Saint-Évangile qui vous a déjà été annoncée afin que vous la prêchiez dans le monde entier, et je vous couvrirai de la vertu d'en haut, et je vous remplirai de l'Esprit-Saint. Vous annoncerez à toutes les nations la pénitence et la rémission des péchés. Car un seul verre d'eau, si un homme le trouve dans le siècle futur, est plus précieux et plus grand que toutes les richesses de ce monde entier, et l'espace que peut occuper un seul pied dans la maison de mon Père l'emporte en excellence et en valeur sur tous les trésors de la terre. Une seule heure dans l'heureuse habitation des justes donne plus de joie et a plus de prix que mille années parmi les pécheurs; car leurs gémissements et leurs plaintes ne cesseront point et leurs larmes n'auront point de fin, et ils ne trouveront à aucun moment ni consolation ni repos. Et maintenant, vous qui êtes mes membres honorables, allez, prêchez à toutes les nations, portez-leur la nouvelle loi, et dites-leur : Le Seigneur s'informe diligemment de l'héritage auquel il a droit ; il est l'administrateur de la justice. Et les anges châtieront ses ennemis et combattront au jour de la bataille. Et Dieu examinera chaque parole oiseuse et insensée qu'auront dite les hommes et ils en rendront compte, car personne ne sera exempt de la loi de mortalité et les œuvres de chacun seront mises au grand jour au moment du jugement, soit qu'elles aient été bonnes, soit qu'elles aient été mauvaises. Annoncez cette parole que je vous ai dite aujourd'hui : Que le fort ne tire point vanité de sa force, ni le riche de ses richesses; mais que celui qui veut être glorifié, se glorifie dans le Seigneur.

## CHAPITRE II.

Il fut un homme dont le nom était Joseph qui était originaire de Bethléem, de la ville de Judas et de la cité du roi David[1]. Il était instruit et savant dans la doctrine de la loi, et il fut fait prêtre dans le Temple du Seigneur. Il exerça aussi la profession de charpentier en bois, et selon l'usage de tous les hommes, il prit une épouse. Et il engendra d'elle des fils et des filles, savoir : quatre fils et deux filles. Et les noms des fils sont Jude, Juste, Jacques et Simon. Les noms des deux filles étaient Assia et Lydia. L'épouse de Joseph le Juste mourut enfin, après avoir eu la gloire de Dieu pour but dans chacune de ses actions. Et Joseph, cet homme juste, mon père selon la chair, et le fiancé de Marie, ma mère, travaillait avec ses fils, s'occupant de son métier de charpentier.

## CHAPITRE III.

Lorsque Joseph le Juste devint veuf, Marie, ma mère bénie, sainte et pure, avait accompli sa douzième année, ses parents l'avaient offerte dans le temple, lorsqu'elle n'avait que trois ans, et elle passa neuf ans dans le temple du Seigneur. Alors quand les prêtres virent que cette vierge sainte et craignant Dieu, entrait dans l'adolescence, ils parlèrent entre eux, disant : « Cherchons un homme juste et pieux auquel nous confierons Marie jusqu'au temps des noces, de crainte que si elle reste dans le temple, il ne lui arrive ce à quoi les femmes sont sujettes et que nous ne péchions en son nom et que Dieu ne s'irrite contre nous. »

## CHAPITRE IV.

Et immédiatement, envoyant des messagers, ils convoquèrent douze vieillards de la tribu de Judas. Et ils écrivirent les noms des douze tribus d'Israël. Et le sort tomba sur un pieux vieillard, Joseph le Juste. Et les prêtres dirent à ma mère bénie : « Va avec Joseph el demeure avec lui jusqu'au temps des noces. » Et Joseph le Juste reçut ma mère et il la conduisit dans sa maison. Et Marie trouva Jacques le mineur, et il était abattu et désolé dans la maison de son père à cause de la perte de sa mère, et elle en prit soin. Et de la vient que Marie a été appelée la mère de Jacques. Ensuite Joseph, la laissant dans sa maison, alla dans l'atelier où il exerçait la profession d'ouvrier charpentier. Et quand la Sainte-

Vierge fut restée dans la maison deux ans, elle accomplit sa quatorzième année.

## CHAPITRE V.

Je l'ai chérie d'un mouvement particulier de la volonté, avec le bon plaisir de mon Père et le conseil de l'Esprit-Saint. Et j'ai été incarné en elle, par un mystère qui surpasse l'intelligence de toute créature. Et trois mois s'étant écoulés après la conception, l'homme juste, Joseph, revint de l'endroit où il exerçait son métier. Et quand il reconnut que la Vierge, ma mère, était enceinte, il fut troublé dans son esprit et il songeait à la renvoyer en secret. Et, dans sa frayeur, sa tristesse et l'angoisse de son cœur, il ne put ni boire, ni manger de ce jour.

## CHAPITRE VI.

Mais vers le milieu du jour, le prince des anges, Gabriel, lui apparut en songe, exécutant l'ordre qu'il avait reçu de mon Père. Et il lui dit : « Joseph, le saint fils de David, ne crains point de recevoir Marie pour ta fiancée. Car elle a conçu de l'Esprit-Saint et elle engendrera un fils qui aura le nom de Jésus. C'est lui qui gouvernera toutes les nations avec un sceptre de fer. » L'ange, ayant ainsi parlé, s'éloigna. Et Joseph, se levant de son sommeil, obéit à ce que lui avait prescrit l'ange du Seigneur. Et Marie resta avec lui.

## CHAPITRE VII.

Et, quelque temps s'étant écoulé, il parut un édit de l'empereur et roi Auguste, afin que chacun sur le monde habitable se fît inscrire dans sa propre ville. Et le juste vieillard, Joseph, se levant, prit avec lui la vierge Marie et ils vinrent à Bethléem ; le moment de sa délivrance approchait. Et Joseph inscrivit son nom sur le registre; car Joseph, fils de David, dont Marie était la fiancée fut de la tribu de Judas. Et ma mère Marie m'enfanta dans une caverne, près du sépulcre de Rachel, femme du patriarche Jacob et mère de Joseph et de Benjamin.

## CHAPITRE VIII.

Mais Satan alla et il annonça ces choses à Hérode, le grand père d'Archélaüs[2]. Et cet Hérode était celui qui ordonna de décapiter Jean, mon ami et parent. Il me fit alors chercher avec soin, pensant que mon royaume était de ce monde. Mais le pieux vieillard Joseph en fut averti en songe. Et se levant, il prit Marie, ma mère et elle m'emporta dans ses bras. Et Salomé se joignit à eux pour les accompagner dans leur voyage. Partant donc de sa maison, il se retira en Egypte. Et il y demeura une année entière, jusqu'à ce que le courroux d'Hérode se fût dissipé.

## CHAPITRE IX.

Hérode mourut d'une façon horrible, portant la peine du sang innocent qu'il avait versé lorsqu'il avait fait périr injustement des enfants dans lesquels il n'y avait point de péché.[3] Et cet impie et tyrannique Hérode étant mort, mes parents revinrent dans la terre d'Israël. Et ils habitèrent dans une ville de Galilée que l'on nomme Nazareth. Joseph, reprenant sa profession de charpentier, gagnait sa vie par le travail de ses mains ; car il ne dut jamais sa nourriture au travail d'autrui, ainsi que l'avait prescrit la loi de Moïse.

## CHAPITRE X.

Les années s'écoulaient, le vieillard s'avança grandement en âge. Il n'éprouva cependant aucune infirmité corporelle, la vue ne le quitta point et aucune des dents de sa bouche ne tomba. Et son esprit ne connut jamais un moment de délire. Mais, semblable à un enfant, il portait dans toutes ses occupations la vigueur de la jeunesse. Et il conservait ses membres entiers et exempts de toute douleur. Et sa vieillesse était fort avancée, car il avait atteint l'âge de cent onze ans.

## CHAPITRE XI.

Juste et Simon, fils aînés de Joseph, ayant pris des épouses, allèrent dans leurs familles, et ses deux filles se marièrent aussi et elles se retirèrent dans leurs maisons. Et il restait dans, la maison de Joseph, Jude et Jacques le Mineur et la vierge ma mère. Et je demeurais avec eux, comme si j'avais été un de ses fils. J'ai passé toute ma vie sans avoir commis aucune faute. J'appelai Marie ma mère et Joseph mon père, et je leur étais soumis en tout ce qu'ils prescrivaient. Et je ne leur ai jamais désobéi, mais je me conformai à leurs volontés, comme le font les autres hommes qui naissent sur la terre. Et je n'ai jamais provoqué leur colère, ni ne leur ai opposé une parole dure ou une réponse qui montrât de l'irritation. Au contraire, je leur ai témoigné un grand attachement, les chérissant comme la prunelle de l'œil[4].

## CHAPITRE XII.

Il arriva ensuite que l'instant de la mort du pieux vieillard Joseph approcha et que vint le moment où il devait quitter ce monde comme les autres hommes qui sont assujettis à revenir à la terre. Et son corps étant près de sa destruction, l'ange du Seigneur lui annonça que l'heure de sa mort était proche. Alors la crainte s'empara de lui et son esprit tomba dans un trouble extrême. Et, se levant, il alla à Jérusalem. Et, étant entré dans le temple du Seigneur, et répandant des prières devant le sanctuaire, il dit :

## CHAPITRE XIII.

« Dieu ! auteur de toute consolation, Dieu de toute miséricorde et Seigneur du genre humain entier, Dieu de mon âme, de mon esprit et de mon corps, je t'adore en suppliant, ô mon Dieu et Seigneur ; si mes jours sont déjà consommés et si le temps arrive où je dois sortir de ce monde, envoie, je te le demande, le grand Michel, le prince de tes anges. Et qu'il demeure avec moi afin que mon âme misérable sorte de ce corps débile sans souffrance, sans crainte et sans impatience, car un grand épouvantement et une violente tristesse s'emparent de tous les corps au jour de leur mort, qu'ils soient mâles ou femelles, bêtes des champs ou des bois, qu'ils rampent sur la terre ou qu'ils volent dans l'air. Toutes les créatures qui sont sous le ciel et dans lesquelles est l'esprit de vie, sont frappées d'horreur, d'une grande crainte et d'une répugnance extrême, lorsque leurs âmes sortent de leurs corps. Maintenant, ô mon Dieu et Seigneur, que ton saint ange prête son assistance à mon âme et à mon corps, jusqu'à ce que leur séparation se soit opérée, Et que la face de l'ange, désigné pour me garder depuis le jour où j'ai été formé, ne se détourne pas de moi. Mais qu'il soit mon compagnon jusqu'à ce qu'il m'ait conduit à toi. Que son visage soit pour moi plein d'allégresse et de bienveillance et qu'il m'accompagne en paix. Ne permets pas que les démons dont l'esprit est formidable, s'approchent de moi sur le chemin par lequel je dois aller jusqu'à ce que je parvienne heureusement à toi. Et ne permets pas que les gardiens du Paradis m'en interdisent l'entrée. Et dévoilant mes fautes, ne m'expose pas à l'opprobre, en face de ton tribunal redoutable. Que les lions ne se précipitent pas sur moi. Et que les flots de la mer de feu que toute âme doit traverser ne submergent pas mon âme avant que je n'aie contemplé la gloire de ta divinité. O Dieu, juge très équitable qui jugera les mortels dans la justice et qui traitera chacun selon ses œuvres, assiste-moi dans ta miséricorde et éclaire ma voie pour que je parvienne à toi. Car tu es la source abondante en tous biens et la gloire pour l'éternité. Ainsi soit-il ! »

## CHAPITRE XIV.

Il arriva ensuite lorsque Joseph revint chez lui, dans la ville de Nazareth que, saisi par la maladie, il fut retenu au lit. Et le temps était venu où il devait mourir, ainsi que c'est le destin de tous les hommes. Et il éprouvait une vive souffrance de cette maladie, et c'était la première dont il eût été atteint depuis le jour de sa naissance. Et c'est ainsi qu'il avait plu au Christ d'ordonner les choses relatives à Joseph. Il vécut quarante ans avant de contracter mariage. Sa femme passa avec lui quarante-neuf ans, et quand ils furent écoulés, elle mourut. Un an après sa mort, les prêtres confièrent à Joseph, ma mère, la bienheureuse Marie, afin qu'il la gardât jusqu'au temps des noces. Elle resta deux ans dans sa maison et la troisième année de son séjour chez Joseph, étant âgée de quinze ans, elle m'enfanta sur la terre par un mystère qu'aucune créature ne peut pénétrer ni comprendre, si ce n'est moi, mon Père et l'Esprit-Saint, constituant avec moi une unique essence.

## CHAPITRE XV.

L'âge de mon père, ce vieillard juste, arriva ainsi à cent onze ans, mon père céleste l'ayant voulu. Et le jour auquel son âme se sépara de son corps, était le vingt-sixième jour du mois d'Abib. Il commença à perdre un or d'une splendeur éclatante, c'est-à-dire, son intelligence à la science. Il prit du dégoût pour les aliments et la boisson, et il perdit toute son habileté dans l'art de charpentier. Et il arriva le vingt-sixième jour du mois d'Abib que l'âme du vieillard Joseph le Juste fut inquiète pendant qu'il était en son lit. Car il ouvrit sa bouche, poussant des soupirs et il frappa ses mains l'une contre l'autre. Et il cria d'une voix élevée, parlant de cette manière :

## CHAPITRE XVI.

« Malheureux le jour auquel je suis né dans ce monde ! Malheureux le ventre qui m'a porté ! Malheureuses les entrailles qui m'ont reçu ! Malheureuses les mamelles qui m'ont allaité ! Malheureux les pieds sur lesquels je me suis soutenu ! Malheureuses les mains qui m'ont porté et m'ont élevé jusqu'à ce que j'eusse grandi; car j'ai été conçu dans l'iniquité et ma mère m'a engendré dans le péché. Malheur à ma langue et à mes lèvres car elles ont parlé et elles ont proféré des paroles de vanité, de reproche, de mensonge, d'ignorance, de dérision, d'instabilité et d'hypocrisie ! Malheur à mes yeux, car ils ont contemplé le scandale ! Malheur à mes oreilles, car elles se délectaient aux discours des calomniateurs ! Malheur à mes mains, car elles ont pris ce qui n'était point leur propriété ! Malheur à mon ventre et à mes intestins, car ils ont voulu une nourriture dont l'usage leur était interdit ! Malheur à mon gosier qui, semblable à du feu, consumait tout ce qu'il trouvait ! Malheur à mes pieds qui ont souvent cheminé dans des voies déplaisantes à Dieu ! Malheur à mon corps et malheur à mon âme rebelle à Dieu, son créateur ! Que ferai-je lorsque j'arriverai à l'endroit où je dois paraître devant le juge de toute équité et lorsqu'il me reprochera les œuvres que j'ai accumulées. dans ma jeunesse ? Malheur à tout homme qui meurt dans ses péchés ! Cette heure terrible qui a déjà frappé mon père Jacques, lorsque son âme s'envola de son corps, la voici ! elle est proche. Oh ! qu'aujourd'hui je suis misérable et digne de compassion. Mais Dieu seul est le directeur de mon âme et de mon corps ; qu'il en agisse avec eux selon son bon vouloir. »

## CHAPITRE XVII.

Ce furent les paroles que prononça Joseph, ce juste vieillard et moi, entrant et m'approchant de lui, je trouvai son âme véhémentement troublée, car il était livré à une grande angoisse. Et je lui dis : « Salut, Joseph, mon père, homme juste; comment est ta santé ? » Et il me répondit : « Je te salue maintes fois, ô mon fils chéri ! La douleur et la crainte de la mort m'ont déjà entouré ; mais, aussitôt que j'ai entendu ta voix, mon âme a connu le repos. O, Jésus de Nazareth, Jésus mon consolateur, Jésus le libérateur de mon âme, Jésus mon protecteur ! Jésus, ô nom très doux dans ma bouche et pour ceux qui l'aiment ! Œil qui vois et oreille qui entends, exauce-moi. Moi, ton serviteur, je te vénère aujourd'hui en toute humilité, et je répands mes larmes devant toi. Tu es mon Dieu, tu es mon Seigneur, ainsi que l'ange me l'a annoncé bien souvent, et surtout en ce jour que mon âme flottait agitée en de mauvaises pensées, à cause de la pure et bénie Marie qui avait conçu, et que je songeais à renvoyer en secret. Et tandis que je méditais ce projet, voici que, par un mystère admirable, les anges du Seigneur m'apparurent pendant mon sommeil, me disant : O Joseph, fils de David, ne crains point de prendre Marie pour ta fiancée, et ne t'afflige pas de ce qu'elle a conçu, et ne profère pas à cet égard des paroles répréhensibles, car elle est enceinte par l'opération de l'Esprit-Saint, et elle engendrera un fils qui portera le nom de Jésus, et c'est lui qui rachètera les péchés de son peuple. Ne me reprends donc pas de ma faute, Seigneur, car j'ignorais les mystères de ta nativité. Je me souviens, Seigneur, du jour lorsqu'un enfant périt de la morsure d'un serpent. Ses parents voulaient te livrer à Hérode, disant que tu l'avais fait mourir. Mais tu le ressuscitas d'entre les morts, et tu le leur rendis. Alors, m'approchant de toi, et le prenant la main, je te dis : « Mon fils, prends garde à toi. » Mais tu me répondis : « N'est-il pas mon père selon la chair ? je t'enseignerai qui je suis. » Et maintenant, ô mon Seigneur et mon Dieu, ne t'irrite pas contre moi, et ne me condamne pas à cause de cette heure. Je suis ton esclave et le fils de ta servante. Toi, tu es mon Seigneur, mon Dieu et mon Sauveur, et très certainement le fils de Dieu. »

## CHAPITRE XVIII.

Lorsque mon père Joseph eut ainsi parlé, il ne put pleurer davantage. Et je vis que la mort le dominait déjà. Et ma mère, la Vierge sans tache, se levant et rapprochant de moi, dit : « O mon fils chéri, ce pieux vieillard, Joseph, va trépasser. » Et je lui répondis : « O ma mère bien-aimée, cette même nécessité de mourir a été imposée à toutes les créatures qui naissent en ce monde, car la mort a obtenu son droit assuré sur tout le genre humain. Et toi, ma mère, et tout le reste des êtres humains, vous devez vous attendre à voir se terminer votre vie. Mais ta mort, ainsi que la mort de ce pieux vieillard, n'est point une mort, mais une entrée dans la vie qui est éternelle et qui ne connaît point de fin. Et le corps que j'ai reçu de toi est également sujet à la mort. Mais lève-toi, ma mère, digne de toute vénération, et approche-toi de Joseph, ce vieillard béni, afin que tu voies ce qui arrivera au moment où son âme se séparera de son corps. »

## CHAPITRE XIX.

Et Marie, ma mère sans tache, alla donc, et elle entra dans l'endroit où était Joseph, et j'étais assis à ses pieds, le regardant les signes de la mort apparaissaient déjà sur son visage. Et ce bienheureux vieillard, levant la tête, me regarda en fixant sur moi les yeux. Mais il n'avait nullement la force de parler, à cause de la douleur de la mort qui le tenait enveloppé, et il poussait de grands soupirs. Et je tins ses mains durant l'espace d'une heure entière. Et lui, ayant tourné son visage vers moi, me faisait signe de ne point l'abandonner. Ayant ensuite posé ma main sur sa poitrine, je pris son âme, déjà près de sa gorge, et au moment de sortir de sa retraite.

## CHAPITRE XX.

Quand ma mère, toujours vierge, vit que je touchais le corps de Joseph, elle lui toucha les pieds. Et les trouvant déjà privés de vie et refroidis, elle me dit : « O mon cher fils, ses pieds commencent déjà à se refroidir, et ils sont froids comme la neige. » Ayant ensuite réuni ses fils et ses filles, elle leur dit : « Venez, tous tant que vous êtes, et approchez de votre père, car il est certainement arrivé à son dernier moment. » Et Assia, fille de Joseph, répondit : « Malheur à moi, ô mes frères, car c'est la même maladie dont est morte notre mère bien-aimée. » Elle pleurait et poussait des cris de douleur, et tous les autres enfants de Joseph répandirent aussi des larmes. Et moi, et Marie, ma mère, nous pleurions avec eux.

## CHAPITRE XXI.

Et me retournant vers le midi, je vis la mort qui s'approchait, et avec elle toutes les puissances de l'abîme, leurs armées et leurs satellites. Et leurs vêtements, leurs bouches et leurs visages jetaient du feu. Quand mon père Joseph les vit venir à lui, ses yeux furent inondés de larmes, Et, en même temps, il gémît d'une manière extraordinaire. Alors, voyant la violence de ses soupirs, je repoussai la mort et toute la foule de ses ministres dont elle était accompagnée, et j'invoquai mon père miséricordieux, disant :

## CHAPITRE XXII.

« O père de toute clémence, œil qui voit et oreille qui entends ! écoute mes supplications et mes prières pour le vieillard Joseph, et envoie Michel, le prince de tes anges, et Gabriel, le héraut de la lumière, et toute la lumière de tes anges, et que tout leur ordre chemine avec l'âme de mon père Joseph jusqu'à ce qu'ils te l'aient amenée. Voici l'heure où mon père a besoin de miséricorde. Et je vous dis que tous les saints, bien plus tous les hommes qui naîtront dans ce monde, qu'ils soient justes ou pervers, doivent nécessairement goûter la mort[5]. »

## CHAPITRE XXIII.

Michel et Gabriel vinrent donc vers l'âme de mon père Joseph. Et l'ayant prise, ils la plièrent dans un linceul éclatant. Il rendit ainsi l'esprit dans les mains de mon père la miséricordieux, et la paix lui fut accordée, et aucun de ses enfants ne sut qu'il s'était endormi. Mais les anges préservèrent son âme des démons de ténèbres qui étaient sur la route, et ils louèrent Dieu, jusqu'à ce qu'ils l'eurent conduite au lieu qu'habitent les justes.

## CHAPITRE XXIV.

Son corps resta étendu et sans couleur. Car, ayant approché mes mains de ses yeux, je les avais fermés; j'avais fermé sa bouche, et j'avais dit à la vierge Marie : « O ma mère, où est l'art auquel il s'est consacré pendant tout le temps qu'il a vécu en ce monde ? Il a péri avec lui, et il est comme s'il n'avait jamais existé. » Quand les enfants de Joseph entendirent que je parlais avec ma mère, la Vierge sans tache, ils connurent qu'il avait expiré, et, versant des larmes, ils poussèrent des cris de douleur. Et je leur dis : « La mort de votre père n'est pas la mort, mais la vie éternelle. Car, délivré des tribulations de ce siècle, il est entré dans le repos éternel qui ne connaît point de fin. » Et quand ils entendirent ces paroles, ils déchirèrent leurs vêtements en pleurant.

## CHAPITRE XXV.

Et quelques habitants de la ville de Nazareth et des gens de toute la Galilée, sachant leur désolation, vinrent à eux, et ils pleurèrent depuis la troisième jusqu'à la neuvième heure. Et, à la neuvième heure, ils allèrent tous à la chambre de Joseph, et ils emportèrent son corps, après l'avoir frotté de parfums précieux. Moi, j'adressais ma prière à mon père céleste, et cette prière est celle que j'écrivis de ma main avant que je ne fusse dans le sein de la vierge Marie, ma mère. Et dès que je l'eus finie, et que j'eus dit *amen*, une grande multitude d'anges apparut, et j'ordonnai à deux d'entre eux d'étendre une étoffe éclatante, et d'envelopper le corps de Joseph, le vieillard béni.

## CHAPITRE XXVI.

Et, m'approchant de Joseph, je dis : « L'odeur de la mort et la puanteur ne domineront point en toi, et nul ver ne sortira de ton corps. Aucun de tes membres ne sera brisé, ni aucun cheveu arraché de ta tête, et il ne périra aucune portion de ton corps, mon père Joseph, mais il restera entier et sans corruption jusqu'au festin de mille ans. Et tout mortel qui aura eu soin de faire ses offrandes au jour de ta commémoration, je le bénirai et je le rétribuerai dans l'assemblée des vierges Et quiconque aura donné de la nourriture aux indigents, aux pauvres, aux veuves et aux orphelins, leur distribuant le fruit du travail de ses mains le jour que l'on célèbre ta mémoire, et en ton nom, il ne sera point dénué de biens durant tous les jours de sa vie. Quiconque aura donné en ton nom à une veuve ou à un orphelin un verre d'eau pour se désaltérer, je lui accorderai que tu partages avec lui le banquet des mille ans. Et tout homme qui aura soin de faire ses offrandes le jour de ta commémoration, je le bénirai et je le lui rendrai dans l'assemblée des vierges[6], et je lui rendrai trente, soixante et cent pour un. Et quiconque retracera l'histoire de ta vie, de tes épreuves et de ta séparation du monde, et ce discours sorti de ma bouche, je le confierai à ta garde, tant qu'il demeurera en cette vie. Lorsque son âme désertera son corps, et qu'il lui faudra quitter ce monde, je brûlerai le livre de ses péchés[7], et je ne le tourmenterai d'aucun supplice au jour du jugement[8] ; mais il traversera la mer de feu, et il la franchira sans douleur et sans obstacle; tel ne sera point le sort de tout homme avide et dur qui n'accomplira pas ce que j'ai prescrit. Et celui auquel il naîtra un fils, et qui lui donnera le nom de Joseph, n'aura point de part à l'indigence, ni à la mort qui ne finit point. »

## CHAPITRE XXVII.

Les principaux habitants de la ville se réunirent ensuite dans le lieu où était placé le corps du saint vieillard Joseph. Et, apportant avec eux des bandes d'étoffes, ils voulurent l'envelopper selon l'usage répandu parmi les Juifs. Mais ils trouvèrent que son linceul tenait à son corps si fortement que, lorsqu'ils cherchèrent à l'enlever, il resta sans pouvoir être déplacé, et il avait la dureté du fer, et ils ne purent trouver en ce linceul aucune couture qui en indiquât les extrémités; ce qui les remplit d'un grand étonnement. Enfin, ils le portèrent auprès de la caverne, et ils ouvrirent la porte afin de placer son corps avec ceux de ses pères[9]. Alors il me revint à l'esprit le jour où il cheminait avec moi vers l'Egypte, et je songeai à toutes les peines qu'il avait supportées à cause de moi, et je pleurai sa mort beaucoup de temps. Et, me penchant sur son corps, je dis :

## CHAPITRE XXVIII.

« O mort qui fait évanouir toute science et qui excite tant de larmes et tant de cris de douleur, certes c'est Dieu, mon père, qui t'a accordé cette puissance. Les hommes périssent à cause de la désobéissance d'Adam et de sa femme Eve, et la mort n'épargne aucun d'eux. Mais nul ne peut être ôté de ce monde sans la permission de mon père. Il y a eu des hommes dont la vie s'est prolongée jusqu'à neuf cents ans : mais ils ne sont plus. Et quelque longue qu'ait été la carrière de certains d'entre eux, tous ont succombé, et aucun d'eux n'a jamais dit : « Je n'ai pas goûté la mort. » Et il a plu à mon père d'infliger cette peine à l'homme, et aussitôt que la mort a vu quel commandement lui venait du ciel, elle a dit : « J'irai contre l'homme, et je ferai autour de lui un grand ébranlement. » Adam ne s'étant point soumis à la volonté de mon père, et ayant transgressé ses ordres, mon père, courroucé contre lui, l'a livré à la mort, et c'est ainsi que la mort est entrée en ce monde. Si Adam avait observé les ordres de mon père, la mort n'aurait jamais eu d'empire sur lui. Pensez-vous que je ne pourrai pas demander à mon père de m'envoyer un char de feu pour recevoir le corps de mon père Joseph, et le transporter dans un séjour de repos où il habite avec les saints ? Mais cette angoisse et cette punition de la mort est descendue sur tout le genre humain à cause de la prévarication d'Adam. Et, c'est pour ce motif, que je dois mourir selon la chair, non à cause de mes œuvres, mais pour que les hommes que j'ai créés obtiennent la grâce. »

## CHAPITRE XXIX.

Ayant dit ces paroles, j'embrassai le corps de mon père Joseph, et je pleurai sur lui. Les autres ouvrirent la porte du sépulcre, et ils déposèrent son corps à côté du corps de son père Jacques. Et lorsqu'il s'endormit, il avait accompli cent onze ans ; et il n'eut jamais aucune dent qui lui occasionna de la douleur dans la bouche, et ses yeux conservèrent toute leur pénétration; sa taille ne se courba point, et ses forces ne diminuèrent pas. Mais il s'occupa de sa profession d'ouvrier en bois jusqu'au dernier jour de sa vie. Et ce jour fut le vingt-sixième du mois d'Abib.

## CHAPITRE XXX.

Nous les apôtres, quand nous eûmes entendu notre Sauveur, nous nous levâmes remplis d'allégresse, et lui ayant rendu hommage en nous inclinant profondément, nous dîmes : « O notre Sauveur, tu nous as fait une grande grâce, car nous avons entendu des paroles de vie. » Mais nous sommes surpris du sort d'Enoch et d'Élie, car ils n'ont pas été sujets à la mort[10]. Ils habitent la demeure des justes jusqu'au jour présent, et leurs corps n'ont point vu la corruption. Et ce vieillard Joseph, le charpentier, était ton père selon la chair. Tu nous as ordonné d'aller dans le monde entier prêcher le saint Évangile, et tu as dit : « Annoncez-leur la mort de mon père Joseph, et célébrez, par une sainte solennité, le jour consacré à sa fête. Quiconque retranchera quelque chose de ce discours, ou y ajoutera quelque chose, il commettra un péché. » Nous sommes aussi dans la surprise de ce que Joseph, depuis le jour que tu es né à Bethléem, t'ait appelé son fils selon la chair. Pourquoi donc ne l'as-tu pas rendu immortel ainsi que le sont Enoch et Élie! Et tu dis qu'il fut juste et élu.

## CHAPITRE XXXI.

Notre Sauveur répondit et dit : « La prophétie de mon père s'est accomplie sur Adam à cause de sa désobéissance, et toutes choses s'accomplissent selon la volonté de mon père. Si l'homme transgresse les préceptes de Dieu, et s'il accomplit les œuvres du diable en commettant le péché, son âge s'accomplit ; il est conservé en vie pour qu'il puisse faire pénitence et éviter d'être remis aux mains de la mort. S'il s'est appliqué aux bonnes œuvres, l'espace de sa vie est prolongé, afin que la renommée de sa vieillesse s'accroissant, les justes imitent son exemple. Lorsque vous voyez un homme dont l'esprit est prompt à se mettre en colère, ses jours seront abrégés, car ce sont ceux qui sont enlevés à la fleur de leur âge. Toute prophétie que mon père a prononcée touchant les fils des hommes, doit s'accomplir en chaque chose. Et pour ce qui concerne Enoch et Élie, ils sont encore en vie aujourd'hui, gardant les mêmes corps avec lesquels ils sont nés. Et, quant à mon père Joseph, il ne lui a pas été donné, comme à eux, de rester en son corps ; et quand même un homme aurait vécu beaucoup de myriades d'années sur cette terre, il serait pourtant forcé d'échanger la vie contre la mort. Et je vous dis, ô mes frères, qu'il fallait qu'Enoch et Élie revinssent en ce monde à la fin des temps, et qu'ils perdissent la vie dans le jour des épouvantements, de l'angoisse, de l'affliction et de la grande commotion ; car l'Antéchrist[11] tuera quatre corps, et il répandra le sang comme de l'eau, à cause de l'opprobre auquel ils doivent l'exposer, et de l'ignominie dont, vivants, ils le frapperont lorsque son impiété sera découverte. »

# CHAPITRE XXXII.

Et nous dîmes : « O Notre Seigneur, Dieu et Sauveur ! quels sont ces quatre que tu as dit que l'Antéchrist devait faire périr, parce qu'ils s'élèveraient contre lui ? » Et le Sauveur répondit : « Ce sont Enoch, Élie, Schila et Tabitha. » Lorsque nous entendîmes les paroles de notre Sauveur, nous nous réjouîmes et nous nous livrâmes à l'allégresse, et nous offrîmes toute gloire et action de grâce à Notre Seigneur, Dieu et Sauveur Jésus-Christ. C'est à lui que sont dus gloire, honneur, dignité, domination, naissance et louange, ainsi qu'au Père miséricordieux avec lui et au Saint-Esprit, vivifiant maintenant et dans tous les temps et dans les siècles des siècles. Ainsi soit-il.

---

1. La Vie de saint Joseph a été écrite en italien, par le capucin A. M. Affaituti. Gerson a composé un long poème intitulé Josephina ; il se trouve au IV$^e$ tome des œuvres de ce célèbre chancelier de l'Université parisienne (édit. de Dupin, Anvers, 1706, 5 vol. in-f°). — Voyez d'ailleurs le recueil des Bollandistes, t. III de Mars, p. 4-25 et Tillemont dans la Cité mystique de la visionnaire Marie d'Agreda, on lit que Joseph avait un siège parmi ceux des apôtres et qu'il devait juger le monde. La liste des ouvrages relatifs à saint Joseph serait fort étendue ; nous laisserons de côté ceux des jésuites Binet, Barry, Dansqueje, Reisset et Biver; le Joseph** du bénédictin Ch. Stengel (Munich, 1616), se recommande aux bibliophiles par les estampes qui raccompagnent et qui sont dues au burin de Sadeler; on cite aussi le Josephus gemma mundi de Philippe de Vliesberghe (Douay 1621), et les Tabulae eminentium S. Josephi qualitatum de Charles de Saint-Paul. (Paris, 1620). Tout ce que l'on possède de plus authentique, au sujet de saint Joseph, a été recueilli avec soin par dom Calmet, dans une dissertation spéciale.
2. Hérode eut d'autres fils, entre autres Philippe et Antipas, entre lesquels Auguste partagea les états de leur père, mais il n'est fait mention que d'Archélaüs, sans doute parce que ce fut lui qui entra, immédiatement après la mort d'Hérode, en possession de la majeure partie du royaume de Judée.

3. Plusieurs historiens racontent qu'Hérode, en proie à une fièvre lente qui lui brûlait les entrailles et couvert d'ulcères qui engendraient une multitude de vers, expira dans des douleurs atroces. Voir Josèphe, Antiquités, XVII, 8, et Guerre des Juifs, t. I, ch. 21 ; Eusèbe, Hist. eccles., I, 8 ; Prideaux, Hist, des Juifs, 1755, tom. VI, p. 233 ; la Légende dorée, etc.
4. Façon de parler qui se retrouve souvent dans les Écritures : voir le Deutéronome, ch. 32, v. 10; Psaume 17, V. 8: Zacharie, ch. 11, v. 11.
5. On trouve dans saint Mathieu (ch. XVI, 28), cette même expression énergique : non gustabunt mortem ; il en est fait usage dans une ancienne traduction latine du Coran : omnis anima gustabit mortem.
6. Une légère correction de lettres substituerait dans le texte arabe le mot d'hommes pieux à celui de vierges. Il faut cependant remarquer que dans plusieurs passages de l'Écriture, cette dernière expression désigne les fidèles (Psalm. XLV. 15; Math. XXV. 1 ; Apocal. XIV. 4.)
7. Ce livre, dans lequel sont écrits les péchés des hommes, est une tradition rabbinique et musulmane. Il sera apporté au jour du jugement et compulsé par l'ange Gabriel, à ce qu'assurent les commentateurs du Coran.

Ce serait une recherche curieuse, mais qui nous entraînerait trop loin, d'examiner quelles ont été les images sous lesquelles l'art chrétien a représenté l'âme. La plupart des Pères l'ont regardée comme une substance complètement incorporelle, et cependant quelques docteurs lui attribuaient volontiers une forme. Le vulgaire lui donna toujours un corps. Dans une foule de bas-reliefs, de peintures, elle est représentée sous l'aspect d'une petite figure humaine, et les hagiographes abondent en récits relatifs à des bienheureux dont on voit l'âme monter au ciel. Parfois elle s'envole sous la forme d'une colombe.

In figure de colomb volut a ciel,

dit un cantique roman. Voir Prudence, hymne IX, et les passages des Acta sanctorum, qu'indique M. E. du Meril. (Poésies populaires latines du moyen-âge, p. 319).

Quant aux soins que prend l'archange Michel de l'âme de Joseph, nous remarquerons que l'auteur de l'Évangile que nous traduisons s'est conformé à des traditions répandues de son temps. « Les rabbins (dit M. Alfred Maury, *Revue archéologique*, t. I, p. 105), admettaient que saint Michel présente à Dieu les âmes des justes. (Voir *Targum. in Cantic.* IV, 12, et *Resbith Chochmach*, c. 3), et les Juifs lisent encore dans la prière pour les morts, appelée *Tsiddouk Haddin*, c'est-à-dire justification du jugement : L'archange Michel ouvrira les portes du sanctuaire, il offrira ton âme en sacrifice devant Dieu. L'ange libérateur sera de compagnie avec lui jusqu'aux portes de Temple où est Israël. »

8. Le jour du jugement est aussi appelé par les écrivains Arabes, le jour de la rémunération, le jour de la discrétion, le jour de la séparation, le jour de la pondération, le jour de la vengeance. Il doit durer mille ans et même cinquante mille, selon quelques traditions musulmanes.

   Il existe un ouvrage fort singulier du père Hyacinthe Lefebure, intitulé : *Traité du Jugement dernier, ou Procez criminel des réprouvez, accusez, jugés et condamnez de Dieu, selon les formalitez de la justice, contenant l'ordre et la forme de procéder, juger et condamner en matière criminelle, selon les lois divines, canoniques et civiles,* (Paris, 1671, 4°) M. Alfred Maury dans ses *Recherches sur l'origine des représentations figurées de la psychostasie,* (*Revue archéologique*, t. I, p. 248), a donné une idée fort exacte de ce livre étrange dédié au chancelier de France, Pierre Séguier. « L'auteur décrit minutieusement toutes les formes du jugement dernier, tout comme il l'eût fait dans un traité de procédure criminelle. Les différentes phases du jugement sont ponctuellement suivies depuis la dénonciation, l'audition des accusateurs des parties plaignantes, jusqu'à la citation, l'information, la consultation. On y trouve tout, l'emprisonnement des réprouvés, l'interrogatoire, le récolement et la confrontation des témoins, l'extrait du procès-criminel fait par les rapporteurs, la liste des juges qui composent le tribunal ; en un mot, le père Hyacinthe Lefebure s'est attaché à nous initier aux plus légers détails de ce jugement terrible. »
9. Les Hébreux plaçaient les corps des défunts dans des cavernes et dans des caveaux taillés dans le roc et que fermaient des portes d'une confection très-soignée. Consultez à cet égard les curieuses planches du savant ouvrage de J. Nicolaï (Leyde, 1706, 4°) de sepulchris Hebrœorum
10. La question de l'assomption d'Enoch et d'Élie exigerait une trop longue discussion, si nous voulions rapporter les opinions des divers docteurs à cet égard. Quant à Enoch, nous renverrons au Codex pseudepigraphvs vet. Test. de Fabricius, t. I, p. 160-223, à une dissertation de dom Calmet, reproduite avec quelques changements dans la Bible de Vence (T. I. p. 366-384, édit de 1779) et à l'introduction dont M. A. Pichard a fait précéder sa traduction du Livre d'Enoch sur l'Amitié (p. 21-32, Paris, 1838. 8°). Nous en dirons aussi quelques mots dans une de nos notes sur l'Évangile de Nicodème, et nous ajouterons que dans les écrits de quelques alchimistes, on trouve le récit d'un voyage que fait Alexandre le Grand à la montagne du Paradis ; il y rencontre un vieillard couché sur un lit d'or massif; c'est Enoch ; « avant que l'eau du déluge ne couvrit la terre dit le patriarche au conquérant, je connaissais tes actions. » Le livre connu sous le nom d'Enoch et dont le texte éthiopien nous a été conservé, paraît avoir été composé ou retouché par quelque sabéen ; les géants y sont re-

présentés comme ayant une stature de trois cents coudées ; une pierre énorme supporte les quatre coins de la terre et six montagnes formées de pierres précieuses, brûlent nuit et jour, au sud du monde que nous habitons. Dans cet amas de rêveries, il règne une poésie obscure, sombre et grandiose; reflet de celle de l'Apocalypse, elle est un nouveau témoin de cette préoccupation d'une autre vie, de cette foi à l'inconnu, à l'invisible dont la littérature de tous les pays et de tous les peuples porte des traces si remarquables.

11. On formerait une bibliothèque assez considérable en réunissant les divers ouvrages auxquels l'Antéchrist a donné lieu. Citons d'abord l'in-folio du jésuite Malvenda, trois fois réimprimé en 1603, 1691, 1647, et le Traité de l'Antéchrist, par Daneau, Genevève, 1577. Grataroli, l'un des plus célèbres médecins du XVI$^e$ siècle, a également consacré un long ouvrage à ce personnage mystérieux. Des diverses idées émises sur sa naissance, une des plus singulières est celle d'un rabbin qui le fait naître dans le pays d'Edom du commerce d un diable avec la statue de marbre d'une vierge.

Les bibliophiles recherchent fort un *Traicté de l'advenement de l'Antéchrist*, sorti en 1592 des presses d'Ant. Vérard, le plus célèbre des typographes parisiens du XV$^e$ siècle. Il existe, parmi les débris du vieux théâtre, une *Farce de l'Antéchrist et des trois femmes* ; l'ennemi de Dieu n'intervient dans une querelle de balles que pour recevoir des coups de bâton et pour s'enfuir.

De 1676 à 1702, il y eut une vive controverse entre deux théologiens d'alors, Malot et Rondet ; le premier annonça l'apparition de l'Antéchrist pour l'an 1849, l'autre la recula jusqu'à l'année 1860. Ce mésaccord de onze années occasionna un certain nombre de brochures qui n'ont pas aujourd'hui beaucoup de lecteurs.

Parmi les rares monuments de l'art dramatique au milieu de (a période la plus obscure de l'histoire des lettres en Europe, parmi ces pieuses compositions latines antérieures aux mystères, il en est une dont l'Antéchrist est le héros. Le titre seul de cette pièce (*ludus paschalis*) indique qu'elle était destinée à être jouée lors de la fête de Pâques. Le bénédictin Bernard Pez la trouva dans un manuscrit de l'abbaye de Tegernsée ; il Ta publiée dans son *Thesaurus anecdotorum*, tome II, part. 2, page 187. Donnons ici une courte analyse de ce drame à peu près inconnu ; il nous apprendra ce qu'était au XII$^e$ siècle une de ces représentation» dont se rehaussait la solennité d'une grande fête.

L'action se passe dans le temple du Seigneur; le roi des Francs, le roi des Grecs, le roi de Babylone prennent place sur leurs sièges ; surviennent successivement la synagogue accompagnée d'un collège de Juifs, le roi des Romains escorté d'un gros de soldats, le Pape suivi de son clergé, l'Église sous les traits d'une femme d'une stature imposante, ayant à sa droite la Miséricorde tenant un flacon d'huile, à sa gauche, la Justice munie d'une balance et d'une épée. Chacun prend place en chantant. Le roi des Romains envoie des députés à tous les autres monarques, afin qu'ils viennent lui rendre hommage, car, remarque-t-il judicieusement :

Sicut scripta tradunt historiographorum,
Totus mundas fuerat fiscus Romanorum.

Chaque roi se soumet, excepté celui de Babylone; il en résulte une grande bataille; le roi des Romains est vainqueur. Arrive alors l'Antéchrist armé de pied en cap; l'Hérésie et l'Hypocrisie l'accompagnent. Les hypocrites le reçoivent avec empressement, ils mettent son trône dans le temple, ils battent l'Église et la chassent. Tous les rois viennent s'incliner devant lui, excepté celui d'Allemagne. Pour convaincre celui-ci de son pouvoir, l'Antéchrist guérit un lépreux, un boiteux, il ressuscite un soi-disant mort; le roi lui rend hommage, ainsi que la synagogue. Arrivent les prophètes; ils le taxent d'imposteur, la synagogue se repent; elle s'écrie :

Nos erroris pœnitet, ad Fidem convertimur
Quidquid nobis inferet persecutor, patimur.

L'Antéchrist la fait tuer, et, tout bouffi d'orgueil, il réunit autour de lui les rois, il leur dit :

Haec mea gloria quam diu praedixere
Qua fruentur mecum quicumque meruere,

A ces mots il se fait entendre un grand bruit sur la tête de l'Antéchrist; il tombe comme foudroyé; ses sectateurs s'enfuient et l'Eglise triomphante se met à chanter : « *Ecce homo qui non posuit Deum adjutorem suum. Ego autem sicut oliva fructifera in domo Dei.* »

Tel est le jeu *de adventu et interitu Antechristi* ; nous n'avons pas été fâché de le citer comme un échantillon d'après lequel on peut se former une idée assez juste de ce qu'était l'art dramatique à l'époque qui précéda les croisades, et nous espérons qu'on nous pardonnera cette digression.

# ÉVANGILE DE L'ENFANCE

# INTRODUCTION

Henry Sike donna à Utrecht, en 1697, la première édition du texte arabe de cette légende. Il rétablit, d'après un manuscrit qui se trouva dans la vente faite à Leyde de la bibliothèque du savant Golius. On ignore ce qu'est devenu ce manuscrit[1], peut-être a-t-il passé en Angleterre, car Sike s'était rendu en Hollande avec un anglais nommé Huntington, qui étudiait les langues orientales pour se préparer à un voyage dans le Levant, mais qui, plus tard, renonça à son projet, revint dans sa patrie, fut nommé professeur d'arabe à Oxford, et finit par se pendre de ses propres mains en 1712.

Sike regardait le texte arabe comme la traduction d'un original fort ancien écrit primitivement en grec ou en syriaque. Un auteur arabe, Ahmed-Ibn-Idris, cité par Maracci dans son travail sur le Coran, atteste que l'on croyait que l'Évangile de l'Enfance, regardé comme le cinquième des Évangiles, avait été rédigé par saint Pierre qui en avait recueilli les matériaux de la bouche de Marie.

Fabricius se contenta de donner la version latine de

Sike en y joignant en marge de courtes notes assez insignifiantes; Thilo a réimprimé le texte arabe soigneusement corrigé, il a revu la traduction et il a conservé celles des notes du premier éditeur qui offraient le plus d'importance.

Nous connaissons quatre traductions allemandes de cet Évangile; la première vit le jour en 1699, sans indication de lieu et sans nom d'auteur ; la seconde, également anonyme, porte la date de 5738 (1789) à Jérusalem ; la troisième vit le jour en 1804; la quatrième fait partie du recueil déjà cité du docteur Borberg (t. I, p. 135 et suiv.)

L'on a cru pouvoir attribuer la rédaction de l'Évangile de l'Enfance tel que nous le possédons à quelque écrivain nestorien ; il est de fait que cette légende à toujours joui chez ces sectaires de la plus grande faveur. On l'a retrouvée chez les chrétiens de Saint-Thomas, fixés sur la côte de Malabar et qui partagent les erreurs anathématisées par le concile œcuménique d'Éphèse. Les Arméniens en ont reproduit dans leurs divers écrits les principales circonstances.

A des époques d'ignorance, l'on ne manqua point d'attribuer cet Évangile à l'un des apôtres; l'on désigna successivement saint Mathieu ou saint Pierre, saint Thomas ou saint Jacques comme l'ayant composé, saint Irénée croyait que c'était l'œuvre de quelque marcosien, Origène y voit la main de Basilide, et saint Cyrille celle de quelque sectateur de Manès. Quoi qu'il en soit, ce recueil de traditions, plus ou moins hasardées, se retrouve dans tout l'Orient le même pour le fond des choses.

Il est facile de se rendre compte de la grande popularité dont a joui cet Évangile, en Egypte surtout, lorsque l'on réfléchit que c'est en Egypte même que se passent la plupart des faits qu'il relate. Les Coptes ont possédé un grand nombre d'ouvrages relatifs à ces mêmes événements ; Assemani mentionne dans sa *Bibliothèque orientale* (t. II, 517, t. III, P. I, 286 et 641), une histoire de la fuite de la sainte Vierge et de saint Joseph en Egypte, faussement attribuée à Théophile d'Alexandrie.

Un prélat égyptien, Cyriaque, évêque de Tabenne, se distingua par l'empressement qu'il mit à recueillir et à propager ces légendes si propres à charmer des auditeurs peu éclairés, mais de bonne foi ; la bibliothèque du Roi possède de lui deux copies d'une histoire de Pilate et deux sermons (manuscrit arabe, n° 143), dont le savant Sylvestre de Sacy, dans une lettre adressée à André Birch, et que celui-ci a publiée (Copenhague, 1815), a donné une analyse curieuse ; on ne sera pas fâché de la retrouver ici.

Le premier de ces deux discours a pour objet de célébrer le jour où J. C. enfant accompagné de la sainte Vierge, de Joseph et de Salomé, au moment de sa fuite en Egypte, s'arrêta au lieu nommé, aujourd'hui le monastère de Baisous, situé à l'est de Banhésa. Le jour est le 25 du mois de Paschous. Suivant cette légende, l'enfant Jésus fit en ce lieu un grand nombre de miracles; entre autres choses, il planta en terre les trois bâtons d'un berger et de ses deux fils, et sur le champ, ces bâtons devinrent trois arbres couverts de fleurs et de fruits, qui existaient encore du temps de Cyriaque. Cyriaque prétend avoir appris toutes ces particularités de diverses visions qu'eut un moine nommé Antoine, en conséquence desquelles il fit faire des fouilles en cet endroit; on y trouva un grand coffre fermé contenant tous les vases sacrés d'une église, avec une inscription, qui apprit que le tout avait été caché au commencement de la persécution de Dioclétien, par le prêtre Thomas, qui desservait cette église, l'ordre lui en ayant été donné dans un songe. Le coffre ouvert, on y trouva les vases sacrés, et un écrit que l'on lut et qui contenait toute l'histoire de l'enfant Jésus, avec ses parents en ce lieu, le 25 du mois de Paschous, et le récit de tous les miracles, par lesquels il y avait manifesté sa divinité. Cette relation était écrite de la main de Joseph, époux de la sainte Vierge. Elle est fort longue. Après l'avoir lue, Cyriaque fit bâtir, en ce lieu, une église, dont la construction fut encore accompagnée de visions, et la desserte confiée au moine Antoine. Cyriaque raconte en finissant, comment un homme qui avait souillé cette église et y avait commis des dégâts, fut tué à peu de distance de là par un monstre envoyé de Dieu. — Le second discours de Cyriaque a pour objet l'arrivée et le séjour de l'enfant Jésus et de ses parents en un lieu de la province de Cous, lieu nommé aujourd'hui le couvent brûlé. Le discours est fait pour être lu le 7 de Barmandi, jour anniversaire de l'arrivée de la sainte famille en ce lieu. Le tissu de cette légende est tout à fait semblable à celui de la précédente.

Transcrivons aussi un passage des voyages de Thévenot (liv. II, ch. 75), où il est question des récits conservés parmi les chrétiens qui habitent sur les bords du Nil.

« Les Coptes ont plusieurs histoires fabuleuses tirées des livres apocryphes qu'ils ont encore parmi eux. Nous n'avons rien d'écrit de la vie de Notre-Seigneur, durant son bas-âge, mais eux, ils ont bien des particularités, car ils disent que tous les jours il descendait un ange du ciel, qui lui apportait à manger, et qu'il passait le temps à faire avec de la terre de petits oiseaux, puis il soufflait dessus, et les jetait après en l'air, et ils s'envolaient. Ils disent qu'au jour de la cène on servit à Notre-Seigneur un coq rôti, et qu'alors Judas étant sorti pour aller faire le marché de Notre-Seigneur, il commanda au coq rôti de se lever et de suivre Judas; ce que fit le coq, qui rapporta ensuite-à Notre-Seigneur que Judas l'avait vendu, et que pour cela ce coq entrera en paradis, »

Vansleb qui parcourut l'Egypte au dix-septième siècle, rapporte diverses légendes analogues à celle-ci; on montre encore, observe-t-il, un olivier que l'on dit être venu d'un bâton que Jésus avait enfoui en terre, l'on parle d'une fontaine qu'il fit paraître tout d'un coup pour étancher la soif dont souffrait Marie, et tous les malades qui burent de cette eau miraculeuse furent guéris.

Nous montrerons dans les notes dont nous accompagnerons l'Évangile de l'Enfance, combien les Musulmans y ont ajouté de traditions empreintes de l'imagination orientale ; les écrits des docteurs juifs ont également reproduit quelques-uns des récits de notre légende; c'est ainsi que le *Toldos Jeschu*, l'un des ouvrages que les rabbins ont essayé de diriger contre le christianisme [2], mentionne les oiseaux que Jésus formait avec de la boue et qu'il animait de son souffle; le même ouvrage donne le nom d'Elchanon comme celui du maître qui instruisit le fils de Marie ; d'après un passage un peu obscur, il est vrai, de la Gemare de Babylone[3], il se serait appelé Josué fils de Pérachia. Parmi les traductions de l'*Évangile de l'Enfance* en diverses langues, nous ne pouvons omettre celle qui vers le treizième siècle, eut lieu dans l'idiome du midi de la France ; M. Raynouard en a publié des extraits à la fin du premier volume de son *Lexique roman*.

---

1. La bibliothèque du Vatican, celle du Roi à Paris, renferment divers manuscrits de l'Évangile de l'Enfance en arabe ou en syriaque.

2. Ces ouvrages sont peu connus et fort rares, les Juifs les avait, dans la crainte de s'attirer des persécutions, soustraits avec un soin extrême, aux regards des chrétiens. Le savant orientaliste J.-B. de Rossi a mis au jour à Parme, en 1800, une *Bibliotheca judaica anti-christiana*, volume in-8° fort curieux. J. C. Wagenseil avait déjà réuni quelques-uns de ces écrits sous le titre de *Tela ignea Satanæ*, Altdorfi, 1681, 2 vol. fol 4°; il a compris dans cette collection le *Toldos Jeschu*, œuvre dictée par une haine aveugle, et écrit supérieur en importance au Sefir Toledoch Jescuah, dont nous parlons dans une des notes qui vont suivre.

Voici une légende extraite d'un de ces livres si peu lus aujourd'hui. Jésus, Pierre et Judas, étant dans le désert, s'égarèrent, et ayant trouvé un berger couché sur la terre, ils lui demandèrent quelle route ils devaient suivre. Celui-ci poussa la paresse jusqu'à ne pas se lever; il se borna à étendre le pied du côté où il fallait se diriger. Peu après, ils rencontrèrent une bergère, et, lui ayant adressé pareilles questions, celle-ci les mena avec empressement jusqu'à un endroit où ils n'avaient plus qu'à suivre la bonne voie. Pierre pria Jésus de récompenser celle qui leur avait ainsi rendu service, et Jésus la bénit, lui dit qu'elle épouserait le berger nonchalant. Pierre ayant alors témoigné de ta surprise, le Seigneur dit : « Une femme aussi active sauvera un mari aussi paresseux et qui serait bientôt perdu par sa fainéantise. Car je suis le Dieu compatissant qui règle les mariages d'après les œuvres des hommes. »

3. On lit dans le Coran (ch. XII, v. 1647) « Parle de Marie, comme elle se retira de sa famille, et alla du côté de l'est. Elle se couvrit d'un voile qui la déroba aux regards. Nous envoyâmes vers elle notre Esprit. Il prit devant elle la forme d'un homme, d'une figure parfaite. »

Un auteur arabe qui s'est fort occupé de recueillir les légendes orientales au sujet des événements que racontent les Evangiles, Kessaeus narre en ces termes les circonstances de l'accouchement de Marie : « Lorsque le moment de sa délivrance approcha, elle sortit au milieu de la nuit de la maison de Zacharie, et elle s'achemina hors de Jérusalem. Et elle vit un palmier desséché, et lorsque Marie se fut assise au pied de cet arbre, aussitôt il refleurit et se couvrit de feuilles et de verdure et il porta une grande abondance de fruits par l'opération delà puissance de Dieu. Et Dieu fit surgir à côté une source d'eau vive, et lorsque les douleurs de l'enfantement tourmentaient Marie, elle serrait étroitement le palmier de ses mains. »

Il existe un travail d'un savant d'outre-Rhin, Schmidt, sur.les légendes extraites du Coran, et qui se rapportent au Sauveur : *Sagen von Jesu aus der Coran*, il est inséré dans la *Bibliothèque pour la critique et l'exégèse du Nouveau-Testament et l'ancienne Histoire de l'Église*, 1796, II, p. 110.

# ÉVANGILE DE L'ENFANCE

## CHAPITRE I<sup>er</sup>.

Au nom du Père, et du Fils,
et de l'Esprit-Saint, Dieu unique.

Avec le secours et l'assistance du Dieu tout-puissant, nous commençons à écrire le livre des miracles de notre Sauveur, maître et Seigneur Jésus-Christ, lequel s'appelle l'Évangile de l'enfance, dans la paix du Sauveur. Ainsi soit-il.

Nous trouvons dans le livre du grand-prêtre Joseph qui vécut du temps de Jésus-Christ (et quelques-uns disent que son nom était Caïphe) que Jésus parla lorsqu'il était au berceau et qu'il dit à sa mère Marie : moi que tu as enfanté, je suis Jésus, le fils de Dieu, le Verbe, ainsi que te l'a annoncé l'ange Gabriel et mon père m'a envoyé pour le salut du monde.

## CHAPITRE II.

L'an trois cent soixante-neuf de l'ère d'Alexandre, Auguste ordonna que chacun se fit enregistrer dans sa ville natale. Joseph se leva donc et conduisant Marie son épouse, il vint à Jérusalem, et il se rendit à Bethléem pour se faire inscrire avec sa famille dans l'endroit où il était né; lorsqu'ils furent arrivés tout proche d'une caverne, Marie dit à Joseph que le moment de sa délivrance était venu et qu'elle ne pouvait aller jusqu'à la ville, « mais, » dit-elle, « entrons dans cette caverne. » Le soleil était au moment de se coucher. Joseph se hâta d'aller chercher une femme qui assistât Marie dans l'enfantement, et il rencontra une vieille Israélite qui venait de Jérusalem et la saluant, il lui dit : « entre dans cette caverne où tu trouveras une femme au moment d'accoucher. »

## CHAPITRE III.

Et après le coucher du soleil, Joseph arriva avec la vieille devant la caverne et ils entrèrent. Et voici que la caverne était toute resplendissante d'une clarté qui surpassait celle d'une infinité de flambeaux et qui brillait plus que le soleil à midi. L'enfant enveloppé de langes et couché dans une crèche, tétait le sein de sa mère Marie. Tous deux restèrent frappés de surprise à l'aspect de cette clarté, et la vieille demanda à Marie : « Est-ce que tu es la mère de cet enfant ? » Et Marie ayant répondu affirmativement, la vieille lui dit : « Tu n'es pas semblable aux filles d'Eve, » et Marie repartit : « De même qu'il n'y a parmi les enfants aucun qui soit semblable à mon fils, de même sa mère est sans pareille parmi toutes les femmes. La vieille dit alors : « Madame et maîtresse, je suis venue pour acquérir une récompense qui dure à jamais, et Marie lui répondit : « Pose tes mains sur l'enfant. » Lorsque la vieille l'eut fait, elle fut purifiée, et quand elle fut sortie, elle disait : « Dès ce moment, je serai la servante de cet enfant, et je serai vouée à son service durant tous les jours de ma vie. »

## CHAPITRE IV.

Ensuite, lorsque les bergers furent arrivés, et qu'ayant allumé le feu, ils se livraient à la joie, les armées célestes leur apparurent, louant et célébrant le Seigneur, la caverne eut toute ressemblance à un temple auguste, où des rois célestes et terrestres célébraient la gloire et les louanges de Dieu à cause de la nativité du Seigneur-Jésus-Christ. El cette vieille Israélite voyant ces miracles éclatants, rendait grâces à Dieu, disant : « Je vous rends grâce, ô Dieu, Dieu d'Israël, parce que mes yeux ont vu la nativité du Sauveur du monde ».

## CHAPITRE V.

Lorsque le temps de la circoncision fut arrivé, c'est-à-dire, le huitième jour, époque à laquelle la loi prescrit que le nouveau-né doit être circoncis., ils le circoncirent dans la caverne, et la vieille Israélite recueillit le prépuce (d'autres disent que ce fut le cordon ombilical qu'elle recueillit) et le mit dans un vase d'albâtre rempli d'huile de vieux nard. Et elle avait un fils qui faisait commerce de parfums, et elle lui donna ce vase, en disant : « Garde-toi de vendre ce vase rempli de parfum de nard, lors même qu'on t'en offrirait trois cents deniers. » C'est ce vase que Marie la pécheresse acheta et qu'elle répandit sur la tête et sur les pieds de Notre Seigneur Jésus-Christ, en les essuyant de ses cheveux.

Quand dix jours se furent écoulés, ils portèrent l'enfant à Jérusalem, et à l'expiration de la quarantaine, ils le présentèrent dans le temple au Seigneur, en donnant pour lui les offrandes que prescrit la loi de Moïse où il est dit : « Tout enfant mâle qui sortira du ventre de sa mère sera appelé le saint de Dieu. »

## CHAPITRE VI.

Le vieillard Siméon vit l'enfant Jésus brillant de clarté comme une colonne de lumière, tandis que la Vierge Marie, sa mère, le portait dans ses bras et qu'elle ressentait une extrême joie et une foule d'anges formaient comme un cercle autour de lui, célébrant ses louanges et l'accompagnant, ainsi que les satellites d'un roi vont à sa suite. Siméon s'approchant donc avec empressement de Marie et étendant ses mains vers elle, disait au Seigneur Jésus : « Maintenant, Seigneur, votre serviteur peut se retirer en paix suivant votre parole, car mes yeux ont vu votre miséricorde et ce que vous avez préparé pour le salut de toutes les nations, pour la lumière de tous les peuples et la gloire de votre peuple d'Israël. » La prophétesse Anne était aussi présente, et elle rendait grâces à Dieu, et elle vantait le bonheur de Marie.

## CHAPITRE VII.

Et voici ce qu'il arriva, tandis que le Seigneur Jésus était né à Bethléem, ville de Judée, au temps du roi Hérode, des mages vinrent des pays de l'Orient, à Jérusalem, ainsi que l'avait prédit Zoradascht [1], et ils apportaient avec eux des présents, de l'or, de l'encens et de la myrrhe, et ils adorèrent l'enfant, et ils lui firent hommage de leurs présents. Alors Marie prit un des linges dans lesquels l'enfant était enveloppé et le donna aux mages qui le reçurent comme un don d'une inestimable valeur. Et à cette même heure, il leur apparut un ange sous la forme d'une étoile qui leur avait déjà servi de guide,[2] et ils s'en allèrent en suivant sa clarté jusqu'à ce qu'ils fussent de retour dans leur patrie.

## CHAPITRE VIII.

Les rois et les princes s'empressèrent de se réunir autour des mages, leur demandant ce qu'ils avaient vu et ce qu'ils avaient fait, comment ils étaient allés et comment ils étaient revenus et quels compagnons de route ils avaient eus ? Les mages leur montrèrent le linge que Marie leur avait donné ; c'est pourquoi ils célébrèrent une fête, ils allumèrent du feu suivant leur usage, et ils l'adorèrent, et ils jetèrent ce linge dans les flammes, et les flammes l'enveloppèrent. Le feu étant éteint, ils en retirèrent le linge tout entier et les flammes n'avaient laissé sur lui aucune trace. Ils se mirent alors à le baiser et à le poser sur leurs têtes et sur leurs yeux, disant : « Voici sûrement la vérité ! quel est donc le prix de cet objet que le feu n'a pu ni consumer, ni endommager ? » Et le prenant, ils le déposèrent avec grande vénération dans leurs trésors.

## CHAPITRE IX.

Hérode voyant que les mages ne retournaient pas vers lui, réunit les prêtres et les docteurs, et il leur dit : « Enseignez-moi où doit naître le Christ ». Et lorsqu'ils lui eurent répondu que c'était à Bethléem, ville de Judée, Hérode commença à méditer en son esprit le meurtre du Seigneur Jésus. Alors un ange apparut à Joseph dans son sommeil, et il lui dit : « Lève-toi, prends l'enfant et sa mère, et réfugie-toi en Egypte. » Et au chant du coq, Joseph se leva et il partit.

## CHAPITRE X.

Et tandis qu'il songeait quel chemin il devait suivre, le jour survint et la fatigue du voyage avait brisé la courroie de la selle. Il approchait d'une grande ville où il y avait une idole à laquelle les autres idoles et déités de l'Egypte offraient des hommages et des présents, et il y avait un prêtre attaché au service de cette idole, et toutes les fois que Satan parlait par la bouche de l'idole, le prêtre rapportait ce qu'il disait; aux habitants de l'Egypte et de ses rivages. Ce prêtre avait un enfant de trois ans qui était possédé d'une grande multitude de démons ; il prophétisait et annonçait beaucoup de choses, et lorsque les démons s'emparaient de lui, il déchirait ses vêtements, et il courait nu dans la ville, jetant des pierres aux hommes. L'hôtellerie de cette ville était dans le voisinage de cette idole ; lorsque Joseph et Marie furent arrivés et qu'ils furent descendus à cette hôtellerie, les habitants furent saisis de consternation, et tous les princes et les prêtres des idoles se réunirent autour de cette idole lui demandant : « D'où vient cette consternation et quelle est la cause de cette terreur qui a envahi notre pays ? » Et l'idole répondit : Cette épouvante a été apportée par un Dieu ignoré qui est le Dieu véritable, et nul autre que lui n'est digne des honneurs divins, car il est véritablement le Fils de Dieu. A sa venue, cette contrée a tremblé; elle s'est émue et épouvantée, et nous éprouvons une grande crainte à cause de sa puissance. » Et en ce moment cette idole tomba et se brisa ainsi que les autres idoles qui étaient dans le pays et leur chute fit accourir tous les habitants de l'Egypte.

## CHAPITRE XI.

Mais le fils du prêtre, lorsqu'il fut attaqué du mal auquel il était sujet, entra dans l'hôtellerie et il insultait Joseph et Marie, et tous les autres s'étaient enfuis, et comme Marie lavait les linges du Seigneur-Jésus, et qu'elle les suspendait sur une latte, ce jeune possédé prit un de ces linges et le posa sur sa tête, et aussitôt les démons prirent la fuite, en sortant par sa bouche, et on vit s'éloigner des figures de corbeaux et de serpents. L'enfant fut immédiatement guéri par le pouvoir de Jésus-Christ, et il se mit à chanter les louanges du Seigneur qui l'avait délivré et à lui rendre grâces. Et quand son père vit qu'il avait recouvré la santé, il s'étonna et il dit : « Mon fils, que t'est-il donc arrivé, et comment as-tu été guéri ? » Et le fils répondit : « Lorsque les démons me tourmentaient, je suis entré dans l'hôtellerie, et j'y ai trouvé une femme d'une grande beauté qui était avec un enfant et elle suspendait sur une latte des linges qu'elle venait de laver; j'en pris un et je le posai sur ma tête et les démons s'enfuirent aussitôt et m'abandonnèrent. » Le père fut remplie de joie et s'écria : « Mon fils, il se peut que cet enfant soit le fils du Dieu vivant qui a créé les cieux et la terre, et aussitôt qu'il a passé près de nous, l'idole s'est brisée, et les simulacres de tous nos dieux sont tombés, et une force supérieure à la leur les a détruits. »

## CHAPITRE XII.

Ainsi s'accomplit la prophétie qui dit : « J'ai appelé mon fils de l'Egypte. » Lorsque Joseph et Marie apprirent que cette idole s'était renversée et qu'elle avait péri, ils furent saisis de crainte et de tremblement, et ils se disaient : « Lorsque nous étions dans la terre d'Israël,

Hérode voulut faire périr Jésus, et, dans ce but, il ordonna le massacre de tous les enfants de Bethléem et des environs, et il n'y a pas de doute que les Égyptiens ne nous brûlent tout vifs, s'ils apprennent que cette idole est tombée. »

## CHAPITRE XIII.

Ils partirent donc, et ils arrivèrent près de la cachette de voleurs qui dépouillaient de leurs vêtements et de leurs effets les voyageurs qui passaient près d'eux et qui les amenaient garrottés. Ces voleurs entendirent un grand bruit pareil à celui du cortège d'un roi qui sort de sa capitale au son des instruments de musique, escorté d'une grande armée et d'une nombreuse cavalerie, ils laissèrent tout leur butin et s'empressèrent de fuir. Les captifs se levant alors, brisèrent les liens l'un de l'autre, et ayant repris leurs effets, ils se retiraient lorsque voyant Joseph et Marie qui s'approchaient, ils leur demandèrent : « Où est ce roi dont le cortège a, par son bruit, épouvanté les voleurs au point qu'ils se sont enfuis et que nous avons été délivrés ? » Et Joseph répondit : « Il vient après nous. »

## CHAPITRE XIV.

Ils vinrent ensuite à une autre ville où il y avait une femme démoniaque, et tandis qu'elle était allée une fois puiser de l'eau durant la nuit, l'esprit rebelle et impur s'emparait d'elle. Elle ne pouvait ni supporter aucun vêtement, ni habiter une maison, et toutes les fois qu'on l'attachait avec des liens ou avec des chaînes, elle les brisait et s'enfuyait nue dans les lieux déserts, elle se tenait sur les roules et près des sépultures, et elle poursuivait à coups de pierre ceux qu'elle trouvait, de sorte qu'elle était pour ses parents un grand sujet de deuil. Marie l'ayant vue, fut touchée de compassion, et aussitôt Satan abandonna cette femme, et il s'enfuit sous la forme d'un jeune homme, en disant : « Malheur à moi, à cause de toi, Marie, et à cause de ton fils ! » Lorsque cette femme fut délivrée de ce qui causait ses tourments, elle regarda autour d'elle, et, rougissant de sa nudité, elle alla vers ses proches, fuyant l'aspect des hommes, et s'étant revêtue de ses habits, elle exposa à son père et à ses parents ce qui lui était arrivé, et ils étaient du nombre des habitants les plus distingués de la ville, et ils hébergèrent chez eux Joseph et Marie, leur témoignant un grand respect.

## CHAPITRE XV.

Le lendemain, Joseph et Marie se mirent en route, et le soir ils arrivèrent à une autre ville où se célébrait une noce, mais, par suite des embûches de l'esprit malin et des enchantements de quelques magiciens, l'épouse avait perdu l'usage de la parole, de sorte qu'elle ne pouvait plus ouvrir lg bouche. Lorsque Marie entra dans la ville portant dans ses bras son fils, le Seigneur Jésus, la muette l'aperçut et aussitôt elle étendit ses mains vers Jésus, elle le prit dans ses bras et le serra contre son sein en lui donnant beaucoup de baisers. Aussitôt le lien qui retenait sa langue se brisa et ses oreilles s'ouvrirent et elle commença à glorifier et à remercier Dieu qui l'avait guérie. Et il y eut cette nuit une grande joie parmi les habitants de cette ville, car ils pensaient que Dieu et ses anges étaient descendus parmi eux.

## CHAPITRE XVI.

Joseph et Marie passèrent trois jours en cet endroit où ils furent tenus en grande vénération et traités avec splendeur. Étant munis de provisions pour leur voyage, ils partirent ensuite et ils vinrent dans une autre ville, et comme elle était florissante et ses habitants en grande célébrité, ils désiraient y passer la nuit. Il y avait dans cette ville une femme noble et comme elle était descendue au fleuve pour s'y laver, voici que l'esprit maudit sous la forme d'un serpent, s'était jeté sur elle et il s'était enlacé autour de son ventre, et chaque nuit, il s'étendait sur elle. Lorsque cette femme eut vu Marie et le Seigneur Jésus qu'elle portait contre son sein, elle pria Marie de lui permettre de porter et d'embrasser cet enfant. Marie y consentit, et aussitôt que cette femme eut touché l'enfant, Satan l'abandonna et s'enfuit, et depuis cette femme ne le revit plus. Tous les voisins louèrent le Seigneur et cette femme les récompensa avec une grande générosité.

## CHAPITRE XVII.

Le lendemain, cette même femme prit une eau parfumée pour laver l'enfant Jésus, et, quand elle l'eut lavé, elle garda cette eau. Et il y avait là une jeune fille dont le corps était couvert d'une lèpre blanche et elle se lava de cette eau, elle fut immédiatement guérie. Le peuple disait donc ; « Il n'y a pas de doute que Joseph et Marie et cet enfant ne soient des dieux » et ils ne paraissent pas de simples mortels. » Lorsqu'ils se préparèrent à partir, cette fille qui avait été guérie de la lèpre s'approcha d'eux et les pria de lui permettre de les accompagner.

# CHAPITRE XVIII.

Ils y consentirent et elle alla avec eux et ils arrivèrent à une ville où il y avait le château d'un prince puissant, et ce palais était proche de l'hôtellerie. Ils s'y rendirent, et la jeune fille s'étant ensuite approchée de l'épouse du prince, la trouva triste et versant des larmes et elle lui demanda la cause de sa douleur. Et celle-ci lui répondit : « Ne t'étonne pas de me voir livrée à l'affliction ; je suis en proie à une grande calamité que je n'ose raconter à aucun homme. » La jeune fille lui repartit : « Si tu me dis quel est ton mal, tu en trouveras peut-être le remède auprès de moi. » La femme du prince lui dit : « Tu ne révéleras ce secret à personne. J'ai épousé un prince dont la domination, pareille à celle d'un roi, s'étend sur de vastes états, et, après avoir longtemps vécu avec lui, il n'a eu de moi nulle postérité. Enfin j'ai conçu, mais j'ai mis au monde un enfant lépreux ; l'ayant vu, il ne l'a pas reconnu comme étant à lui, et il m'a dit : « Fais mourir cet enfant ou donne-le à une nourrice qui l'élève dans un endroit si éloigné que jamais l'on n'en entende parler. Et, reprends ce qui est à toi, car je ne te reverrai jamais. » C'est pourquoi je me livre à la douleur en déplorant la calamité qui m'a frappée et je pleure sur mon mari et sur mon enfant. » La jeune fille lui répondit : « Ne t'ai-je pas dit que j'ai trouvé pour toi un remède que je te promets ? Moi aussi j'ai été atteinte de la lèpre, mais j'ai été guérie par une faveur de Dieu, qui est Jésus le fils de Marie. » La femme lui demandant alors où était ce Dieu dont elle parlait, la jeune fille répondit; « Il est dans cette même maison où nous sommes ? » — « Et comment cela peut-il se faire, où est-il ? » repartit la princesse. — La jeune fille répliqua : « Voici Joseph et Marie, l'enfant qui est avec eux est Jésus, et c'est lui qui m'a guérie de mes souffrances. » — « Et comment » dit la femme, « est-ce qu'il t'a guérie ? Est-ce que tu ne me le diras pas ? » — La jeune fille répondit : « J'ai reçu de sa mère de l'eau dans laquelle il avait été lavé, et je l'ai versée sur mon corps et ma lèpre a disparu. » La femme du prince se leva alors et elle reçut chez elle Joseph et Marie, et elle prépara à Joseph un festin splendide dans une grande réunion. Le lendemain, elle prit de l'eau parfumée afin de laver le Seigneur Jésus, et elle lava avec cette même eau son fils qu'elle avait apporté avec elle, et aussitôt son fils fut guéri de sa lèpre. Et elle chantait les louanges de Dieu, en lui rendant grâces et en disant : « Heureuse la mère qui t'a engendré, ô Jésus! L'eau dont ton corps a été arrosé guérit les hommes qui ont part à la même nature que toi. » Elle offrit de riches présents à Marie et elle la renvoya en la traitant avec grand honneur.

## CHAPITRE XIX.

Ils vinrent ensuite à une autre ville où ils voulaient passer la nuit. Ils allèrent chez un homme qui était marié depuis peu, mais qui, atteint d'un maléfice, ne pouvait jouir de sa femme, et quand ils eurent passé la nuit près de lui, son empêchement fut rompu. Lorsque le jour se leva, ils se ceignaient pour se remettre en route, mais l'époux les en empêcha et leur prépara un grand banquet.

## CHAPITRE XX.

Le lendemain, ils partirent et comme ils approchaient d'une autre ville, ils virent trois femmes qui quittaient un tombeau en versant beaucoup de pleurs. Marie les ayant aperçues dit à la jeune fille qui les accompagnait : « Demande-leur qui elles sont et quel est le malheur qui leur est arrivé. » Elles ne firent point de réponse à la question que la jeune fille leur fit, mais elles se mirent à l'interroger de leur côté, disant : « Qui êtes-vous, et où allez-vous ? car déjà le jour est tombé et la nuit s'avance. » La jeune fille répondit : « Nous sommes des voyageurs et nous cherchons une hôtellerie afin d'y passer la nuit. » Elles repartirent : « Accompagnez-nous et passez la nuit chez nous. » Ils suivirent donc ces femmes, et ils furent introduits dans une maison nouvelle, ornée et garnie de différents meubles» Or, c'était dans la saison de l'hiver, et la jeune fille étant entrée dans la chambre de ces femmes, les trouva encore qui pleuraient et qui se lamentaient A côté d'elles était un mulet, couvert d'une housse de soie, devant lequel était placé du fourrage, et elles lui donnaient à manger et elles l'embrassaient. La jeune fille dit alors: « O ma maîtresse, que ce mulet est beau, » et elles répondirent en pleurant : « Ce mulet que tu vois est notre frère, il est né de la même mère que nous. Notre père nous laissa à sa mort de grandes richesses et nous n'avions que ce seul frère et nous cherchions à lui procurer un mariage convenable. Mais des femmes enflammées de l'esprit de la jalousie ont jeté sur lui, à notre insu, des enchantements, et une certaine nuit, un peu avant le point du jour, les portes de notre maison étant fermées, nous avons vu que notre frère avait été changé en mulet et qu'il était tel que tu le vois à présent. Nous nous sommes livrées à la tristesse, car nous n'avions plus notre père qui pût nous consoler ; nous n'avons oublié aucun sage au monde, aucun magicien, ou enchanteur, nous avons eu recours à tous, mais nous n'en avons retiré nul profit. C'est pourquoi, toutes les fois que nos cœurs sont gonflés de tristesse, nous nous levons et nous allons avec notre mère que voici, au tombeau de notre père, et, après y avoir pleuré, nous revenons. »

## CHAPITRE XXI.

Lorsque la jeune fille eut entendu ces choses elle dit : « Prenez courage et cessez de pleurer, car le remède de vos maux est proche, il est même avec vous et au milieu de votre demeure ; j'ai été lépreuse, mais après que j'eus vu cette femme et ce petit enfant qui est avec elle et qui se nomme Jésus, et après avoir versé sur mon corps l'eau avec lequel sa mère l'avait lavé, j'ai été purifiée. Je sais aussi qu'il peut mettre un terme à votre malheur; levez-vous, approchez-vous de Marie, et après l'avoir conduite chez vous, révélez-lui le secret dont vous m'avez fait part, en la suppliant d'avoir compassion de vous. » Lorsque ces femmes eurent entendu ces paroles de la jeune fille, elles s'empressèrent d'aller auprès de Marie et elles l'emmenèrent chez elles et elles lui dirent en pleurant : « O Marie, notre maîtresse, prends pitié de tes servantes, car notre famille est dépourvue de son chef et nous n'avons pas un père ou un frère qui entre ou qui sorte devant nous. Ce mulet que tu vois est notre frère, et des femmes l'ont par leurs sortilèges, réduit à cet état. Nous te prions donc d'avoir pitié de nous. » Alors Marie, touchée de compassion, souleva l'enfant Jésus et le plaça sur le dos du mulet et elle pleurait, ainsi que les femmes, et elle dit : « Hélas ! mon fils, guéris ce mulet par un effet de ta grande puissance et fais que cet homme recouvre la raison dont il a été privé. » A peine ces mots étaient-ils sortis de la bouche de Marie que le mulet reprit aussitôt la forme humaine et se montra sous les traits d'un beau jeune homme et il ne lui restait nulle difformité. Et lui, et sa mère et ses sœurs adorèrent Marie et, élevant l'enfant au-dessus de leurs têtes, ils l'embrassaient en disant : « Heureuse ta mère, ô Jésus, Sauveur du monde ! Heureux les yeux qui jouissent de la félicité de ton aspect. »

## CHAPITRE XXII.

Les deux sœurs dirent à leur mère : « Notre frère a repris sa première forme, grâce à l'intervention du Seigneur Jésus et aux bons avis de cette jeune fille qui nous a conseillé de recourir à Marie et à son fils. Et maintenant, puisque notre frère n'est pas marié, nous pensons qu'il est convenable qu'il épouse cette jeune fille. » Lorsqu'elles eurent fait cette demande à Marie et qu'elle y eut consenti, elles firent pour cette noce des préparatifs splendides et la douleur fut changée en joie et les pleurs firent place aux rires, et elles ne firent que se réjouir et chanter dans l'excès de leur contentement, ornées de vêtements magnifiques et de joyaux. En même temps elles célébraient les louanges de Dieu, disant : » O Jésus, fils de Dieu qui a changé notre affliction en allégresse et nos lamentations en cris de joie ! » Joseph et Marie demeurèrent dix jours en cet endroit ; ensuite ils partirent comblés des témoignages de vénération de toute cette famille, qui, après leur avoir dit adieu, s'en retourna en pleurant, et la jeune fille surtout répandit des larmes.

## CHAPITRE XXIII.

Ils arrivèrent ensuite près d'un désert et comme ils apprirent qu'il était infesté de voleurs, ils se préparaient à le traverser pendant la nuit Et voici que tout d'un coup, ils aperçurent deux voleurs qui étaient endormis et près d'eux ils virent une foule d'autres voleurs qui étaient les camarades de ces gens et qui étaient aussi plongés dans le sommeil. Ces deux voleurs se nommaient Titus et Dumachus[3], et le premier dit à l'autre : « Je te prie de laisser ces voyageurs aller en paix, de peur que nos compagnons ne les aperçoivent. » Dumachus s'y refusant, Titus lui dit : « Reçois de moi quarante drachmes et prends ma ceinture pour gage. » Et il la lui présentait en même temps, le priant de ne pas appeler et de ne pas donner l'alarme. Marie voyant ce voleur si bien disposé à leur rendre service lui dit : « Que Dieu te soutienne de sa main droite et qu'il t'accorde la rémission de tes péchés. » Et le Seigneur Jésus dit à Marie : « Dans trente ans, ô ma mère, les Juifs me crucifieront à Jérusalem, et ces deux voleurs seront mis en croix à mes côtés, Titus à ma droite et Dumachus à ma gauche et, ce jour-là, Titus me précédera dans le Paradis. » Et lorsqu'il eut ainsi parlé, sa mère lui répondit : « Que Dieu détourne de toi semblables choses, ô mon fils, » et ils allèrent ensuite vers une ville des idoles, et, comme ils en approchaient, elle fut changée en un tas de sable.

## CHAPITRE XXIV.

Ils vinrent ensuite à un sycomore que l'on appelle aujourd'hui Matarea [4], et le Seigneur Jésus fit paraître à cet endroit une fontaine où Marie lava sa tunique. Et le baume que produit ce pays vient de la sueur qui coula des membres de Jésus[5].

## CHAPITRE XXV.

Ils se rendirent alors à Memphis et ayant vu Pharaon, ils demeurèrent trois ans en Egypte, et le Seigneur Jésus y fit beaucoup de miracles qui ne sont consignés ni dans l'Évangile de l'Enfance, ni dans l'Évangile complet.

## CHAPITRE XXVI.

Au bout de trois ans ils quittèrent l'Egypte et ils retournèrent en Judée, et lorsqu'ils en furent proches, Joseph redouta d'y entrer, car il apprit qu'Hérode était mort et que son fils Archélaüs lui avait succédé, mais l'ange de Dieu lui apparut et lui dit : « O Joseph, va dans la ville de Nazareth et fixes-y ta demeure. »

## CHAPITRE XXVII.

Lorsqu'ils arrivèrent à Bethléem, il s'y était déclaré des maladies graves et difficiles à guérir qui attaquaient les yeux des enfants et beaucoup périssaient. Et une femme qui avait un fils près de mourir, le mena à Marie et la trouva qui baignait le Seigneur Jésus. Et cette femme dit : « O Marie, vois mon fils qui souffre cruellement. » Marie l'entendant lui dit : « Prends un peu de cette eau avec laquelle j'ai lavé mon fils et répands-la sur le tien. » La femme fit comme le lui recommandait Marie, et son fils, après avoir été fort agité, s'était endormi, et lorsqu'il se réveilla, il se trouva complètement guéri. La femme pleine de joie, revint trouver Marie qui lui-dit : « Rends grâce à Dieu, de ce qu'il a guéri ton fils. »

## CHAPITRE XXVIII.

Cette femme avait une voisine dont l'enfant était atteint de la même maladie et ses yeux étaient presque fermés et il criait piteusement nuit et jour. Et celle dont le fils avait été guéri lui dit : « Pourquoi ne portes-tu pas ton fils à Marie comme je lui ai porté le mien lorsqu'il était au moment de la mort et qu'il a été guéri par cette eau dans laquelle Jésus s'était baigné ? » Et cette seconde femme alla aussi prendre de cette eau et aussitôt qu'elle en eut répandu sur son fils, son mal cessa. Et elle apporta son fils parfaitement guéri à Marie, qui lui recommanda de rendre grâce à Dieu et de ne raconter à personne ce qui lui était arrivé.

## CHAPITRE XXIX.

Il y avait dans la même ville deux femmes mariées au même homme et chacune avait un fils qui était malade. L'une se nommait Marie et son fils avait nom Kaljufe. Cette femme se leva et elle porta son enfant à Marie, la mère de Jésus, et elle lui offrit une très belle nappe, et elle lui dit : « O Marie, reçois de moi cette nappe et, en échange, donne-moi un de tes langes. » Marie y consentit et la mère de Kaljufe fit avec ce lange une tunique dont elle revêtit son fils. Et il se trouva guéri et l'enfant de sa rivale mourut le même jour. Il en résulta de grands dissentiments entre ces deux femmes; elles s'acquittaient, chacune à son tour, une semaine durant, des travaux du ménage et une fois que le tour de Marie, la mère de Kaljufe, était venu, elle s'occupait de faire chauffer le four pour cuire le pain et, allant chercher la farine, elle sortit laissant son enfant près du four. Sa rivale voyant que l'enfant était resté seul, le prit et le jeta dans le four tout embrasé et elle s'enfuit Marie revint et elle vit son enfant qui était au milieu du four où il riait, car le four s'était soudainement refroidi, comme si jamais il n'y avait été allumé de feu, et elle se douta que sa rivale l'avait jeté là. Elle l'en retira donc et le porta à la vierge Marie et lui raconta ce qui s'était passé. Et Marie lui dit : « Tais-toi, car je crains pour toi si tu divulgues ces choses. » Ensuite la rivale alla au puits puiser de l'eau et voyant Kaljufe qui jouait auprès et qu'il n'y avait à l'entour nulle créature humaine, elle prit l'enfant et le jeta dans le puits. Des hommes étant venus pour se procurer de l'eau virent l'enfant qui était assis sans aucun mal, sur la surface de l'eau, et ayant descendu des cordes, ils le retirèrent Et ils furent remplis d'une telle admiration pour cet enfant, qu'ils lui rendirent les honneurs comme à un dieu. Et sa mère le porta en pleurant à Marie et lui dit : « O ma maîtresse, vois ce que ma rivale a fait à mon fils et comme elle l'a fait tomber dans le puits et il n'y a pas de doute pour moi qu'elle ne cause un jour sa mort » Marie lui répondit : « Dieu punira le mal qui t'a été fait » Peu de jours après, la rivale alla puiser de l'eau et ses pieds s'embarrassèrent dans la corde de sorte qu'elle tomba dans le puits et lorsque l'on accourut pour lui porter secours, on trouva qu'elle s'était fracassé la tête. Elle mourut donc d'une manière funeste et la parole du sage s'accomplit en elle : « Ils ont creusé un puits et ils ont jeté la terre en haut, mais ils sont tombés dans la fosse qu'ils avaient préparée. »

## CHAPITRE XXX.

Une autre femme de la même ville avait deux enfants, malades tous deux; l'un mourut et l'autre était près de trépasser; sa mère le prit dans ses bras et le porta à Marie en versant un torrent de larmes et elle lui dit : « O ma maîtresse, viens à mon secours et assiste-moi ; j'avais deux fils et je viens d'en perdre un et je vois l'autre au moment de périr. Vois comment j'implore la miséricorde du Seigneur. » Et elle se mit à dire : « Seigneur, vous êtes plein de clémence et de compassion ; vous m'aviez donné deux fils, vous avez rappelé l'un d'eux à vous, du moins laissez-moi l'autre. » Marie témoin de son excessive douleur, eut pitié d'elle et Lui dit : « Place ton enfant dans le lit de mon fils et couvre-le de ses vêtements. » Et quand l'enfant eut été placé dans le lit à côté de Jésus « ses yeux appesantis par la mort se rouvrirent et appelant sa mère à voix haute, il demanda du pain et quand on lui en eut donné, il le mangea. Alors sa mère dit : « O Marie, je connais que la vertu de Dieu habite en toi, au point que ton fils guérit les enfants aussitôt qu'ils l'ont touché. » Et l'enfant qui fut ainsi guéri est ce même Barthélémy dont il est parlé dans l'Évangile.

## CHAPITRE XXXI.

Il y avait au même endroit une femme lépreuse qui alla trouver Marie mère de Jésus et qui lui dit : « O ma maîtresse, assiste-moi. » Et Marie lui répondit : « Quel secours demandes-tu ? est-ce de l'or ou de l'argent, ou veux-tu être guérie de ta lèpre ? » Cette femme repartit : « Qu'est-ce que tu peux faire pour moi ? » Et Marie lui dit : « Attends un peu jusqu'à ce que j'aie lavé mon enfant et que je l'aie mis dans son lit. » La femme attendit et Marie, après l'avoir couché, tendit à la femme un vase plein de l'eau avec laquelle elle avait lavé son enfant et lui dit : « Prends un peu de cette eau et répands-la sur ton corps. » Et aussitôt que la malade l'eut fait, elle se trouva guérie, et elle rendit grâce à Dieu.

## CHAPITRE XXXII.

Elle s'en alla ensuite, après être restée trois jours auprès de Marie et elle vint dans une ville où se rendait un prince qui avait épousé la fille d'un autre prince, mais lorsqu'il vit sa femme, il aperçut entre ses yeux les marques de la lèpre, ayant la forme d'une étoile et leur mariage avait été déclaré nul et non valide. Et cette femme voyant la princesse qui se livrait au désespoir, lui demanda la cause de ses larmes, et la princesse lui répondit : « Ne t'informe pas de ma situation ; mon malheur est tel que je ne puis le révéler à personne. » La femme insistait pour le savoir, disant qu'elle connaîtrait peut-être quelque remède à y apporter. Elle vit alors les traces de la lèpre qui paraissaient entre les yeux de la princesse. « Moi aussi, » dit-elle, « j'ai été atteinte de cette même maladie et je m'étais rendue pour affaires à Bethléem. Là, j'entrai dans une caverne où je vis une femme nommée Marie et elle avait un enfant qui s'appelait Jésus. Me voyant atteinte de la lèpre, elle eut pitié de moi, et elle me donna l'eau dans laquelle elle avait lavé le corps de son fils. Je versai cette eau sur mon corps et je fus aussitôt guérie. La princesse lui dit alors : « Lève-toi et viens avec moi et fais-moi voir Marie. » Et elle s'y rendit apportant de riches présents. Et quand Marie la vit, elle dit : « Que la miséricorde du Seigneur Jésus soit sur toi. » Et elle lui donna un peu de cette eau dans laquelle elle avait lavé son enfant. Aussitôt que la princesse en eut répandu sur elle, elle se trouva guérie et elle rendit grâces au Seigneur, ainsi que tous les assistants. Le prince apprenant que sa femme avait été guérie, la reçut chez lui et célébrant de secondes noces, il rendit grâces à Dieu.

## CHAPITRE XXXIII.

Il y avait au même endroit une jeune fille que Satan tourmentait ; l'esprit maudit lui apparaissait sous la forme d'un grand dragon qui voulait la dévorer et il avait sucé tout son sang de sorte qu'elle ressemblait à un cadavre. Et toutes les fois qu'il se jetait sur elle, elle criait, en joignant les mains au-dessus de sa tête et elle disait : « Malheur, malheur à moi, car il n'y a personne qui puisse me délivrer de cet affreux dragon. » Son père et sa mère et tous ceux qui l'entouraient et qui la voyaient, se livraient à l'affliction et répandaient des larmes, surtout lorsqu'elle pleurait et disait : « O mes frères et mes amis, n'y a-t-il donc personne qui me délivre de ce meurtrier ? » La fille du prince qui avait été guérie de la lèpre, entendant la voix de cette malheureuse, monta sur le toit de son château et elle la vit, les mains jointes au-dessus de la tête, versant des larmes abondantes et tous ceux qui l'entouraient pleuraient aussi. Et elle demanda si la mère de cette possédée vivait encore. Et quand on lui eut répondu que son père et sa mère étaient tous deux en vie, elle dit : « Faites venir sa mère auprès de moi. » Et quand elle fut venue, elle lui demanda : « Est-ce ta fille qui est ainsi possédée ? » Et la mère ayant répondu que oui, en versant des larmes, la fille du prince dit : « Ne révèle pas ce que je vais te confier ; j'ai été lépreuse, mais Marie, la mère de Jésus-Christ m'a guérie. Si tu veux que ta fille obtienne sa délivrance, conduis-la à Bethléem et implore avec foi l'assistance de Marie et je crois que tu reviendras pleine de joie ramenant ta fille guérie. » Aussitôt la mère se leva et elle partit et elle alla trouver Marie, et elle lui exposa l'état dans lequel était sa fille. Marie l'ayant écoutée lui donna un peu de l'eau dans laquelle elle avait lavé son fils Jésus et lui dit de la répandre sur le corps de la possédée. Elle lui donna ensuite un morceau des langes de l'enfant Jésus et elle lui dit : « Prends ceci et montre-le à ton ennemi, toutes les fois que tu le verras, » et elle la renvoya ensuite en paix.

## CHAPITRE XXXIV.

Lorsqu'après avoir quitté Marie, elles furent revenues dans leur ville et lorsque vint le temps où Satan avait coutume de la tourmenter, il lui apparut sous la forme d'un grand dragon et, à son aspect, la jeune fille fut saisie d'effroi. Et sa mère lui dit : « Ne crains rien, ma fille, laisse-le s'approcher davantage de toi et montre-lui ce linge que nous a donné Marie et nous verrons ce qu'il pourra faire. » Et quand le malin esprit qui avait revêtu la forme de ce dragon fut tout proche, la malade, toute tremblante de frayeur, mit sur sa tête et déploya le linge et il en sortit des flammes qui s'élançaient vers la tête et vers les yeux du dragon, et on entendit crier à haute voix : « Qu'y a t-il entre toi et moi, ô Jésus, fils de Marie ? où trouverai-je un asile contre toi ? » Et Satan prit la fuite avec épouvante, abandonnant cette jeune fille, et depuis il ne lui apparut jamais. Et elle se trouva ainsi délivrée, et elle rendit dans sa reconnaissance des actions de grâce à Dieu, ainsi que tous ceux qui avaient été présents à ce miracle.

## CHAPITRE XXXV.

Il y avait dans cette même ville une autre femme dont le fils était tourmenté par Satan, il se nommait Judas, et toutes les fois que le malin esprit s'emparait de lui, il cherchait à mordre ceux qui étaient près de lui, et, s'il était seul, il mordait ses propres mains et ses membres. La mère de ce malheureux entendant parler de Marie et de son fils Jésus, se leva, et tenant son fils dans ses bras, elle le porta à Marie. Sur ces entrefaites, Jacques et Joseph avaient conduit dehors l'enfant Jésus pour qu'il jouât avec les autres enfants, et ils s'étaient assis hors de la maison et Jésus avec eux. Judas s'approcha et s'assit à la droite de Jésus, et quand Satan commença à l'agiter comme d'ordinaire, il cherchait à mordre Jésus, et comme il ne pouvait l'atteindre, il lui donnait des coups dans le côté droit, de sorte que Jésus se mit à pleurer. Et, en ce moment, Satan sortit de cet enfant, sous la forme d'un chien enragé. Et cet enfant fut Judas Iscariote[6], qui trahit Jésus, et le côté qu'il avait frappé fut celui que les Juifs percèrent d'un coup de lance.

## CHAPITRE XXXVI.

Lorsque le Seigneur Jésus eut accompli sa septième année, il jouait un jour avec d'autres enfants de son âge et, en s'amusant, ils faisaient avec de la terre détrempée diverses images d'animaux, de loups, d'ânes, d'oiseaux, et chacun vantant son ouvrage, s'efforçait de l'élever au-dessus de celui de ses camarades. Alors le Seigneur Jésus dit aux enfants: « J'ordonnerai aux figures que j'ai faites de se mettre à marcher. » Et les enfants lui demandant s'il était le fils du Créateur, le Seigneur Jésus ordonnait aux images de marcher et elles avançaient aussitôt. Quand il leur commandait de revenir, elles revenaient. Il avait fait des images d'oiseaux et de passereaux qui volaient lorsqu'il leur enjoignait de voler et qui s'arrêtaient quand il leur disait de s'arrêter, et quand il leur présentait de la boisson et de la nourriture, elles mangeaient et buvaient. Quand les enfants se furent retirés et qu'ils eurent raconté à leurs parents ce qu'ils avaient vu, ceux-ci leur dirent; « Evitez à l'avenir d'être avec lui, car c'est un enchanteur ; fuyez-le donc dorénavant, et ne jouez plus avec lui. »

## CHAPITRE XXXVII.

Un certain jour le Seigneur Jésus jouant et courant avec les autres enfants passa devant la boutique d'un teinturier qui se nommait Salem ; il y avait dans cette boutique des étoffes appartenant à grand nombre d'habitants de la ville et que Salem se préparait à teindre de diverses couleurs; Jésus étant entré dans cette boutique prit toutes ces étoffes et les jeta dans la chaudière. Salem se retournant et voyant les étoffes perdues, se mit à pousser de grands cris et à réprimander Jésus, disant : « Qu'as-tu fait, ô fils de Marie ? tu as fait tort à moi et à mes concitoyens; chacun demandait la couleur qui lui convenait, et toi tu es survenu, et tu as tout perdu. » Le Seigneur Jésus répondit : « De quelque pièce d'étoffe que tu veuilles changer la couleur, je la changerai. » Et aussitôt il se mit à retirer les étoffes de la chaudière et chacune était teinte de la couleur que désirait le teinturier[7]. Et les Juifs témoins de ce miracle, célébrèrent la puissance de Dieu.

## CHAPITRE XXXVIII.

Joseph parcourait toute la ville, menant avec lui le Seigneur Jésus et on l'appelait pour confectionner des portes ou des cribles, ou des coffres, et le Seigneur Jésus était avec lui partout où il allait. Et toutes les fois que l'ouvrage que faisait Joseph devait être plus long ou plus court, plus large ou plus étroit, le Seigneur Jésus étendait la main, et la chose se trouvait aussitôt telle que l'avait désiré Joseph, de sorte qu'il n'avait point besoin de rien achever de sa propre main, car il n'était pas fort habile dans ce métier de menuisier.

# CHAPITRE XXXIX.

Un jour, le roi de Jérusalem le fit appeler et lui dit : « Je veux, Joseph, que tu me fasses un trône d'après la dimension de l'endroit où j'ai coutume de m'asseoir. » Joseph obéit, et aussitôt mettant la main à l'œuvre, il passa deux ans clans le palais jusqu'à ce qu'il eût achevé de fabriquer ce trône. Et lorsqu'il fut placé à l'endroit où il devait être, l'on vit que de chaque côté il manquait deux spithames à la mesure fixée[8]. Alors le roi se mit en colère contre Joseph, et Joseph, redoutant le courroux du monarque, ne put manger et se coucha à jeun. Alors le Seigneur Jésus lui demandant quel était le motif de sa crainte, il répondit : « C'est que l'ouvrage auquel j'ai travaillé deux ans entiers est gâté. » Et le Seigneur Jésus lui répondit : « Reviens de ta frayeur et ne perds pas courage; prends ce côté du trône et moi l'autre, pour que nous l'amenions à une mesure exacte. » Et Joseph ayant fait ce que prescrivait le Seigneur Jésus et chacun tirant fortement de son côté, le trône obéit et eut exactement la dimension que l'on désirait. Les assistants, voyant ce miracle, furent frappés de stupeur et bénirent Dieu. Ce trône était fabriqué avec un bois qui existait dès le temps de Salomon, fils de David, et qui était remarquable par ses diverses formes et figures.

# CHAPITRE XL.

Un autre jour, le Seigneur Jésus alla sur la place et voyant les enfants qui s'étaient réunis pour jouer, il se mêla à eux ; l'ayant aperçu, ils se cachèrent et le Seigneur Jésus alla à la porte d'une maison et demanda à des femmes qui se tenaient debout à l'entrée où ces enfants avaient été. Et comme elles répondirent qu'il n'y en avait aucun dans la maison, le Seigneur Jésus dit : « Qu'est-ce que vous voyez sous cette voûte ? » Elles répondirent que c'étaient des béliers âgés de trois ans et le Seigneur Jésus s'écria : « Sortez, béliers, et venez vers votre pasteur. » Et aussitôt les enfants sortirent, ayant forme de béliers, et ils sautaient autour de lui, et ces femmes ayant vu cela, furent saisies d'effroi Et elles adoraient le Seigneur Jésus, disant : « O Jésus! fils de Marie, notre Seigneur, tu es vraiment le bon Pasteur d'Israël, aie pitié de tes servantes qui sont en ta présence et qui ne doutent pas, Seigneur, que tu ne sois venu pour guérir et non pour perdre. » Ensuite, le Seigneur Jésus ayant répondu que les enfants d'Israël étaient parmi les peuples comme des Éthiopiens, les femmes dirent : « Seigneur, tu connais toutes choses et rien ne t'est caché ; nous te demandons et nous espérons de ta miséricorde que tu voudras bien rendre à ces enfants leur ancienne forme. » Et le Seigneur Jésus dit alors : « Venez, enfants, afin que nous allions jouer. » Et aussitôt, en présence de ces femmes, ces béliers reprirent la figure d'enfants.

## CHAPITRE XLI.

Au mois d'Adar[9], Jésus rassembla les enfants et les fit ranger comme étant leur roi ; ils avaient étendu leurs vêtements par terre pour qu'il s'agît dessus, et ils avaient posé sur sa tête une couronne de fleurs, et comme des satellites qui accompagnent un roi, ils s'étaient rangés à sa droite et à sa gauche. Si quelqu'un passait parla, les enfants l'arrêtaient de force et lui disaient : « Viens et adore le roi, afin que tu obtiennes un heureux voyage. »

# CHAPITRE XLII.

Sur ces entrefaites arrivèrent des hommes qui portaient un enfant sur une litière. Cet enfant avait été sur la montagne avec ses camarades pour chercher du bois, et, ayant trouvé un nid de perdrix, il y mit la main pour en retirer les œufs, et un serpent caché au milieu du nid le mordit, et il appela ses compagnons à son secours. Quand ils arrivèrent, ils le trouvèrent étendu sur la terre et comme mort, et des gens de sa famille vinrent et ils l'emportaient à la ville et quand ils furent arrivés à l'endroit où le Seigneur Jésus trônait comme un roi, les autres enfants l'entouraient comme étant de sa cour, et ces enfants allèrent au-devant de ceux qui portaient le moribond et leur dirent: « Venez et saluez le roi. » Comme ils ne voulaient point approcher à cause du chagrin qu'ils éprouvaient, les enfants les amenaient de force. Et quand ils furent devant le Seigneur Jésus, il leur demanda pourquoi ils portaient cet enfant ; ils répondirent qu'un serpent l'avait mordu, et le Seigneur Jésus dit aux enfants : « Allons ensemble et tuons ce serpent. » Les parents de l'enfant qui était au moment de trépasser priant les autres enfants de les laisser aller, ceux-ci répondirent ; « N'avez-vous pas entendu ce que le roi a dit : Allons et tuons le serpent, et ne devez-vous pas vous conformer à ses ordres ? » Et, malgré leur opposition, ils faisaient rebrousser chemin à la litière. Lorsqu'ils furent arrivés auprès du nid, le Seigneur Jésus dit aux enfants : « N'est-ce pas là que se cache le serpent ?» Et eux ayant répondu oui, le serpent appelé par le Seigneur Jésus, sortit aussitôt et se soumit à lui. Et le Seigneur lui dit : « Va et suce tout le poison que tu as répandu dans les veines de cet enfant. » Le serpent, rampant, reprit alors tout le poison qu'il avait répandu, et le Seigneur l'ayant maudit, il creva aussitôt après et il mourut. Et le Seigneur Jésus toucha l'enfant de sa main, et il fut guéri. Et comme il se mettait à pleurer, le Seigneur Jésus lui dit ; « Cesse tes pleurs, tu seras mon disciple. » Et cet enfant fut Simon le Cananéen dont il est fait mention dans l'Évangile.

## CHAPITRE XLIII.

Un autre jour Joseph avait envoyé son fils Jacques pour ramasser du bois, et le Seigneur Jésus s'était joint à lui comme son compagnon, et quand ils furent arrivés à l'endroit où était le bois et lorsque Jacques se fut mis à en ramasser, voici qu'une vipère le mordit, et il commença à crier et à pleurer. Le Seigneur Jésus le voyant dans cet état, s'approcha de lui et il souffla sur l'endroit où il avait été mordu, et Jacques fut guéri sur-le-champ[10].

## CHAPITRE XLIV.

Un jour, le Seigneur Jésus était avec des enfants qui jouaient sur un toit, et l'un de ces enfants vint à se laisser tomber et il expira sur le coup. Les autres enfants s'enfuirent et le Seigneur Jésus demeura seul sur le toit, et les parents du mort étant arrivés, ils dirent au Seigneur Jésus : « C'est toi qui as précipité notre fils du haut du toit. » Et comme il le niait, ils répétèrent encore plus fort : « Notre fils est mort et voici celui qui l'a tué. » Et le Seigneur Jésus répondit : « Ne m'accusez pas d'un crime dont vous ne pouvez apporter aucune preuve; mais demandons à cet enfant lui-même qu'il mette la vérité au grand jour. » Et le Seigneur Jésus descendit et se plaça près de la tête du mort et dit à haute voix : « Zeinon, Zeinon, qui est-ce qui t'a précipité du haut du toit ? » Et le mort répondit : « Seigneur, ce n'est pas toi qui as été la cause de ma chute, mais c'est quelqu'un qui m'a fait tomber. » Et le Seigneur ayant recommandé aux assistants de faire attention à ces paroles, tous ceux qui étaient présents louèrent Dieu de ce miracle[11].

## CHAPITRE XLV.

Marie avait un jour commandé au Seigneur Jésus d'aller lui chercher de l'eau à un puits. Et lorsqu'il se fut acquitté de cette tâche, la cruche déjà pleine qu'il élevait se brisa. Et le Seigneur Jésus ayant étendu son manteau, porta à sa mère l'eau qu'il y avait recueillie, et elle fut frappée d'admiration, et elle conservait dans son cœur tout ce qu'elle voyait

## CHAPITRE XLVI.

Un autre jour, le Seigneur Jésus jouait sur le bord de l'eau avec d'autres enfants, et ils avaient creusé des rigoles pour faire couler l'eau, formant ainsi des petits bassins, et le Seigneur Jésus avait fait avec de la terre douze petits oiseaux et les avait placés autour de son bassin, trois de chaque côté. C'était un jour de sabbat, et le fils d'Hanon, le juif, survenant et les voyant ainsi occupés, leur dit : « Comment pouvez-vous un jour de sabbat, faire des figures avec de la boue ? » Et il se mit à détruire leurs bassins. Et le Seigneur Jésus ayant étendu les mains sur les oiseaux qu'il avait faits, ils s'envolèrent en gazouillant. Ensuite lorsque le fils d'Hanon, le juif, s'approcha du bassin qu'avait creusé Jésus, afin de le détruire, l'eau disparut et le Seigneur Jésus lui dit : « Tu vois comme cette eau est séchée; il en sera de même de ta vie. » Et aussitôt l'enfant se dessécha.

## CHAPITRE XLVII.

Un autre jour, comme le Seigneur Jésus rentrait le soir au bois avec Joseph, un enfant courant au devant de lui, le choqua avec violence, et le Seigneur Jésus fut presque renversé, et il dit à cet enfant : « Ainsi que tu m'as poussé, tombe et ne te relève pas. » Et à l'instant, l'enfant chuta par terre et il expira.

## CHAPITRE XLVIII.

Il y avait à Jérusalem un homme, nommé Zachée, qui instruisait la jeunesse. Et il disait à Joseph : « Pourquoi, Joseph, ne m'envoies-tu pas Jésus afin qu'il apprenne les lettres ? » Joseph voulait se conformer à cet avis, et il en convint avec Marie. Ils menèrent donc l'enfant vers le maître, et, aussitôt que celui-ci l'eut vu, il écrivit un alphabet et lui dit de prononcer *Aleph*. Et quand il l'eut fait, il lui demanda de dire *Beth*. Le Seigneur Jésus lui dit : « Dis-moi d'abord quelle est la signification de la lettre *Aleph*, et alors je prononcerai *Beth*. » Et le maître se disposait à le frapper, mais le Seigneur Jésus se mit à lui expliquer la signification des lettres *Aleph* et *Beth*, quelles sont les lettres dont la forme est droite, celles dont elle est oblique, quelles sont celles qui sont doubles, celles qui sont accompagnées de points et celles qui en manquent, et pourquoi telle lettre en précède une autre et il dit beaucoup de choses que le maître n'avait jamais entendues et qu'il n'avait lues en aucun livre. Et le Seigneur Jésus dit au maître : « Fais attention à ce que je vais te dire. » Et il se mit à réciter clairement et distinctement *Aleph*, *Beth*, *Gimel*, *Daleth*, jusqu'à la fin de l'alphabet. Le maître en fut dans l'admiration, et il dit : « Je crois que cet enfant est né avant Noé ; » et, se tournant vers Joseph, il ajouta : « Tu m'as conduit, pour que je l'instruise, un enfant qui en sait plus que tous les docteurs. » Et il dit à Marie : « Ton fils n'a nul besoin de notre enseignement. »

## CHAPITRE XLIX.

Ils le conduisirent ensuite à un maître plus savant, et aussitôt qu'il l'eut aperçu : « Dis *Aleph* », lui demanda-t-il. Et lorsqu'il eut dit *Aleph*, le maître lui prescrivit de prononcer *Beth*. Et le Seigneur Jésus lui répondit : « Dis-moi la signification de la lettre *Aleph*, et alors je prononcerai *Beth*. » Le maître irrité leva la main pour le frapper, et aussitôt sa main se dessécha et il mourut. Alors Joseph dit à Marie : « Dorénavant il ne faudra plus laisser l'enfant sortir de la maison, car quiconque s'oppose à lui, est frappé de mort. »

## CHAPITRE L.

Lorsqu'il eut atteint l'âge de douze ans, ils le conduisent à Jérusalem à l'époque de la fête, et la fête étant finie, ils s'en retournèrent, mais le Seigneur Jésus resta dans le temple, parmi les docteurs et les vieillards et les savants des fils d'Israël, qu'il interrogeait sur différents points de la science, et, à son tour, il leur répondait, et il leur demanda : « De qui le Messie est-il fils ? » Et ils répondirent : « Il est le fils de David. » Jésus répondit : « Pourquoi donc David, mu par l'Esprit-Saint, l'appelle-t-il son Seigneur, lorsqu'il dit : « Le Seigneur a dit à mon Seigneur : « Assied-toi à ma droite pour que je mette tes ennemis sous tes pieds. » Alors un des chefs des docteurs l'interrogea, disant : « As-tu lu les livres Saints ? » Le Seigneur Jésus répondit : « J'ai lu les livres et ce qu'ils contiennent, » et il leur expliquait l'écriture, la loi, les préceptes, les statuts, les mystères qui sont contenus dans les livres des prophéties, chose que l'intelligence de nulle créature ne peut comprendre. Et ce chef des docteurs dit : « Je n'ai jamais vu ni entendu une pareille instruction ; qui pensez-vous que cet enfant puisse être ? »

## CHAPITRE LI.

Il se trouva là un philosophe savant dans l'astronomie, et il demanda au Seigneur Jésus, s'il avait étudié la science des astres. Et Jésus lui répondant exposait le nombre des sphères et des corps célestes, leur nature et leurs oppositions, leur aspect trine, quadrat et sextile, leur progression et leur mouvement rétrograde, le comput et la prognostication et autres choses que la raison d'aucun homme n'a scrutées.

## CHAPITRE LII.

Il y avait aussi parmi eux un philosophe très savant en médecine et dans les sciences naturelles, et lorsqu'il demanda au Seigneur Jésus s'il avait étudié la médecine, celui-ci lui exposa la physique, la métaphysique, l'hyperphysique et l'hypophysique, les vertus du corps et les humeurs et leurs effets, le nombre des membres et des os, des urines, des artères et des nerfs, les divers tempéraments, chaud et sec, froid et humide, et quels sont leurs résultats; quelles sont les opérations de l'âme dans le corps, ses sensations et ses vertus, les facultés de la parole, de la colère, du désir, la congrégation et la dispersion et d'autres choses que l'intelligence d'aucune créature n'a pu saisir. Alors ce philosophe se leva et il adora le Seigneur Jésus en disant : « Seigneur, désormais je serai ton disciple et ton serviteur. »

## CHAPITRE LIII.

Et tandis qu'ils parlaient ainsi, Marie survint avec Joseph, et depuis trois jours elle cherchait Jésus; le voyant assis parmi les docteurs, les interrogeant et leur répondant alternativement, elle lui dit : « Mon fils, pourquoi en as-tu ainsi agi à notre égard ? ton père et moi nous t'avons cherché, nous donnant beaucoup de peine. » Il répondit : « Pourquoi me cherchiez-vous ? Ne saviez-vous pas qu'il convenait que je demeurasse dans la maison de mon père ? » Mais ils ne comprenaient pas les paroles qu'il leur adressait. Alors les docteurs demandèrent à Marie s'il était son fils, et, elle ayant répondu que oui, ils s'écrièrent : « O heureuse Marie, qui as enfanté un tel enfant » Il revint avec eux à Nazareth, et il leur était soumis en toutes choses. Et sa mère conservait toutes ces paroles dans son cœur. Et le Seigneur Jésus profitait en taille, en sagesse et en grâce devant Dieu et devant les hommes.

## CHAPITRE LIV.

Il commença dès ce jour à cacher ses miracles, ses secrets et ses mystères, jusqu'à ce qu'il eut accompli sa trentième année, lorsque son père révéla publiquement sa mission aux bords du Jourdain, une voix venue du ciel ayant fait entendre ces mots : « C'est mon fils bien-aimé dans lequel j'ai mis toute ma complaisance, » et le Saint-Esprit ayant apparu sous la forme d'une colombe blanche.

## CHAPITRE LV.

C'est lui que nous adorons humblement, car il nous a donné l'existence et la vie, et il nous a fait sortir des entrailles de nos mères ; il a pris pour nous le corps de l'homme, et il nous a rachetés, nous couvrant de sa miséricorde éternelle, et nous accordant sa grâce par son amour pour nous et par sa bonté. A lui la gloire, puissance, louange et domination dans les siècles éternels. Ainsi soit-il.

Fin de l'Évangile de l'Enfance tout entier, avec l'assistance du Dieu suprême, suivant ce que nous trouvons.

---

1. Zeradascht ou Zoroastre. Des écrivains orientaux représentent ce personnage célèbre comme ayant été le disciple du prophète Elie. On peut consulter à son égard le savant article fort étendu (66 colonnes) que M. Parisot lui a consacré dans le $52^e$ volume de la *Biographie universelle*, ainsi que la dissertation de Norberg *de Zoroastre Bactriano* dans ses *Opuscula*, t. II, p. 579-590.
2. Ce qui se rapporte à l'apparition miraculeuse de l'étoile qui guida les Mages a soulevé parmi les interprètes une foule de difficultés et de discussions que nous nous garderons d'aborder ici. Le savant Münter a publié à Copenhague, en 1827, sur cette question, un traité des plus érudits : *Die Stern der Weisen*, 4°. Il paraît que des légendes apocryphes, aujourd'hui perdues, racontaient que l'étoile avait la forme d'un petit enfant, ayant au-dessus de lui l'apparence d'une croix, et qu'il avait parlé aux Mages. Beaucoup de circonstances des plus étranges à cet égard se rencontrent dans une *Narratio de iis quæ Christo nato in Persia accederunt*, ouvrage que certains manuscrits attribuent, mais à tort, à Jules l'Africain. Le baron d'Aretin, zélé bibliographe bavarois, a publié cet écrit dans ses *Beytruge zur Geschichte and Literatur*. (IV, 49). Et le docteur anglican Routa l'a reproduit dans ses *Reliquiæ sacras* (II, 355).
3. Ces deux voleurs portent dans l'Evangile de Nicodème les noms de Dimas et de Gestas ; dans les *Collectanea* vulgairement attribués à Bède, ils s'appellent Matha et Joca ; et dans une histoire de J.-C que nous avons déjà indiquée, qui a été écrite en persan par le jésuite Jérôme-Xavier, que Louis de Dieu a traduite en raccompagnant de notes acerbes, et que les Elzevira ont imprimée en 1639, ils sont désignés sous les noms de Lustin et de Vissimus. Selon les légendaires crédules du moyen-âge, ce fut celui des larrons sur lequel porta l'ombre du corps du Sauveur qui se

convertit. Le cardinal Pierre Damien, mort en 1072, attribue sa conversion à une prière de la Vierge, qui reconnut en lui un de ceux entre les mains desquels elle était tombée en allant en Egypte.

4. Rapportons ici un passage du *Voyage au Levant* de Thévenot (l. II, c. 8, tom. I, p. 265, édit. de 1665) : « Dans un grand jardin, près du Caire, il y a un gros sycomore fort vieux qui porte toutefois du fruit tous les ans ; on dit que la Vierge, passant par là avec son Fils Jésus et voyant que des gens la poursuivaient, ce figuier s'ouvrit, et la Vierge étant entrée dedans, il se referma ; puis, ces gens étant passés, il se rouvrit et resta toujours ainsi ouvert jusqu'à l'année 1656, que le morceau qui s'était séparé du tronc fut rompu. » Denon (*Voyage en Egypte*, t. I, p. 65, édit. de 1802) mentionne des portes d'édifices arabes qui peuvent donner la mesure de l'indestructibilité du bois de sycomore; il est resté dans son entier, tandis que le fer dont ces portes étaient revêtues a cédé au temps et a disparu complètement

5. Voici ce qu'à cet égard on lit dans l'*Histoire* en persan que nous venons de mentionner : « Il reste un écrit que, lorsque les habitants de ce pays voulaient accroître ce jardin, ils y plantèrent beaucoup de ces arbres qui donnent le baume, mais ces arbres ne portèrent aucun fruit ; ils eurent alors ridée que cette stérilité cesserait si ces arbres étaient arrosés dans l'eau dans laquelle Jésus s'était baigné ou qui avait lavé ses vêtements. Ils amenèrent ainsi le ruisseau de ce jardin jusqu'au ruisseau qui s'écoulait de la fontaine de Jésus-Christ, et des deux ruisseaux l'on n'en fit qu'un. Et il advint que toutes les terres qui furent arrosées de ces eaux produisirent le fruit qui donne le baume. »

6. Nous relaterons au sujet de Judas un petit conte qui se trouve dans l'*Historia de Jeschuœ Nazeroni*, (édit d'Hulrich, Leyde, 1705, 8° p. 51), ouvrage d'un écrivain juif.

Jésus accompagné de Pierre et de Judas, s'arrêta un jour dans une hôtellerie; l'hôte n'avait qu'une oie à leur offrir. Jésus la prit et lui dit : « Cette oie est trop petite pour que trois personnes puissent la manger, allons dormir, et celui qui aura fait le meilleur rêve, la mangera seul. Ils allèrent se coucher, et au milieu de la nuit, Judas se leva, et il dévora l'oie. Le matin ils se réunirent et Pierre dit : Je me suis vu en songe au pied du trône de Dieu, le tout-puissant. Jésus répondit : Je suis le fils de Dieu tout-puissant, et j'ai rêvé que tu étais assis près de moi. Mon songe a donc été supérieur au tien, et c'est à moi qu'il appartient de manger l'oie. Judas dit alors : Et moi j'ai en songe mangé l'oie. Et Jésus chercha l'oie : mais inutilement, car Judas l'avait dévorée. »

On peut consulter à l'égard du livre qui nous fournit cette historiette la curieuse *Biblioteca Judaica anti-christiana* de Rossi, n° 162. (Parme, 1800, 8°). Cette *Historia* ou *Sephèr Toledoto*

*Jescuah annotzeri* est d'ailleurs un livre rare, et son auteur, demeuré inconnu, a vraiment trop peu d'importance pour mériter les épithètes outrageantes qu'entasse sur lui son éditeur; en voici un échantillon : *Certissimum est et sole meridiano clarius vanissimum illum hominem fuisse, bipedum nequissimum, trifurciferum sceleribus coopertissimum, satorem sertoremque scelerum et messorem maximum, mendacissimum inferni expurgamentum, Acherontis gloriam,* etc.

Quant aux légendes relatives à Judas Iscariote, un savant dont nous avons déjà cité les remarquables travaux, M. E. du Méril a traité ce sujet dans ses *Poésies populaires latines du moyen-âge,* p. 324-340. On a prétendu que Judas était sauvé, l'on est allé jusqu'à rechercher pieusement ses reliques ; voyez Gœsius, *de cultu Judae proditoris,* (Lubeck, 1713, 4°).

M. du Méril indique comme présentant certains rapports avec la légende de Judas le poème d'Hertmann.van der Aue, *Gregorius uf dem Steine.* Cette composition de 3752 vers, fut publiée pour la première fois par C. Grieth dans son *Spicilegium vaticanum,* (Prauonfeld, 1338, 8°, p. 180-303; voir les Wienner Iahrbucher, 1840, t. LXXXIX, p. 61-74); M. Carl Luchmann en a donné une édition spéciale, (Berlin, 1838, 8°).

7. Ce miracle est connu des Persans, ainsi que nous l'apprend un passage du *Lexicon persicum* d'Ange de la Brosse (Août, 1664, in fol.), au mot TINCTORIUS ARS : « Il est relaté dans un livre apocryphe des Perses, intitulé L'*Enfance de Jésus-Christ,* que le Sauveur a exercé le métier de teinturier, et qu'avec une seule teinture, il donnait aux étoffes diverses couleurs. C'est pourquoi, chez les Persans il est vénéré des teinturiers comme leur patron, et une maison de teinturier s'appelle la boutique du Christ. » D'autre part, on lit dans Kessaeus le passage suivant : « Et Marie forma le projet de le remettre aux mains d'un maître qui lui apprendrait le métier qu'il savait exercer. Elle le conduisit donc à un teinturier, et elle lui dit : « Reçois cet enfant et instruis-le dans ta profession. » Le teinturier l'accueillit et lui dit : « Quel est ton nom ? » Et il répondit : « Mon nom est Isa ibn Mariam (Jésus, Fils de Marie). » Et il lui dit : « O Isa, prends une cruche, et, après que tu auras été à la rivière la remplir d'eau, remplis tous ces réservoirs, et prends ces matières colorantes » Il lui fit ensuite l'énumération des teintures qu'il préparait dans les réservoirs et des couleurs dont il imprégnait les vêtements, et, l'ayant quitté, il se retira dans sa chambre. Jésus, venant aux réservoirs, les remplit d'eau, et il jeta dans un seul toutes les substances colorantes, et il jeta tous les habits dessus, et il s'en retourna auprès de sa mère» Le lendemain, te teinturier étant venu, et ayant vu ce qu'avait mit Jésus, il lui donna un soufflet, en lui disant : « O Isa, tu m'as perdu et tu as gâté tout ces vêtements. » Isa lui dit : « Que cela ne te trouble point, mais dis-moi quelle est ta religion ?

» Et le teinturier répondit : « Je suis juif. » Isa répliqua : « Dis : il n'y a point d'autre Dieu que Dieu, et Isa est renvoyé de Dieu ; étends la main et retire tous ces vêtements et chacun d'eux sera imprégné de la couleur que désirait le propriétaire. » Le teinturier crut en Dieu et en Isa, et il rendit à chacun set habits teints ainsi qu'il lui avait été prescrit, et il persista dans la foi d'Isa, sur lequel paix et bénédiction. »

8. Il y avait diverses sortes de spithames; la plus usitée de ces mesures correspondait à la moitié de la coudée grecque.
9. Le mois d'Adar était le douzième de l'année hébraïque ; il correspondait partie au mois de février, partie à celui de mars.
10. Parmi divers récits du même genre qui se rencontrent chez Kessaeus, nous choisirons celui auquel il donne pour titre : *Histoire d'un aveugle et d'un boiteuse*. « Waheb Ibn-El Mamba (auquel Dieu soit propice) dit : « Ceci est aussi un des miracles de Jésus. Un voleur entra dans le logis de Dahcan où demeuraient Marie et Joseph, et il emporta tout ce qui s'y trouvait. Dahcan, très affligé, dit à Jésus : « Apprends-moi quel est celui qui m'a dérobé ma propriété. » Jésus répondit : « Fais réunir devant moi tous les gens de ta maison. » Lorsque cela fut fait, Jésus dit: « Où est l'aveugle un tel et où est le boiteux ? » Et lorsqu'ils eurent été amenés devant lui, Jésus dit : « Voie ! les deux voleurs qui t'ont dépouillé de tous tes biens. » Et le peuple étant frappé de surprise, Jésus dit : « Ce boiteux a été aidé des forces de l'aveugle et l'aveugle a été secondé par les yeux du boiteux; l'un tenait de sa main une corde par la fenêtre, tandis que l'autre allait chercher les objets volés et le lui apportait. » Pococke rapporte un apologue à peu près semblable d'un aveugle et d'un boiteux, apologue que, suivant le livre *Kenzi al Asrar*, Dieu doit proposer aux hommes au jour du jugement dernier, lorsque le corps et l'âme rejetteront mutuellement l'un sur l'autre le blâme de tous leurs péchés. Empruntons encore à Kessaeus quelques circonstances qui se rattachent au miracle raconté dans le chapitre XXIX de la légende que nous traduisons; après avoir raconté que Moïse avait marché aussitôt sa naissance, qu'il avait dit à sa mère : « Ma mère, ne sois pas inquiète de moi, car Dieu est avec nous. » Que, cette même nuit, on avait entendu dans le palais de Pharaon une voix qui s'écriait : « Moïse est né et le souverain de l'Egypte a péri. » L'écrivain arabe ajoute que toutes les idoles de l'Egypte, tombant sur la face, se brisèrent aussitôt, et il poursuit en ces termes : « Sa mère, toutes les fois qu'elle sortait de chez elle pour ses occupations, le cachait dans un four dont elle bouchait l'orifice, afin de le dérober à tous les yeux. Un jour qu'elle était sortie après l'avoir mis dans le four, sa sœur, qui avait été chercher de la farine, alluma le feu afin de chauffer le four, car elle ignorait que Moïse s'y trouvait Quand la mère de Moïse revint, elle fut presque morte de frayeur et elle s'écria : « Mon fils est dans le

four ! » Et voyant que le four était tout embrasé, elle se frappa le visage et dit : « La prudence ne peut rien contre la destinée ; vous avez brûlé mon fils ! » Alors Moïse lui crie du milieu du four: « Ma mère, ne crains rien ; Dieu m'a préservé du feu ; étends les mains et retire-moi des flammes ; Dieu ne permettra pas qu'elles te fassent plus de mal qu'à moi. » Et sa mère le fit, et le feu ne la toucha point »

11. Kessaeus rapporte un peu différemment cette fable : Jésus croissait admirablement en âge, et un certain jour, comme il jouait avec des enfants, un de ces enfants sauta sur le dos d'un autre, et s'y tint comme à cheval, et l'ayant fait tomber avec le pied, il le tua. Les parents du mort accoururent et se saisissant des enfants parmi lesquels était Jésus, ils les menèrent devant le juge. Marie vint aussi, craignant pour son fils. Et le juge demanda : « Qui est-ce qui a tué cet enfant ?» Et ils répondirent : « C'est Jésus qui l'a tué. » Alors le juge dit : « Pourquoi l'as-tu tué ? » Alors Jésus dit : « O juge, je vois que tu es un homme insensé ; tu devais d'abord l'enquérir si c'est moi qui l'ai tué ou non. » Le juge dit : « Je vois que tu es accompli de sagesse, mais quel est ton nom ? » Et il répondit : « Je m'appelle Jésus, fils de Marie. » Le juge dit alors : « Pourquoi l'as-tu tué, ô Jésus ? » Jésus répondit : « Ne t'ai-je pas déjà prévenu de ne point parler ainsi ? » Ensuite Jésus s'approchant du mort, lui dit : « Lève-toi, par la permission de Dieu. » Et lorsqu'il se fut levé, il lui demanda : « Qui est-ce qui t'a fait périr ? » Et le mort répondit : « C'est un tel qui m'a fait périr, mais Jésus n'a rien commis contre moi. » Et le mort retomba sans mouvement, et ils firent mourir à sa place l'enfant qui était cause de son trépas. »

Dénouement conforme à la loi du talion, toujours en vigueur dans l'Orient.

# PROTÉVANGILE DE JACQUES LE MINEUR

# INTRODUCTION

Le nom donné à cette composition lui vient de ce qu'elle rend compte des événements qui précédèrent immédiatement la prédication de la religion chrétienne. Il est fait mention du *Protévangile* dans les Pères de l'Église les plus anciens, tels qu'Origène, St Épiphane, St Grégoire de Nysse; dès le second siècle St Justin et St Clément d'Alexandrie avaient parlé des fables qu'il renferme. Il nous est parvenu dans une rédaction grecque, œuvre sans doute de quelque écrivain de l'Orient. Le savant et visionnaire Postel[1], l'ayant rencontrée dans le cours de ses voyages, en donna une traduction latine qui fut imprimée à Bâle en 1552, et qui reparut à Strasbourg en 1570. Cette publication suscita une vive controverse. Henry Estienne (*Apologie pour Hérodote*, chapitre 33), accusa avec chaleur Postel d'être lui-même l'auteur de l'ouvrage qu'il publiait et de l'avoir composé *en dérision de la religion chrestienne*. Hérold n'en reproduisit pas moins dans ses *Orthodoxographa*, la version de Postel, et Néander, en 1564, en publia pour la première fois, le texte grec, sans faire connaître d'où lui venait le manuscrit dont il faisait usage, mais qui était assurément un autre que celui dont le premier traducteur s'était servi, car l'on remarque des différences notables entre la version de Postel et le texte tel que le donne Néander, et tel que l'ont reproduit Grynœus et Fabricius. Ce dernier ne crut pas devoir réimprimer les notes de Néander et celles dont Bibliander avait accompagné le travail de Postel ; son texte grec est peu correct et Birch en a trop scrupuleusement transcrit les erreurs. Jones s'attacha au contraire au texte de Grynœus où se rencontrent des leçons préférables à celles de Fabricius. Il est singulier que jusqu'à Thilo, aucun éditeur n'ait pris la peine de consulter d'autres manuscrits; ils ne sont point rares; la Bibliothèque du roi en renferme huit dont le laborieux professeur de Bâle a compulsé toutes les variantes. Celles de deux manuscrits du Vatican étaient déjà connues grâces aux soins de Birch. Les bibliothèques de Vienne et d'Oxford possèdent aussi de nombreux manuscrits de cette légende, mais il ne paraît pas qu'il s'en rencontre un seul antérieur au dixième siècle.

L'expression de Protévangile, c'est-à-dire de premier évangile, paraît avoir été forgée par Postel, elle ne se rencontre dans aucun manuscrit. C'est sous le nom de Jacques l'Hébreu que cette légende est désignée dans quelques anciens écrivains, et ce n'est qu'à une époque d'ignorance qu'on l'attribua à l'apôtre saint Jacques. Plusieurs des faits qu'elle relate sont consignés dans de graves écrivains de l'église grecque, tels qu'André de Crète qui vivait au septième siècle, Germain, patriarche de Constantinople, St Jean Damascène, Georges, archevêque de Nicomédie, Photius et divers autres prédicateurs dont les homélies sont éparses dans le vaste recueil de Combefis. (*Nova auc. Bibl. Patrum*, Paris 1672, 2 vol. in folio). Plusieurs de ces récits sont même demeurés dans les liturgies de l'église grecque, preuve de leur popularité et de la confiance avec laquelle ils étaient reçus.

Il existe au Vatican, à la bibliothèque du roi à Paris et dans d'autres grands dépôts des traductions arabes, syriaques ou coptes de l'évangile St-Jacques ; elles n'ont point vu le jour.

Cet écrit présente les mœurs du peuple Juif sous un aspect qui ne manque point de vérité ; les plaintes de Ste Anne au sujet de sa stérilité sont remplies de vivacité et de mouvement ; dans le cantique qu'elle chante en présentant sa fille au temple, il faut reconnaître des lambeaux poétiques, fragments tronqués et perdus dont la forme lyrique et l'entraînement tranchent d'une façon si nette sur le fond du récit.

Dans son état actuel, quelques passages de cette légende ont pu faire soupçonner qu'elle avait été retouchée par un de ces gnostiques qui condamnaient le mariage, qui maintenaient que le corps de Jésus-Christ n'avait été qu'un fantôme, une apparence formée d'une substance éthérée et céleste.

---

1. L'on nous saura gré de rapporter ici au sujet de G. Postel quelques lignes échappées à la plume si savante et si ingénieuse de M. Nodier, lignes perdues au bas des colonnes d'un journal qui n'est plus (*le Temps*, n° du 29 octobre 1835). « Postel eut l'avantage d'être instruit dans tous les idiomes savants de la terre; il était prodigieusement versé dans l'étude de toutes les choses qu'il est presque bon de savoir et d'une multitude d'autres qu'il aurait été fort heureux d'ignorer. On peut dire à sa louange que sa phrase serait assez nette, si ses idées l'étaient jamais. Deux préoccupations qui n'ont cessé de le dominer, et qui font, pour ainsi dire, l'âme de ses livres les plus célèbres, enlevèrent ce prodigieux esprit à la culture des lettres utiles ; la première était la monarchie universelle sous le règne d'un roi français, rêve ambitieux d'un patriotisme extravagant que nous avons vu cependant tout près de se réaliser ; le second était l'achèvement de la Rédemption imparfaite par l'incarnation de

Jésus-Christ dans la femme et à la mysticité près, nous savons que cette chimère n'a pas été entièrement abandonnée de nos jours. Au dix-neuvième siècle, Postel eût certainement tenu quelque place éminente dans les conseils secrets de l'Empereur et dans le conclave Saint Simonien, ce qui n'empêche pas qu'il y eut en lui un fou fanatique, un fou fantastique, un fou hyperbolique, un fou proprement, totalement et complétement fou, comme parle Rabelais, et ce qui prouve peut-être qu'il y en avait deux. »

# PROTÉVANGILE DE JACQUES LE MINEUR

## CHAPITRE I<sup>er</sup>.

On lit dans les histoires des douze tribus d'Israël, que Joachim était fort riche et il présentait à Dieu de doubles offrandes, disant en son cœur : « Que mes biens soient à tout le peuple, pour la rémission de mes péchés auprès de Dieu, afin que le Seigneur ait pitié de moi. » La grande fête du Seigneur survint et les fils d'Israël apportaient leurs offrandes [1] et Ruben s'éleva contre Joachim, disant : « Il ne t'appartient pas de présenter ton offrande, car tu n'as point eu de progéniture en Israël. » Et Joachim fut saisi d'une grande affliction et il s'approcha des généalogies [2] des douze tribus en disant en lui-même : « Je verrai dans les tribus d'Israël si je suis le seul qui n'ait point eu de progéniture en Israël. » Et en recherchant il vit que tous les justes avaient laissé de la postérité, car il se souvint du patriarche Abraham auquel, dans ses derniers jours, Dieu avait donné pour fils Isaac. Joachim affligé ne voulut pas reparaître devant sa femme; il alla dans le désert et il y fixa sa tente et il jeûna quarante jours et quarante nuits, disant dans son cœur : « Je ne prendrai ni nourriture ni boisson, mais ma prière sera ma nourriture. »

## CHAPITRE II.

Sa femme Anne souffrait d'un double chagrin et elle était en proie à une double douleur, disant : « Je déplore mon veuvage et ma stérilité. » La grande fête du Seigneur survint et Judith, la servante d'Anne, lui dit: « Jusque à quand affligeras-tu ton âme ? Il ne t'est pas permis de pleurer, car voici le jour de la grande fête [3]. Prends donc ce manteau et orne ta tête. Tout aussi sûre que je suis ta servante, tu auras l'apparence d'une reine. » Et Anne répondit : « Éloigne-toi de moi ; je n'en ferai rien. Dieu m'a fortement humiliée. Crains que Dieu ne me punisse à cause de ton péché. » La servante Judith répondit : « Que te dirai-je, puisque tu ne veux pas écouter ma voix ! C'est avec raison que Dieu a clos ton ventre afin que tu ne donnes pas un enfant à Israël » Et Anne fut très affligée, et elle quitta ses vêtements de deuil ; elle orna sa tête et elle se revêtit d'habits de noces. Et, vers la neuvième heure, elle descendit dans le jardin pour se promener, et, voyant un laurier, elle s'assit dessous et elle adressa ses prières au Seigneur, disant : « Dieu de mes pères, bénis-moi et écoute ma prière, ainsi que tu as béni les entrailles de Sara et que tu lui as donné Isaac pour fils. »

## CHAPITRE III.

En regardant vers le ciel, elle vit sur le laurier le nid d'un moineau et elle s'écria avec douleur. « Hélas! à quoi puis-je être comparée ? à qui dois-je la vie pour être ainsi maudite en présence des fils d'Israël ? Ils me raillent et m'outragent et ils m'ont chassée du temple du Seigneur. Hélas! à quoi suis-je semblable ? je ne peux être comparée aux oiseaux du ciel, car les oiseaux sont féconds devant vous, Seigneur. Je ne peux être comparée aux animaux de la terre, car ils sont féconds. Je ne peux être comparée ni à la mer, car elle est peuplée de poissons, ni à la terre, car elle donne des fruits en leur temps et elle bénit le Seigneur. »

## CHAPITRE IV.

Et voici que l'ange du Seigneur vola vers elle, lui disant : « Anne, Dieu a entendu ta prière; tu concevras et tu enfanteras et ta race sera célèbre dans le monde entier. » Anne dit : « Vive le Seigneur, mon Dieu ; que ce soit un garçon ou une fille que j'engendre, je l'offrirai au Seigneur, et il consacrera toute sa vie au service divin. » Et voici que deux anges vinrent lui disant : « Joachim, ton mari, arrive avec ses troupeaux. » L'ange du Seigneur descendit vers lui, disant : « Joachim, Joachim, Dieu a entendu ta prière, ta femme Anne concevra. » Et Joachim descendit et il appela ses pasteurs, disant : « Apportez-moi dix brebis pures et sans taches, et elles seront au Seigneur mon Dieu. Et conduisez moi douze veaux sans taches, et ils seront aux prêtres et aux vieillards de la maison d'Israël, et amenez-moi cent boucs et ces cent boucs seront à tout le peuple. » Et voici que Joachim vint avec ses troupeaux, et Anne était à la porte de sa maison et elle aperçut Joachim qui venait avec ses troupeaux, elle courut et se jeta à son cou, disant : « Je connais maintenant que le Seigneur Dieu m'a bénie, car j'étais veuve et je ne le suis plus ; j'étais stérile et j'ai conçu. » Et Joachim reposa le même jour dans sa maison.

# CHAPITRE V.

Le lendemain, il présenta ses offrandes en se disant en son cœur : « Si le Seigneur m'a béni, qu'il y en ait pour moi un signe manifeste sur la lame des ornements du grand-prêtre. » Et Joachim offrit ses dons et il regarda la lame ou bephoil, lorsqu'il fut admis à l'autel de Dieu et il ne vit pas de péché en lui. Et Joachim dit : « Je sais maintenant que le Seigneur m'a exaucé et qu'il m'a remis tous mes péchés. » Et il descendit justifié de la maison du Seigneur et il vint dans sa maison. Anne conçut et le neuvième mois elle enfanta et elle dit à la sage-femme : « Qu'ai-je enfanté ? » et l'autre répondit : « Une fille. » Et Anne dit : « Mon âme s'est réjouie à cette heure. » Et Anne allaita son enfant et lui donna le nom de Marie.

# CHAPITRE VI.

L'enfant se fortifia de jour en jour. Lorsqu'elle eut six mois, sa mère la posa à terre pour voir si elle se tiendrait debout. Et elle fit sept pas en marchant et elle vint se jeter dans les bras de sa mère. Et Anne dit : « Vive le Seigneur mon Dieu; tu ne marcheras pas sur la terre jusqu'à ce que je t'ai offerte dans le temple du Seigneur. » Et elle fit la sanctification dans son lit, et tout ce qui était souillé, elle l'éloignait de sa personne, à cause d'elle. Et elle appela des filles juives sans tache et elles soignaient l'enfant. Et quand elle eut accompli sa première année, Joachim donna un grand festin et il convia les princes des prêtres et les scribes et tout le sénat et tout le peuple d'Israël. Et il offrit des présents aux princes des prêtres et ils le bénirent, disant : « Dieu de nos pères, bénis cette enfant et donne-lui un nom qui soit célébré dans toutes les générations. » Et tout le peuple dit : « Amen, ainsi soit-il. » Et les parents de Marie la présentèrent aux prêtres et ils la bénirent, disant : « Dieu de gloire, jette tes regards sur cette enfant et accorde-lui une bénédiction qui ne connaisse aucune interruption. » Et sa mère la prit et lui donna le sein et elle entonna un cantique, disant : « Je chanterai les louanges du Seigneur mon Dieu, car il m'a visitée et il m'a délivrée des outrages de mes ennemis. Et le Seigneur Dieu m'a donné un fruit de justice multiplié en sa présence. Qui annoncera aux enfants de Ruben qu'Anne a un nourrisson ? Écoutez, vous les douze tribus d'Israël, apprenez qu'Anne nourrit. » Et elle déposa l'enfant dans le lieu de sa sanctification et elle sortit et elle servit les convives. Quand le festin fut terminé, ils se retirèrent pleins de joie et ils lui donnèrent le nom de Marie, en glorifiant le Dieu d'Israël.

## CHAPITRE VII.

Quand Marie eut deux ans, Joachim dit à Anne, son épouse : « Conduisons la au temple de Dieu, afin d'accomplir le vœu que nous avons formé et de crainte que Dieu ne se courrouce contre nous et qu'il ne nous ôte cette enfant » Et Anne dit: « Attendons la troisième année, de crainte qu'elle ne redemande son père et sa mère. » Et Joachim dit : « Attendons. » Et l'enfant atteignit l'âge de trois ans et Joachim dit : « Appelez les vierges sans tache des Hébreux et qu'elles prennent des lampes et qu'elles les allument, et que l'enfant ne se retourne pas en arrière et que son esprit ne s'éloigne pas de la maison de Dieu. » Et les vierges agirent ainsi et elles entrèrent dans le temple. Et le prince des prêtres reçut l'enfant et il l'embrassa et il dit : « Marie, le Seigneur a donné de la grandeur à ton nom dans toutes les générations, et, à la fin des jours, le Seigneur manifestera en toi le prix de la rédemption des fils d'Israël. » Et il la plaça sur le troisième degré de l'autel, et le Seigneur Dieu répandit sa grâce sur elle et elle tressaillit de joie en dansant avec ses pieds et toute la maison d'Israël la chérit.

## CHAPITRE VIII.

Et ses parents descendirent, admirant et louant Dieu de ce que l'enfant ne s'était pas retournée vers eux. Marie était élevée comme une colombe dans le temple du Seigneur et elle recevait de la nourriture de la main des anges. Quand elle eut douze ans, les prêtres se réunirent dans le temple du Seigneur et ils dirent : « Voici que Marie a passé dix ans dans le temple ; que ferons-nous à son égard, de peur que la sanctification du Seigneur notre Dieu n'éprouve quelque souillure ? » Et les prêtres dirent au prince des prêtres : « Va devant l'autel du Seigneur et prie pour elle, et ce que Dieu t'aura manifesté, nous nous y conformerons. » Le prince des prêtres, ayant pris sa tunique garnie de douze clochettes entra donc dans le Saint des Saints et il pria pour Marie. Et voici que l'ange du Seigneur se montra à lui et lui dit : « Zacharie, Zacharie, sors et convoque ceux qui sont veufs parmi le peuple et qu'ils apportent chacun une baguette et celui que Dieu désignera par un signe sera l'époux donné à Marie pour la garder. » Des hérauts allèrent donc dans tout le pays de Judée, et la trompette du Seigneur sonna et tous accouraient.

## CHAPITRE IX.

Joseph ayant jeté sa hache, vint avec les autres. Et s'étant réunis, ils allèrent vers le grand-prêtre, après avoir reçu des baguettes. Le grand-prêtre prit les baguettes de chacun, il entra dans le temple et il pria et il sortit ensuite et il rendit à chacun la baguette qu'il avait apportée, et aucun signe ne s'était manifesté, mais quand il rendit à Joseph sa baguette, il en sortit une colombe et elle alla se placer sur la tête de Joseph. Et le grand-prêtre dit à Joseph : « Tu es désigné par le choix de Dieu afin de recevoir cette vierge du Seigneur pour la garder auprès de toi. » Et Joseph fit des objections disant : « J'ai des enfants et je suis vieux, tandis qu'elle est fort jeune ; je crains d'être un sujet de moquerie pour les fils d'Israël. » Le grand-prêtre répondit à Joseph : « Crains le Seigneur ton Dieu et rappelle-toi comment Dieu agit à l'égard de Dathan, d'Abiron et de Coreh, comment la terre s'ouvrit et les engloutit, parce qu'ils avaient osé s'opposer aux ordres de Dieu. Crains donc, Joseph, qu'il n'en arrive autant à ta maison. » Joseph épouvanté reçut Marie et lui dit : « Je te reçois du temple du Seigneur et je te laisserai au logis, et j'irai exercer mon métier de charpentier et je retournerai vers toi. Et que le Seigneur te garde tous les jours. »

## CHAPITRE X.

Et il y eut une réunion des prêtres et ils dirent : « Faisons un voile ou un tapis pour le temple du Seigneur. » Et le prince des prêtres dit : « Appelez vers moi les vierges sans tache de la tribu de David. » Et l'on trouva sept de ces vierges. Le prince des prêtres vit devant lui Marie qui était de la tribu de David et qui était sans tache devant Dieu. Et il dit : « Tirez au sort laquelle filera du fil d'or et d'amianthe et de fin lin et de soie et d'hyacinthe et d'écarlate. » Et la vraie pourpre et l'écarlate échurent à Marie par le sort, et les ayant reçus, elle alla en sa maison. Et, dans ce même temps,

Zacharie devint muet et Samuel prit sa place. Jusqu'à ce que Zacharie t'adressa derechef la parole, ô Marie. Et Marie, ayant reçu la pourpre et l'écarlate, se mit à filer.

## CHAPITRE XI.

Et, ayant pris une cruche, elle alla puiser de l'eau et voici qu'elle entendit une voix qui disait : « Je te salue, Marie, pleine de grâce, le Seigneur est avec toi; tu es bénie parmi toutes les femmes. » Marie regardait à droite et à gauche afin de savoir d'où venait cette voix. Et, étant effrayée, elle entra dans sa maison, et elle posa la cruche, et ayant pris la pourpre, elle s'assit sur sou siège pour travailler. Et voici que l'ange du Seigneur parut eu sa présence, disant : « Ne crains rien, Marie; tu as trouvé grâce auprès du Seigneur. » Et Marie l'entendant, pensait en elle-même : « Est-ce que je concevrai de Dieu et enfanterai-je comme les autres engendrent ? » Et l'ange du Seigneur lui dit : « Il n'en sera point ainsi, Marie, car la vertu de Dieu te couvrira de son ombre, et le Saint naîtra de toi, et il sera appelé le fils de Dieu. Et tu lui donneras le nom de Jésus; il rachètera son peuple des péchés qu'il a commis. Et ta cousine Elizabeth a conçu un fils dans sa vieillesse, et celle qu'on appelait stérile est dans son sixième mois, car il n'est rien d'impossible à Dieu. » Et Marie lui dit : « Je suis la servante du Seigneur ; qu'il en soit pour moi selon ta parole. »

## CHAPITRE XII.

Et ayant terminé la pourpre et l'écarlate, elle les porta au grand-prêtre. Et il la bénit, et il dit : « O Marie, ton nom est glorifié et tu seras bénie dans toute la terre. » Et Marie, ayant conçu une grande allégresse, alla vers

Élizabeth, sa cousine, et elle frappa à sa porte. Élizabeth l'entendant, courut à sa porte et elle aperçut Marie, et elle dit : « D'où me vient que la mère de mon Seigneur se transporte près de moi ? Ce qui est en moi s'est élancé et t'a bénie. » Et les mystères que l'archange Gabriel avait annoncés à Marie étaient cachés pour elle. Et regardant au ciel, elle dit : « Que suis-je donc pour que toutes les générations m'appellent ainsi heureuse. » De jour en jour, son ventre s'enflait, et Marie, saisie de crainte, se retira dans sa maison et se cacha aux regards des enfants d'Israël. Et elle avait seize ans lorsque cela se passait.

## CHAPITRE XIII.

Le sixième mois de sa grossesse étant venu, voici que Joseph revint de son travail de charpentier, et, entrant dans sa maison, il vit que Marie était enceinte, et, baissant la tête, il se jeta par terre, et il se livra à une grande désolation, disant : « Comment me justifierai-je devant Dieu ? Comment prierai-je pour cette femme ? je l'ai reçue vierge du temple du Seigneur Dieu, et je ne l'ai pas gardée. Quel est celui qui a fait cette mauvaise action dans ma maison et qui a corrompu cette vierge ? L'histoire d'Adam ne s'est-elle pas reproduite pour moi ? car dans l'heure de sa gloire, le serpent entra, et il trouva Eve seule, et il l'a trompée; et vraiment il m'en est arrivé de même. » Et Joseph se releva de dessus le sac sur lequel il s'était jeté, et il dit à Marie : « O toi qui étais d'un tel prix aux yeux du Seigneur, pourquoi agis-tu de la sorte, et pourquoi as-tu oublié le Seigneur ton Dieu, toi qui as été élevée dans le Saint des Saints ? Toi qui recevais la nourriture de la main des anges, pourquoi as-tu ainsi manqué à tes devoirs ? » Marie pleurait très amèrement, et elle répondit : « Je suis pure, et je n'ai point connu d'homme. » Et Joseph lui dit : « Et d'où vient donc que tu as conçu ? » Et Marie répondit : « Vive le Seigneur mon Dieu ; je le prends à témoin que je ne sais point comment il en est ainsi. »

## CHAPITRE XIV.

Et Joseph, frappé de stupeur, pensait en lui-même : « Qu'est-ce que je ferai d'elle ? » Et il dit : « Si je cache son péché, je serai trouvé coupable selon la loi du Seigneur; si je l'accuse et si je la traduis devant les fils d'Israël, je crains que ce ne soit point juste et que je ne livre le sang innocent à la condamnation de la mort ? Qu'est-ce donc que je ferai d'elle ? Je la quitterai en secret. » Et il se livrait à ses pensées durant la nuit. Voici que l'ange du Seigneur lui apparut pendant son sommeil, et lui dit : « Ne crains pas de garder cette femme ; celui qui naîtra d'elle est l'œuvre du Saint-Esprit, et tu lui donneras le nom de Jésus; il rachètera les péchés de son peuple. » Et Joseph se leva et il glorifia le Dieu d'Israël.

## CHAPITRE XV.

Le scribe Anne vint à Joseph et lui dit : « Pourquoi ne t'es-tu pas rendu à l'assemblée ? » Et Joseph lui répondit : « J'étais fatigué du chemin que je venais de faire, et j'ai voulu prendre du repos le premier jour. » Et le scribe s'étant retourné, vit que Marie était enceinte, et il s'en alla en courant vers le grand-prêtre, et il lui dit : « Joseph, auquel tu ajoutes foi, a gravement péché. » Et le grand-prêtre dit : « Qu'y a-t-il ? » Et le scribe répondit: « Il a souillé la vierge qu'il avait reçue du temple du Seigneur, et il a fraudé la loi du mariage, et il s'est caché devant les enfants d'Israël. » Et le prince des prêtres répondit: « Est-ce que Joseph a fait cela ? » Et le scribe Anne dit : « Envoie des ministres, et ils verront que Marie est enceinte. » Et les ministres allèrent, et ils trouvèrent que le scribe avait dit vrai. Et ils conduisirent Marie et Joseph pour être jugés, et le grand-prêtre dit : « Marie, comment as-tu agi ainsi, et pourquoi as-tu perdu ton âme, toi qui as été élevée dans le Saint des Saints, qui as reçu la nourriture de la main des anges, qui as entendu les mystères du Seigneur et qui t'es réjouie en sa présence ? » Elle pleurait très amèrement, et elle répondit : « Vive le Seigneur mon Dieu ; je suis pure en présence du Seigneur, et je ne connais point d'homme. » Et le grand-prêtre dit à Joseph : « Pourquoi as-tu agi ainsi ? » Et Joseph dit : « Vive le Seigneur Dieu et vive son Christ; je les prends à témoin que je suis pur de tout commerce avec elle. » Et le grand-prêtre répondit : « Ne rends point un faux témoignage, mais dis la vérité; tu as dérobé ses noces et tu l'as caché aux fils d'Israël, et tu n'as pas courbé la tête sous la main du Tout-Puissant, afin que ta race fût bénie. »

## CHAPITRE XVI.

Et le grand-prêtre dit encore : « Rends cette vierge que tu as reçue du temple du Seigneur. » Et Joseph répandait beaucoup de larmes, et le grand-prêtre dit : « Je vous ferai boire l'eau de la conviction du Seigneur, et votre péché se manifestera à vos yeux. » [4] Et ayant pris l'eau, le grand-prêtre en fit boire à Joseph, et l'envoya sur les lieux hauts, et Joseph en revint en pleine santé. Marie en bu aussi, et elle alla dans les montagnes, et elle revint sans avoir éprouvé aucun mal. Et tout le peuple fut frappé de surprise, de ce qu'il ne s'était point manifesté en eux de péché. Et le grand-prêtre dit :

« Dieu n'a point manifesté votre péché, et je ne vous condamnerai pas. » Et il les renvoya absous. Et Joseph prit Marie, et il la ramena chez lui, plein de joie et glorifiant le Dieu d'Israël

## CHAPITRE XVII.

L'empereur Auguste rendit un édit pour que tous ceux qui étaient à Bethléem eussent à se faire enregistrer. Et Joseph dit ; « Je ferai enregistrer mes fils, mais que ferai-je à l'égard de cette femme ? Comment la ferai-je inscrire ? La ferai-je inscrire comme mon épouse ? Elle n'est pas mon épouse, et je l'ai reçue en dépôt du temple du Seigneur, Dirai-je qu'elle est ma fille ? Mais tous les enfants d'Israël savent qu'elle n'est pas ma fille. Que ferai-je donc à son égard ? » Et Joseph sella une ânesse, et il fit monter Marie sur cette ânesse. Joseph et Simon suivaient à trois milles. Et Joseph s'étant retourné, vit que Marie était triste, et il dit : « Peut-être ce qui est en elle l'afflige. » Et s'étant retourné de nouveau, il vit qu'elle riait, et il lui dit : « O Marie, d'où vient donc que ta figure est tantôt triste et tantôt gaie ? » Et Marie dit à Joseph : « C'est parce que je vois deux peuples de mes yeux, l'un pleure et gémit, l'autre rit et se livre à la joie. » Et étant arrivés au milieu du chemin, Marie lui dit : « Fais-moi descendre de mon ânesse, parce que ce qui est en moi me presse extrêmement; » et Joseph la fit descendre de dessus l'ânesse et il lui dit : « Où est-ce que je t'amènerai, car ce lieu est désert ? »

## CHAPITRE XVIII.

Et trouvant en cet endroit une caverne, il y fit entrer Marie, et il laissa son fils pour la garder, et il s'en alla à Bethléem chercher une sage-femme. Et lorsqu'il était en marche, il vit le pôle ou le ciel arrêté, et l'air était obscurci, et les oiseaux s'arrêtaient au milieu de leur vol. Et regardant à terre, il vit une marmite pleine de viande préparée, et des ouvriers qui étaient couchés et dont les mains étaient dans les marmites. Et, au moment de manger, ils ne mangeaient pas, et ceux qui étendaient la main, ne prenaient rien, et ceux qui voulaient porter quelque chose à leur bouche, n'y portaient rien, et tous tenaient leurs regards élevés en haut. Et les brebis étaient dispersées, elles ne marchaient point, mais elles demeuraient immobiles. Et le pasteur, élevant la main pour les frapper de son bâton, sa main restait sans s'abaisser. Et regardant du côté d'un fleuve, il vit des boucs dont la bouche touchait l'eau, mais qui ne buvaient pas, car toutes choses étaient en ce moment détournées de leur cours.

## CHAPITRE XIX.

Et voici qu'une femme descendant des montagnes, lui dit : « Je te demande où tu vas ? » Et Joseph répondit : « Je cherche une sage-femme de la race des Hébreux. » Et elle lui dit : « Es-tu de la race d'Israël ?» Et il répliqua que oui. Elle dit alors : « Et quelle est cette femme qui enfante dans cette caverne ? » Et il répondit : « C'est celle qui m'est fiancée. » Et elle dit : « Elle n'est pas ton épouse ?» Et Joseph dit : « Ce n'est pas mon épouse, mais c'est Marie qui a été élevée dans le temple du Seigneur, et qui a conçu du Saint-Esprit » Et la sage-femme lui dit : « Est-ce que c'est véritable ? » Et il dit : « Viens-le voir. » Et la sage-femme alla avec lui. Et elle s'arrêta quand elle fut devant la caverne. Et voici qu'une nuée lumineuse couvrait cette caverne. Et la sage-femme dit: « Mon âme a été glorifiée aujourd'hui, car mes yeux ont vu des merveilles. »

Et tout d'un coup la caverne fut remplie d'une clarté si vive que l'œil ne pouvait la contempler, et quand cette lumière se fut peu à peu dissipée, l'on vit l'enfant. Sa mère Marie loi donnait le sein. Et la sage-femme s'écria : « Ce jour est grand pour moi, car j'ai vu un grand spectacle. » Et elle sortit de la caverne, et Salomé fut au devant d'elle. Et la sage-femme dit à Salomé : « J'ai de grandes merveilles à te raconter ; une vierge a engendré, et elle reste vierge. » Et Salomé dit : « Vive le Seigneur mon Dieu ; si je ne m'en assure pas moi-même, je ne croirai pas. »

## CHAPITRE XX.

Et la sage-femme, rentrant dans la caverne, dit à Marie : « Couche-toi, car un grand combat t'est réservé. » Salomé l'ayant touchée, sortit en disant : « Malheur à moi, perfide et impie, car j'ai tenté le Dieu vivant. Et ma main brûlée d'un feu dévorant tombe et se sépare de mon bras. » Et elle fléchit les genoux devant Dieu, et elle dit : « Dieu de nos pères, souviens-toi de moi, car je suis de la race d'Abraham, d'Isaac et de Jacob. Et ne me confonds pas devant les enfants d'Israël, mais rends-moi à mes parents. Tu sais, Seigneur, qu'en ton nom j'accomplissais toutes mes cures et guérisons, et c'est de toi que je recevais une récompense. » Et l'ange du Seigneur lui apparut et lui dit : « Salomé, Salomé, le Seigneur t'a entendue; tends la main à l'enfant, et porte-le; il sera pour toi le salut et la joie. » Et Salomé s'approcha de l'enfant et elle le porta dans ses bras, en disant : « Je t'adorerai, car un grand roi est né en Israël. » Et elle fut aussitôt guérie, et elle sortit de la caverne justifiée. Et une voix se fit entendre près d'elle, et lui dit: « N'annonce pas les merveilles que tu as vues, jusqu'à ce que l'enfant soit entré à Jérusalem. »

## CHAPITRE XXI.

Et voici que Joseph se prépara à aller en Judée. Et il s'éleva un grand tumulte à Bethléem, parce que les mages vinrent, disant : « Où est celui qui est né le roi des Juifs ? Nous avons vu son étoile dans l'Orient, et nous sommes venus pour l'adorer. » Et Hérode, entendant cela, fut troublé, et il envoya des émissaires auprès des mages. Et il convoqua les princes des prêtres, et il les interrogea, disant : « Qu'y a-t-il d'écrit au sujet du Christ ? Où doit-il naître ? » Et ils dirent : « A Bethléem en Judée, car c'est écrit. » Hérode les renvoya, et il questionna les mages, disant : « Apprenez-moi où vous avez vu le signe qui indique le roi nouveau-né ? » Et les mages dirent : « Son étoile s'est levée brillante, et elle a tellement surpassé en clarté les autres étoiles du ciel que l'on ne les voyait plus. Et nous avons ainsi connu qu'un grand roi était né en Israël, et nous sommes venus l'adorer. » Hérode leur dit : « Allez, et informez-vous de lui, et si vous le trouvez, venez m'en informer afin que j'aille l'adorer. » Et les mages s'en allèrent, et voici que l'étoile qu'ils avaient vue en Orient les conduisit jusqu'à ce qu'elle entra dans la caverne, et elle s'arrêta au-dessus de l'entrée de la caverne. Et les mages virent un enfant avec Marie sa mère, et ils l'adorèrent. » Et tirant des offrandes de leurs bourses, ils lui présentèrent de l'or, de l'encens et de la myrrhe. Et l'ange les ayant informés qu'ils ne devaient pas retourner vers Hérode, ils prirent un autre chemin pour revenir dans leur pays.

## CHAPITRE XXII.

Hérode voyant que les mages l'avaient trompé, fut saisi de fureur, et il envoya des meurtriers mettre à mort tous les enfants qui étaient à Bethléem, âgés de deux ans et au-dessous. Et Marie, apprenant que l'on massacrait les enfants, fut remplie de crainte ; elle prit l'enfant, et l'ayant enveloppé de langes, elle le coucha dans la crèche des bœufs. Élizabeth, informée que l'on cherchait Jean, s'enfuit dans les montagnes, et elle regardait autour d'elle pour voir où elle le cacherait, et elle ne trouvait aucun endroit favorable. Et elle dit à voix haute et en gémissant: « O montagne de Dieu, reçois la mère avec le fils. » Et aussitôt la montagne qu'elle ne pouvait gravir, s'ouvrit et les reçut. Une lumière miraculeuse les éclairait, et l'ange du Seigneur était avec eux et les gardait

## CHAPITRE XXIII.

Hérode, pendant ce temps, faisait chercher Jean. Et il envoya quelques-uns de ses officiers à son père Zacharie disant : « Où as-tu caché ton Fils ? » Et il répondit : « Je suis le prêtre employé au service de Dieu, et je donne mon assistance dans le temple du Seigneur, je ne sais pas où est mon fils. » Et les envoyés se retirèrent et rapportèrent cela à Hérode. Il dit avec colère : « C'est son fils qui doit régner sur Israël. » Et il envoya derechef vers Zacharie disant : « Parle avec franchise; où est ton fils ? Ne sais-tu pas que ton sang est sous ma main ? » Et lorsque les envoyés eurent rapporté à Zacharie les paroles du roi, il dit : « Dieu est témoin que j'ignore où est mon fils. Répands mon sang, si tu le veux. Dieu recevra mon esprit, car tu auras versé le sang innocent. Zacharie a été tué dans le vestibule du temple du Seigneur, auprès de la balustrade de l'autel. »

## CHAPITRE XXIV.

Et les prêtres allèrent au temple à l'heure de la salutation. Et Zacharie ne fut pas au-devant d'eux pour leur donner la bénédiction, suivant l'usage. Ne le voyant pas paraître, ils craignaient d'entrer. L'un d'eux, plus hardi que les autres entra, et il revint annoncer aux prêtres que Zacharie avait été tué. Ils entrèrent alors, et ils virent ce qui avait été commis, et les lambris du temple poussaient des hurlements, et ils étaient fendus depuis le haut jusqu'en bas. Son corps ne fut pas trouvé, mais son sang formait, dans le vestibule du temple, une masse semblable à une pierre. Et ils sortirent épouvantés, et ils annoncèrent au peuple que Zacharie avait été tué. Et les tribus du peuple le pleurèrent trois jours et trois nuits. Après ces trois jours, les prêtres se réunirent pour désigner quelqu'un qui le remplaçât. Et le sort tomba sur Siméon. Et il lui avait été annoncé par l'Esprit-Saint qu'il ne mourrait point, avant d'avoir vu le Christ.

## CHAPITRE XXV.

Moi, Jacques qui ai écrit cette histoire, je me retirai dans le désert, lors d'une sédition que suscita à Jérusalem un certain Hérode, et je ne revins que lorsque le tumulte fut apaisé. Je glorifie Dieu qui m'a donné la charge d'écrire cette histoire. Que la grâce soit avec ceux qui craignent Notre Seigneur Jésus-Christ, auquel gloire et puissance avec le Père éternel et le Saint-Esprit vivifiant, maintenant, et toujours, et dans les siècles des siècles. Amen.

1. Sur ces offrandes, consultez les *Antiquités sacrées* de Reland (part III, ch. 7), ouvrage fort estimé, dont la sixième édition, celle de 1769, est celle qu'il faut préférer.
2. Les Hébreux conservaient leurs généalogies avec un soin tout particulier, dont Perizonius a fait l'objet d'une dissertation spéciale. Chez diverses nations de l'antiquité, l'on retrouve des exemples de ces recueils généalogiques rassemblés avec exactitude et que l'on était admis à consulter. Synésius de Cyrène, dans sa cinquante-septième lettre, nous apprend qu'il y a eu recours pour suivre la filiation de ses ancêtres.
3. Ce grand jour du Seigneur est certainement celui de l'une des grandes fêtes des Juifs, mais il serait malaisé de déterminer s'il s'agit de celle de Pâques, de celle de la Pentecôte ou de celle des Tabernacles. Ajoutons que les premiers chrétiens condamnaient aussi les jeûnes et les signes de deuil aux jours des fêtes solennelles.
4. L'épreuve des eaux amères est prescrite dans la législation mosaïque (*Nombres*, ch. V, v. 18 et suiv.) : « Le cohène (prêtre) prendra de l'eau sainte dans un rase de terre, et le cohène prendra de la poussière du pavé de l'habitacle et la mettra dans l'eau, etc. » (Voir la *Bible*, traduction de M. Cahen, t. IV, p. 27.) Josèphe (*Antiq. jud.*, liv. III, ch. 13) s'exprime ainsi : « Si la femme a manqué à la sagesse, qu'elle meure, la cuisse droite déluxée et le ventre en putréfaction. Mais si le mari n'a agi que par un excès d'amour ou par son penchant à la jalousie, qu'elle ait un enfant mâle dans le dixième mois. » Ni Josèphe, ni aucun autre ne parle de la punition du mari calomniateur; on reconnaît là l'esprit asiatique. Les Talmudistes disent que dans le cas où la femme serait innocente si elle est stérile, elle deviendra féconde, si elle enfante d'ordinaire péniblement, ses couches seront désormais faciles, et si elle a eu des enfants noirs, à l'avenir ils seront blancs. Grotius a laborieusement réuni tous les passages des anciens auteurs grecs ou latins où il est fait mention de certaines eaux auxquelles on attribuait la vertu de punir le parjure. Semblable usage existe encore chez divers peuples de la côte occidentale de l'Afrique.

# ÉVANGILE DE THOMAS L'ISRAÉLITE

# INTRODUCTION

C'est le seul écrit que nous possédions en grec de ceux, en assez grand nombre, qu'avaient composés au sujet des parents de Jésus et de sa nativité, des chrétiens mal dégagés des doctrines du judaïsme ou imbus des erreurs répandues dès les premiers siècles de l'église. Une portion de texte grec fut publiée pour la première fois et avec une exactitude scrupuleuse par Cotelier dans ses notes sur les *Constitutions apostoliques*, il l'avait trouvée dans un manuscrit du quinzième siècle, à la bibliothèque du roi. Déjà Richard Simon en avait dit quelque chose.[1] Fabricius reproduisit le texte et la version de Cotelier, en y joignant quelques notes. Mingarelli a donné plus tard le travail entier de Fabricius, et il s'est attaché à le compléter. Voir le douzième volume d'une *Raccolta d'opuscoli scientifici e filologici*, imprimée à Venise en 1764.

La bibliothèque impériale de Vienne possède un autre manuscrit de l'*Évangile de Thomas* ; d'après le début tel que le rapporte Lambécius dans ses *Comment.*

*de Bibl. Cæsar. Vindob.* livre VII, il présente, avec le manuscrit parisien, des différences sensibles.

Se servant d'un manuscrit conservé à Bologne, et qu'avait fait connaître Mingarelli, profitant d'un autre manuscrit du seizième siècle que renferme la bibliothèque de Dresde, Thilo a donné un texte bien supérieur à celui de ses devanciers ; il avoue cependant qu'il n'a pu bien établir certains passages qu'en recourant à la voie toujours un peu arbitraire des conjectures, et il regrette de n'avoir point découvert l'existence de quelque autre manuscrit qu'il aurait pu consulter avec profit.

L'Évangile de Thomas porte les traces d'une rédaction manichéenne. Origène dans sa première homélie sur saint Luc, cite comme ayant une certaine autorité un Évangile *secundum Thomam et juxta Mathiam* ; ce passage a fort occupé les critiques, mais l'on s'accorde en général à y reconnaître un autre écrit que celui dont le texte nous est parvenu, et dont l'auteur est entièrement inconnu, texte où se rencontrent des formes de style qui ne permettent pas de le faire remonter au-delà du cinquième siècle.

---

1. Ce laborieux et hardi critique s'exprime ainsi dans ses *Nouvelles observations sur te texte du Nouv. Test.* « Je mets au nombre de ce « faux Évangile » un de ceux attribués à saint Thomas dont j'ai trouvé un assez long fragment à la Bibliothèque du roi ; quoique ce manuscrit ne soit pas vieux, on ne peut douter cependant que cette pièce ne soit ancienne et qu'elle n'ait été fabriquée par quelques gnostiques. Il paraît qu'il avait existé également un Evangile attribué à saint Thomas l'apôtre, mais il n'en est rien parvenu jusqu'à nous. » Ce n'est pas ici le lieu d'examiner sur quels fondements repose la tradition qui fait de cet apôtre le premier missionnaire qui ait prêché la foi dans les Indes. On trouvera de nombreux témoignages recueillis à cet égard dans l'ouvrage de MM. Martin et Cahier sur les vitraux de la cathédrale de Bourges (1841-44, grand in folio p. 134).

# LIVRE DE THOMAS L'ISRAÉLITE, PHILOSOPHE, SUR LES CHOSES QU'A FAITES LE SEIGNEUR, ENCORE ENFANT.

### CHAPITRE Ier

Moi, Thomas, Israélite, je m'adresse à vous tous qui avez été convertis des erreurs des païens à la foi chrétienne, afin que vous sachiez les merveilles de l'enfance de Notre Seigneur Jésus-Christ, et ce qu'il fit après qu'il fut né dans notre pays. Et ceci est le commencement :

### CHAPITRE II.

L'enfant Jésus étant âgé de cinq ans [1], jouait sur le bord d'une rivière, et il recueillit dans de petites fosses les eaux qui coulaient, et aussitôt elles devinrent pures et elles obéissaient à sa voix. Ayant fait de la boue, il s'en servit pour façonner douze oiseaux, et c'était un jour de sabbat. Et beaucoup d'autres enfants étaient là et jouaient avec lui. Un certain juif ayant vu ce que faisait Jésus, et qu'il jouait le jour du sabbat, alla aussitôt, et dit à son père Joseph : « Voici que ton fils est au bord de la rivière, et il a façonné douze oiseaux avec de la boue, et il a profané le sabbat. » Et Joseph vint à cet endroit, et ayant vu ce que Jésus avait fait, il s'écria : « Pourquoi as-tu fait, le jour du sabbat, ce qu'il est défendu de faire ? » Jésus frappa des mains et dit aux oiseaux : « Allez. » Et ils s'envolèrent en poussant des cris. Les Juifs furent saisis d'admiration à la vue de ce miracle, et ils allèrent raconter ce qu'ils avaient vu faire à Jésus.

## CHAPITRE III.

Le fils d'Anne le scribe était venu avec Joseph, et prenant une branche de saule, il fit écouler les eaux que Jésus avait ramassées. Jésus voyant cela fut irrité et lui dit : « Homme injuste, impie et insensé, quel tort te faisait cette eau ? Tu vas être comme un arbre frappé de sécheresse et privé de racines, qui ne produit ni feuilles, ni fruit. » Et aussitôt il se dessécha tout entier. Jésus s'en alla ensuite au logis de Joseph. Les parents de l'enfant qui s'était desséché le prirent dans leurs bras en déplorant le malheur qui le frappait dans un âge aussi tendre et ils le portèrent à Joseph contre lequel ils s'élevaient vivement de ce qu'il avait un fils qui faisait de semblables choses.

## CHAPITRE IV.

Jésus traversait une autre fois le village, et un enfant, en courant, lui choqua l'épaule. Et Jésus irrité lui dit : « Tu n'achèveras pas ton chemin. » Et aussitôt l'enfant tomba et mourut. Des gens voyant ce qui s'était passé dirent : « D'où est né cet enfant ? chacune de ses paroles se réalise aussitôt. » Et les parents de l'enfant qui était mort s'approchèrent de Joseph, lui dirent : « Tu as un enfant tel que tu ne peux habiter le même village que nous, ou bien apprends-lui à bénir et non à maudire, car il fait périr nos enfants. »

## CHAPITRE V.

Et Joseph appelant à lui l'enfant, l'admonestait, disant : « pourquoi fais-tu ces choses-là? on prend de la haine contre nous et nous serons persécutés. » Jésus répondit : « Je sais que les paroles que tu viens de prononcer ne sont pas de toi, mais de moi ; je me tairai cependant à cause de toi, mais eux, ils subiront leur châtiment. » Et aussitôt ses accusateurs devinrent aveugles, et ceux qui virent cela furent fort épouvantés, et ils hésitaient, et ils disaient : « Chacune de ses paroles est suivie d'effet, soit pour le bien, soit pour le mal et amène des miracles. » Et lorsqu'ils eurent vu que Jésus faisait semblables choses, Joseph se levant, le prit par l'oreille et le tira avec force [2]. L'enfant fut courroucé et lui dit : « Qu'il te suffise de chercher et de ne pas trouver; tu as agi en insensé; ne sais-tu pas que je suis à toi? car je suis à toi pour que tu ne me molestes nullement.

## CHAPITRE VI.

Un maître d'école, nommé Zacchée qui était près d'eux entendit Jésus parler ainsi à son père, et il s'étonna fort de ce qu'un enfant s'exprimât ainsi. Et peu de jours après il alla vers Joseph et il lui dit : « Ton enfant est doué de beaucoup d'intelligence ; confie-le moi afin qu'il apprenne les lettres, et je lui donnerai en même temps tout genre d'instructions, lui enseignant surtout à respecter la vieillesse et à aimer les gens de son âge. » Et il lui enseigna toutes les lettres depuis l'alpha jusqu'à l'oméga, expliquant nettement et soigneusement la valeur et la signification de chacune. Et Jésus regardant le maître Zacchée, lui dit : « Toi qui ignores la nature de la lettre Alpha, comment enseignes-tu aux autres ce que c'est que le Bêta. Hypocrite, enseigne-nous d'abord, si tu le sais, ce que c'est que la lettre Alpha et alors nous te croirons quand tu parleras de la lettre Bêta. » Et il se mit alors à presser le maître de questions sur la première lettre de l'alphabet et Zacchée ne put donner de réponses satisfaisantes. Et, en présence de beaucoup d'assistants, l'enfant dit à Zacchée : « Écoute, maître, quelle est la position du premier caractère, et observe de combien de traits il se compose, et combien il en renferme d'intérieurs, d'aigus, d'écartés, de rejoints, d'élevés, de constants, d'homogènes, d'inégale mesure. » Et il lui expliqua les règles de la lettre A [3].

## CHAPITRE VII.

Lorsque Zacchée entendit l'enfant exposer tant de choses, il resta confondu de sa science et il dit aux assistants : « Hélas! malheureux que je suis, je me suis donné un sujet de regret et j'ai attiré sur moi du déshonneur en attirant cet enfant chez moi; reprends-le, je t'en prie, mon frère Joseph ; je ne peux soutenir la rigueur de ses raisonnements, et je ne saurais m'élever jusqu'à ses discours. Cet enfant n'est pas né sur la terre; il peut avoir de l'empire sur le feu ; il a peut-être été engendré avant que le monde n'existât; j'ignore quel est le ventre qui l'a porté et quel est le sein qui l'a nourri; je suis tombé dans une grande erreur; j'ai voulu avoir un disciple et j'ai trouvé que j'avais un maître ; je vois, mes amis, quelle est mon humiliation, car moi, qui suis un vieillard, j'ai été vaincu par un enfant, et mon âme sera abattue, et je mourrai à cause de lui, et dès ce moment, je ne puis plus le regarder en face. Et quand la voix publique dira que j'ai été vaincu par un enfant, qu'aurai-je à répondre et comment parlerai-je des règles et des éléments du premier caractère après tout ce qu'il en a dit ? Je ne connais ni le commencement, ni la fin de cet enfant. Je t'en conjure donc, mon frère Joseph, ramène-le chez toi : il est quelque chose de grand, ou un Dieu, ou un ange, je ne sais. »

## CHAPITRE VIII.

Et comme les Juifs donnaient des conseils à Zacchée, l'enfant se mit à rire et il dit : « Maintenant que les choses portent leurs fruits et que les aveugles de cœur voient : je suis venu d'en haut pour les maudire et pour les appeler à des objets plus élevés, ainsi que m'en a donné l'ordre celui qui m'a envoyé à cause de vous. » Et lorsqu'il eut finit de parler, aussitôt tous ceux qui avaient été frappés de sa malédiction furent guéris. Et, depuis ce temps, personne n'osait provoquer sa colère de peur d'être maudit de lui et frappé de quelque mal.

## CHAPITRE IX.

Peu de jours après, Jésus jouait sur une terrasse, au sommet d'une maison, et l'un des enfants qui jouaient avec lui, tomba du haut du toit et mourut; les autres enfants voyant cela, s'enfuirent, et Jésus descendit seul. Et lorsque les parents de l'enfant qui était mort furent venus, ils accusaient Jésus de l'avoir poussé du haut du toit, et ils le chargeaient d'outrages. Et Jésus descendit du toit et il s'approcha du cadavre de l'enfant, et il éleva la voix, il dit : « Zénin, (c'était le nom de l'enfant) lève-toi et dis-moi si c'est moi qui t'ai fait tomber. » Et l'enfant se levant aussitôt, répondit : « Non, Seigneur, tu n'as point causé ma chute, et bien au contraire, tu m'as ressuscité. » Et tous les spectateurs furent stupéfaits. Les parents de l'enfant glorifièrent Dieu à cause du miracle qui s'était opéré et ils adorèrent Jésus.

## CHAPITRE X.

Quelques jours après un jeune homme était occupé à fendre du bois, et sa hache lui échappa des mains, et elle lui fit au pied une profonde blessure, et il mourut ayant perdu tout son sang. Et comme l'on accourait vers lui et qu'il y avait une grande rumeur, Jésus alla avec les autres, et se faisant faire place, il traversa la foule, et il mit les mains sur le pied du jeune homme et aussitôt il fut guéri. Et il dit au jeune homme : « Lève-toi, fends du bois et souviens-toi de moi. » Et quand la foule eut vu ce qui s'était passé, tous adorèrent Jésus, en disant : « Vraiment, l'esprit de Dieu réside en cet enfant. »

## CHAPITRE XI.

Lorsqu'il eut l'âge de dix ans, sa mère, lui donnant une cruche, l'envoya pour puiser de l'eau et pour la rapporter à la maison, et dans la foule, la cruche s'étant choquée, elle se brisa. Et Jésus étendit le manteau dont il était revêtu, il le remplit d'eau et le porta à sa mère. Et sa mère, voyant le miracle qu'il venait de faire, l'embrassa, et elle conservait dans son cœur le souvenir des merveilles qu'elle le voyait accomplir.

## CHAPITRE XII.

Le temps des semences étant venu, l'enfant Jésus

alla avec son père pour semer du blé dans leur pays, et tandis que Joseph semait, l'enfant prit un grain de froment et le mit en terre, et ce grain seul produisit cent *choros* de blé. Et, ayant réuni tous les indigents du village, il leur distribua du blé, et Joseph emporta ce qui resta. Et Jésus avait huit ans lorsqu'il fit ce miracle.

## CHAPITRE XIII.

Son père était charpentier et il fabriquait alors des jougs et des charrues. Et un homme riche lui commanda de lui faire un lit. Et comme la règle dont se servait Joseph pour mesurer le bois ne pouvait lui servir en cette circonstance, l'enfant lui dit: « Place par terre deux pièces de bois et rends-les égales à partir du milieu. » Joseph fit ce que lui avait recommandé l'enfant, et Jésus se tenant de l'autre côté, joignit le bois, et il tira vers lui la pièce qui était la plus courte, et s'allongeant sous sa main, elle devint égale à l'autre. Et son père Joseph voyant cela, fut dans l'admiration et il dit, en embrassant l'enfant : « Je suis heureux que le Seigneur m'ait donné un tel enfant. »

## CHAPITRE XIV.

Joseph voyant que l'enfant croissait en âge, voulut qu'il apprit les lettres, et il le conduisit à un autre maître. Et ce maître dit à Joseph : « Je lui enseignerai d'abord les lettres grecques et ensuite les lettres hébraïques. » Le maître connaissait toute l'habileté de l'enfant et il le redoutait; il écrivit cependant l'alphabet, et quand il voulut interroger Jésus, Jésus lui dit : « Si tu es vraiment un maître, et si tu as la connaissance exacte des lettres, dis-moi quelle est la force de la lettre alpha, et je te dirai quelle est la force de la lettre bêta. » Le maître irrité le poussa et le frappa à la tête. L'enfant courroucé de ce traitement, le maudit et aussitôt le maître tomba sans vie sur son visage. Et l'enfant revint au logis de Joseph, Joseph fut très affligé et il dit à la mère de Jésus : « Ne le laisse pas franchir la porte de la maison, car tous ceux qui provoquent son courroux sont frappés de mort. »

## CHAPITRE XV.

Et, quelque temps après, un autre maître, qui était parent et ami de Joseph, lui dit : « Conduis cet enfant à mon école ; peut-être je réussirai à lui enseigner les lettres, en usant à son égard de bons traitements. » Et Joseph lui dit : « Prends-le avec toi, frère, si tu l'oses. » Et il le prit avec lui avec crainte et regret ; l'enfant allait avec allégresse. Et entrant avec assurance dans l'école, il trouva un livre qui était par terre, et le prenant, il ne lisait pas ce qui était écrit; mais ouvrant la bouche, il parlait d'après l'inspiration de l'Esprit-Saint, et il enseignait la loi aux assistants. Et une grande foule l'entourait, et tous étaient dans l'admiration de sa science et de ce qu'un enfant s'exprimait de cette façon. Joseph, apprenant cela, fut effrayé, et il courut à l'école, craignant que le maître ne fût sans instruction. Et le maître dit à Joseph : « Tu vois, mon frère, que j'avais pris cet enfant pour disciple, mais il est plein de grâce et d'une extrême sagesse; je t'en prie, mon frère, ramène-le dans ta maison. » Quand l'enfant l'entendit, il sourit, et dit : « Parce que tu as bien parlé, et comme tu as rendu bon témoignage, celui qui a été frappé, sera guéri à cause de toi. » Et aussitôt l'autre maître fut guéri. Et Joseph prit l'enfant et il alla dans sa maison.

## CHAPITRE XVI.

Joseph envoya son fils Jacques pour lier du bois et pour le porter à la maison, et l'enfant Jésus le suivit. Et lorsque Jacques ramassait des branches d'arbre, une vipère le mordit à la main. Et lorsqu'il était au moment de périr, Jésus s'approcha, et il souffla sur la morsure, et aussitôt la douleur cessa, et le reptile creva, et Jacques demeura complètement guéri.

## CHAPITRE XVII.

Par la suite, il advint que l'enfant d'un des ouvriers de Joseph tomba malade, et il mourut, et sa mère pleurait beaucoup. Jésus entendit le bruit des sanglots et du deuil, et il se hâta d'accourir, et lorsqu'il eut trouvé l'enfant mort, il lui toucha la poitrine, et il dit : « Je te commande, enfant, de ne point mourir; vis et reste avec ta mère. » Et aussitôt l'enfant se releva et rit. Et Jésus dit à la mère : « Prends-le et donne-lui du lait, et souviens-toi de moi. » Et quand le peuple qui était là eut vu ce miracle, il disait : « Cet enfant est vraiment un Dieu ou l'ange de Dieu, car tout ce qu'il prescrit s'exécute aussitôt. » Et Jésus s'en alla jouer avec les autres enfants.

## CHAPITRE XVIII.

Quelque temps après, comme l'on construisait un édifice, il s'éleva un grand tumulte, et Jésus alla à cet endroit, et voyant un homme qui gisait sans vie, il lui prit la main et lui dit : « Je te le dis, homme! lève-toi, et reprends ton ouvrage. » Et aussitôt le mort se leva et l'adora. Et la foule fut frappée de stupeur, et elle disait : « Vraiment cet enfant vient du ciel, et il a préservé bien des âmes de la mort et il les préservera tout le temps de sa vie. »

## CHAPITRE XIX.

Lorsque Jésus eût l'âge de douze ans, ses parents allèrent, suivant l'usage, à Jérusalem pour la fête de Pâques, en compagnie d'autres personnes, et après la fête ils s'en retournèrent chez eux. Et tandis qu'ils cheminaient, l'enfant Jésus retourna à Jérusalem, et ses parents croyaient qu'il était avec ceux qui les accompagnaient. Et après avoir fait une journée de route, ils le cherchèrent parmi leurs parents et ne le trouvèrent pas ; alors ils revinrent à la ville pour le chercher, et le troisième jour ils le trouvèrent dans le Temple, assis au milieu des docteurs, et les écoutant, et les interrogeant, et expliquant la loi. Et tous étaient attentifs et s'étonnaient de ce qu'un enfant embarrassât et pressât de questions les anciens et les maîtres du peuple, dissertant sur les points de la loi et sur les paraboles des prophètes. Et sa mère Marie, s'approchant de lui, lui dit : « Pourquoi as-tu agi ainsi, mon fils ? Nous étions dans l'affliction et nous te cherchions. » Et Jésus lui dit : « Pourquoi me cherchiez-vous ? Ne savez-vous pas qu'il faut que je sois avec ceux qui sont à mon père ? » Alors les Scribes et les Pharisiens dirent à Marie : « Es-tu la mère de cet enfant ? » Elle répondit : « Je le suis. » Et ils lui dirent : « Tu es heureuse parmi toutes les femmes, car Dieu a béni le fruit de ton ventre ; nous n'avons jamais vu ni entendu tant de gloire, tant de sagesse et tant de vertu. » Et Jésus se levant, suivit sa mère, et il était soumis à ses parents. Et sa mère conservait dans son cœur le souvenir de tout ce qui se passait. Et Jésus croissait en sagesse, en grâce et en âge. A lui gloire dans tous les siècles. Amen.

1. Augustin Giorgi, dans son *Alphabetum thibetanum* (Rome, 1762, 4°, p. 385) croit qu'il faut lire sept ans; il se fonde sur ce que l'âge indiqué au vingt-sixième chapitre de l'*Evangile arabe de l'Enfance* et sur la similitude de cette légende avec celle de Manès, dont la septième et la douzième année sont signalées par des événements remarquables. Ce savant regarde l'Évangile de Thomas comme une production manichéenne. Tous les manuscrits portent cinq ans, et nous avons dû conserver cette leçon.
2. Chez les anciens, tirer quelqu'un par l'oreille était une façon de réprimande et d'admonition fort en usage. Virgile a dit dans sa sixième églogue : *Cynthius aurem vellit et admonuit*. Calpulnius et Ovide emploient des expressions analogues. Voir d'ailleurs Erasme sur le proverbe : *Aurem vellere*.
3. Il s'agit ici du sens mystique de la lettre A, prise peut-être comme un symbole divin. Les expressions de notre légende se rapportent bien plus à la forme que présente en hébreu et surtout en arménien, la première lettre de l'alphabet qu'à celle qu'elle présente en grec. Il n'est pas hors de propos de transcrire ici un passage du voyage de Chardin, (t. IX, p. 124, de l'édition de 1811). « Leurs légendes (celles des chrétiens répandus dans la Perse), contiennent tous les contes qu'il y a dans les légendes des chrétiens orientaux et notamment dans une légende arménienne, intitulée l'Évangile-Enfant (*de l'enfance ?*) qui n'est qu'un tissu de miracles fabuleux; comme entre autres que Jésus-Christ voyant Joseph fort affligé d'avoir scié un ais de cèdre trop court, il lui dit : Pourquoi êtes-vous si affligé ? donnez-moi l'ais par un bout et tirez l'autre ; et l'ais s'allongea. Qu'étant envoyé à l'école pour apprendre l'a b c, le maître lui voulant faire dire a, il s'arrêta et dit au maître : Apprenez-moi, auparavant, pourquoi la première lettre de l'alphabet est ainsi faite; sur quoi le maître le traitant de petit babillard, il répondit : Je ne dirai point a, que vous me disiez pourquoi la première lettre est ainsi faite. Le maître se mettant en colère, Jésus lui dit : Je vous rapprendrai donc moi. La première lettre de l'alphabet est formée de trois lignes perpendiculaires sur une ligne diamétrale (l'A arménien est ainsi fait à peu près comme une M renversée) pour nous apprendre que le commencement de toutes choses est une essence en trois personnes.

    Quant au sens mystérieux que les cabalistes se sont efforcés de trouver à une foule de lettres, de mots de la Bible, ce que nous connaissons de plus lucide à cet égard, c'est l'*Exercitatio de cabala* que Theod. Hackspannius a placé à la suite de ses *Miscellaneorum sacrorum libri duo*, (Altdorphii, 1660, 8°, p. 282 et 519). Pour donner une idée de ces combinaisons puériles, nous ferons remarquer que le serpent d'airain est regardé comme l'emblème du Messie, parce que les lettres des mots *narrasch* (serpent), et *machiach* (messie), prises dans leur valeur numérique, donnent le même chiffre, 358. On a remarqué que le mot *berith* (alliance, pacte) employé dans Jérémie (ch. 33, v. 25), donne la somme de 612, tout comme en hébreu le nom de Jésus et de Marie. On forme des mots avec les lettres majuscules d'une phrase entière, on en forme avec les premières lettres de chaque mot, l'anagramme multiplie ces combinaisons à l'infini, mais cette cabale qui cherche un sens mystique tout autre que le sens littéral, qui se perd dans ces permutations, ces combinaisons et ces calculs sur la valeur numérique des lettres de l'alphabet, est rejetée par les plus éclairés des docteurs hébreux; ceux-ci entendent par cabale une théosophie mystique, une philosophie spéculative : deux systèmes règnent dans cette cabale ; l'un a pris son origine lors de la captivité de Babylone ; les dogmes de Moïse s'y sont mêlés avec les croyances des Chaldéens et des Perses ; on y trouve la métempsycose, les génies des deux sexes, tenant le milieu entre l'ange et l'homme, etc. ; le second système, plus métaphysique, transaction entre le monothéisme de Moïse et le panthéisme des philosophes grecs, a pris naissance dans l'école d'Alexandrie ; c'est une branche des doctrines gnostiques. On peut consulter d'ailleurs un article curieux de M. Munck, dans le *Dictionnaire de la Conversation*, et le travail important que M. Frank a publié en 1843. Il avait déjà été inséré en partie dans les Mémoires de l'Institut (Académie des Sciences mor. et polit. — Savants étrangers, t I, p. 195-348). Nous indiquerons aussi à des lecteurs intrépides : Reachlin, *de arte cabalistica*, Haguenae, 1517, f°; Gaffarel, *Abdita divinæ cabalæ mysteria*, Paris, 1623, 4° ; le recueil de Pistorius, *Artis cabalisticae scriptores*, Bale, 1587 f°; les quatre in-quarto qu'a compilés Knorr de Rosenroth, *Cabala denudata*, 1677-1684; de la Nauze, *Mémoires sur l'antiquité et sur l'origine de la cabale*, (Mém. de l'Acad. des inscript., t. IX, p. 37, ). L'érudition allemande nous offre les écrits de Kleuker (*sur l'origine et la nature de la doctrine de l'émanation chez tes cabalistes*, Riga, 1786, 8°) de L. Béer (*Histoire et doctrines de toutes les sectes du judaïsme et de la cabale*, Brunn, 1822, 2 vol. 8°), de A. Tholuck (*de ortu cabalæ, Hamburghi*, 1836-37, 2 part. 4°) ; de Freystadt, (*Philosophia cabalistica et Pantheismus, Regiomont*. 1832, 8°). Voyez aussi Schramm : *Introductio in dialect. Cabalæorum. Helmst*. 1732, 8°. On trouve des exemples de cette importance attachée aux lettres à des époques plus récentes que notre ère. — Le musée britannique possède un manuscrit copte, encore inédit ; c'est l'œuvre d'un prêtre nommé Atasius. Cet écrivain donnant un sens mystique à la forme et à l'arrangement des lettres de l'alphabet grec, s'en sert comme d'une base où il appuie ses théories sur Dieu, l'âme humaine, l'origine du bien et du mal. Ajoutons enfin que le *Sepher lecirah* (*ou livre de la Création*), l'une des productions les plus anciennes et les plus remarquables de la Kabale, (voir le *Dictionnaire des Sciences. Philosophiques*, tome III, p. 383), veut montrer dans les éléments de la parole, dans les matériaux indispensables du discours représentés par les vingt-deux lettres de l'alphabet hébreu, les mêmes rapports, les mêmes harmonies, les mêmes contrastes qui marquent le plan de la création. Ces vingt-deux lettres, combinées avec les dix premiers nombres, forment les *trente-deux voix merveilleuses de la sagesse* par lesquelles Dieu a formé le monde. Regardant la création comme un acte d'amour, une *bénédiction*, les Kabbalistes nous disent, comme un fait très significatif, que la lettre par laquelle Moïse a commencé le récit de la *Genèse* entre la première aussi dans le mot qui en hébreu signifie *bénir*.

# ÉVANGILE DE LA NATIVITÉ DE SAINTE MARIE

# INTRODUCTION

Durant plusieurs siècles, cette légende jouit, en Orient, de la plus grande célébrité ; elle fut d'abord accueillie avec un peu plus de froideur en Occident. Une tradition, que l'on ne discutait point alors, l'attribuait à saint Mathieu, et voulait qu'elle eût été écrite en hébreu ; la traduction, qui s'en répandit vers le sixième siècle, fut donnée comme l'œuvre de saint Jérôme ; et les éditeurs des œuvres complètes de ce Père ont cru pouvoir l'admettre dans leurs éditions, tout en s'inscrivant en faux contre une assertion qui n'est plus susceptible d'avoir un seul partisan.

Cet Évangile est l'un des moins chargés de circonstances fabuleuses et de miracles supposés ; quelques-uns des récits qu'il renferme sont mentionnés et signalés comme dénués de fondement dans les écrits de divers Pères de l'Église, tels que saint Augustin et saint Jérôme. Tel qu'il nous est parvenu, nous penchons à le regarder comme rédigé au sixième siècle, et il fut en possession durant tout le moyen-âge d'une célébrité soutenue. Au neuvième siècle, la célèbre religieuse de

Gandesheim, Hroswitha [1], en reproduisit les principaux traits dans un poème latin en vers hexamètres que nous rencontrons dans ses œuvres (*Historia nativatis laudabilisque conversationis intactæ Dei genitricis*, p. 73 de l'édit de 1707). Ils passèrent dans la *Légende dorée* ; ils figurèrent dans la *Vie de Jésus-Christ*, que composa Ludolphe le Saxon, prieur des Chartreux de Strasbourg, ouvrage dont la vogue fut extrême au quatorzième et au quinzième siècle [2]. Les poètes les intercalèrent dans leurs vers, les artistes en multiplièrent les images.

L'*Évangile de la nativité de Marie* ne nous est parvenu qu'en latin ; plusieurs fois réimprimé dans des collections étendues, inséré dans les recueils spéciaux de Fabricius, de Jones, de Schmid et de Thilo, il présente partout un texte uniforme, et il ne paraît point qu'il en existe de manuscrits où se rencontrent des variantes dignes d'attention.

Nous pourrions ici, à l'exemple du docteur Borberg, placer en tête de la traduction de cet Évangile la correspondance échangée entre saint Jérôme et les évêques Chromatien et Héliodore ; ces lettres se trouvent dans un grand nombre de manuscrits joints à la composition qu'elles concernent; elles sont incontestablement sinon supposées, du moins défigurées par des interpolations, mais elles remontent à une époque éloignée (probablement au sixième siècle), elles ont longtemps passé pour authentiques, et, bien qu'on n'en connaisse pas le véritable auteur, on doit les regarder comme retraçant des opinions qui exercèrent un empire étendu et prolongé.

---

1. Cette dixième muse, nom que lui décerna l'admiration de ses contemporains, ne fut pas seulement une merveille pour la Saxe ; elle est une gloire pour l'Europe entière ; dans la nuit poétique du moyen-âge, on trouverait difficilement une étoile poétique plus éclatante. On nous saura gré d'indiquer à son égard les travaux si

remarquables d'un critique aussi judicieux qu'instruit, M. Ch. Magnin ; voyez la *Revue des Deux-Mondes*, 1839, tom. IV, la *Biographie universelle*, t. LXVII, (où Hroswitha obtient les honneurs d'un article de 27 colonnes et demi), et l'édition spéciale du *Théâtre* de celte religieuse, Paris, 1843, 8°. Consultez aussi le *Cours de littérature du moyen-âge*, de M. Villemain, tom. II, p. 258-264, l'*Histoire des langues romanes*, par M. Bruce-Whyte, 1840, t. I. p. 305-407, un article de M. Philarète Chasles dans la *Revue des Deux-Mondes*, 15 août 1845; un autre de M. Cyprien Robert dans l'*Université Catholique*, tom. VI, p. 419. Au sujet du travail de M. Magnin, consultez le *Journal des Savants*, octobre 1846 (article de M. Patin), et la *Revue de Philologie*, t, I, p. 466.
2. La première édition paraît avoir été imprimée à Cologne vers 1470 ; c'est un in-folio de 373 feuillets ; Haïn, dans son *Repertorium bibliographicum*, 1831, n° 10288-10296, mentionne huit autres éditions latines antérieures à 1500. Ce livre fut traduit dans toutes les langues de l'Europe, sans oublier le catalan; l'on en connaît cinq ou six éditions françaises. Il en fut imprimé à Lisbonne en 1495, une version portugaise en quatre vols. in fol. ; l'auteur florissait vers 1330.

# ÉVANGILE DE LA NATIVITÉ DE SAINTE MARIE

## CHAPITRE I<sup>er</sup>.

La bienheureuse et glorieuse Marie toujours vierge, de la race royale et de la famille de David, naquit dans la ville de Nazareth, et fut élevée à Jérusalem, dans le temple du Seigneur. Son père se nommait Joachim et sa mère Anne. La famille de son père était de Galilée et de la ville de Nazareth, celle de sa mère était de Bethléem. Leur vie était simple et juste devant le Seigneur, pieuse et irréprochable devant les hommes : car, ayant partagé tout leur revenu en trois parts, ils dépensaient la première pour le temple et pour les ministres du temple ; la seconde, ils la distribuaient aux pèlerins et aux pauvres, et ils réservaient la troisième pour leurs besoins et pour ceux de leur famille. Ainsi chéris de Dieu et des hommes, il y avait près de vingt ans qu'ils vivaient chez eux dans un chaste mariage sans avoir des enfants [1]. Ils firent vœu, si Dieu leur en accordait un, de le consacrer au service du Seigneur, et c'était dans ce dessein qu'à chaque fête de l'année ils avaient coutume d'aller au temple du Seigneur.

## CHAPITRE II.

Or, il arriva que, comme la fête de la Dédicace approchait, Joachim monta à Jérusalem avec quelques-uns de sa tribu. C'était alors Isaschar qui était grand-prêtre. Lorsqu'il aperçut Joachim parmi les autres avec son offrande, il le rebuta et méprisa ses dons, en lui demandant comment étant stérile, il avait la hardiesse de paraître parmi ceux qui ne l'étaient pas, et disant que, puisque Dieu l'avait jugé indigne d'avoir des enfants, ses dons n'étaient nullement dignes de Dieu ; l'Écriture portant :« Maudit celui qui n'a point engendré de mâle en Israël [2] ; » et il dit que Joachim n'avait qu'à commencer d'abord par se laver de la tache de cette malédiction en ayant un enfant, et qu'ensuite il pourrait paraître devant le Seigneur avec ses offrandes. Joachim, rempli de confusion de ce reproche outrageant, se retira auprès des bergers qui étaient avec ses troupeaux dans ses pâturages : car il ne voulut pas revenir en sa maison de peur que ceux de sa tribu qui étaient avec lui ne lui fissent le même reproche humiliant qu'ils avaient entendu de la bouche du prêtre [3].

## CHAPITRE III.

Or, quand il y eut passé quelque temps, un jour qu'il était seul, l'Ange du Seigneur lui apparut avec une immense lumière [4]. Cette vision l'ayant troublé, l'Ange calma sa crainte, lui disant : « Ne crains point, Joachim, et ne te trouble pas à mon aspect ; car je suis l'Ange du Seigneur ; il m'a envoyé vers toi pour t'annoncer que tes prières sont exaucées, et que tes aumônes sont montées jusqu'en en sa présence. Car il a vu ta honte, et il a entendu le reproche de stérilité qui t'a été adressé injustement. Or, Dieu punit le péché et non la nature ; c'est pourquoi lorsqu'il rend quelqu'un stérile, ce n'est que pour faire ensuite éclater ses merveilles et montrer que l'enfant qui naît est un don de Dieu, et non pas le fruit d'une passion désordonnée. Car Sara, la première mère de votre nation, ne fut-elle pas stérile jusqu'à l'âge de quatre-vingts ans ? et cependant au dernier âge de la vieillesse elle engendra Isaac, auquel la bénédiction de toutes les nations était promise. De même Rachel, si agréable au Seigneur et si fort aimée du saint homme Jacob, fut longtemps stérile, et cependant elle engendra Joseph, qui devint le maître de l'Egypte et le libérateur de plusieurs nations prêtes à mourir de faim. Lequel de vos chefs a été plus fort que Samson, ou plus saint que Samuel ? et cependant ils eurent tous les deux des mères stériles. Si donc la raison ne te persuade pas par mes paroles, crois à la force des exemples qui montrent que les conceptions longtemps différées et les accouchements stériles n'en sont d'ordinaire que plus merveilleux. Ainsi ta femme Anne enfantera une fille et tu la nommeras Marie, elle sera consacrée au Seigneur dès son enfance, comme vous en avez fait le vœu, et elle sera remplie du Saint-Esprit, même dès le sein de sa mère. Elle ne mangera ni ne boira rien d'impur ; elle n'aura aucune société avec la foule du peuple au dehors, mais sa demeure sera dans le temple du Seigneur, de peur qu'on ne puisse soupçonner ou dire quelque chose de désavantageux sur elle. C'est pourquoi en avançant en âge, comme elle-même doit naître d'une mère stérile, de même cette Vierge incomparable engendrera le Fils du Très-Haut, qui sera appelé Jésus, et sera le Sauveur de toutes les nations selon l'étymologie de ce nom. Et voici le signe que tu auras des choses que je t'annonce. Lorsque tu arriveras à la porte d'or qui est à Jérusalem [5], tu y trouveras Anne ton épouse, Anne qui viendra au devant de toi, laquelle aura autant de joie de te voir qu'elle avait eu d'inquiétude du délai de ton retour. » Après ces paroles, l'Ange s'éloigna de lui.

## CHAPITRE IV.

Ensuite il apparut à Anne, l'épouse de Joachim, disant : « Ne crains point, Anne, et ne pense pas que ce que tu vois soit un fantôme. Car je suis ce même Ange qui ai porté en présence de Dieu vos prières et vos aumônes [6], et maintenant je suis envoyé vers vous pour annoncer qu'il vous naîtra une fille, laquelle sera appelée Marie, et qui sera bénie sur toutes les femmes. Elle sera remplie de la grâce du Seigneur aussitôt après sa naissance ; elle restera trois ans dans la maison paternelle pour être sevrée, après quoi elle ne sortira point du temple, où elle sera engagée au service du Seigneur jusqu'à l'âge de raison, servant Dieu nuit et jour par des jeunes et des oraisons ; elle s'abstiendra de tout ce qui est impur, ne connaîtra jamais d'homme, mais seule sans exemple, sans tache, sans corruption, cette Vierge, sans mélange d'homme, engendrera un fils, cette servante enfantera le Seigneur, le Sauveur du monde par sa grâce, par son nom et par son œuvre. Lève-toi donc, va à Jérusalem, et lorsque tu seras arrivée à la porte d'or, ainsi nommée parce qu'elle est dorée, tu auras pour signe au devant toi ton mari dont l'état de la santé te rend inquiète. Lors donc que ces choses seront arrivées, sache que les choses que je t'annonce s'accompliront indubitablement. »

# CHAPITRE V.

Se conformant donc au commandement de l'Ange, l'un et l'autre, partant du lieu où ils étaient, montèrent à Jérusalem, et, lorsqu'ils furent arrivés au lieu désigné par la prédiction de l'Ange, ils s'y trouvèrent l'un au devant de l'autre. Alors, joyeux de se revoir mutuellement et rassurés par la certitude de la race promise, ils rendirent grâce comme ils le devaient au Seigneur qui élève les humbles. C'est pourquoi, ayant adoré le Seigneur, ils retournèrent à leur maison, où ils attendaient avec assurance et avec joie la promesse divine. Anne conçut donc, et elle mit au monde une fille, et suivant le commandement de l'Ange, ses parents l'appelèrent du nom de Marie.

# CHAPITRE VI.

Et lorsque le terme de trois ans fut révolu et que le temps de la sevrer fut accompli, ils amenèrent au temple du Seigneur celte Vierge avec des offrandes. Or, il y avait autour du temple quinze degrés à monter [7], selon les quinze Psaumes des degrés. Car, parce que le temple était bâti sur une montagne, il fallait monter des degrés pour aller à l'autel de l'holocauste qui était par dehors. Les parents placèrent donc la petite bienheureuse Vierge Marie sur le premier degré. Et comme ils quittaient les habits qu'ils avaient eus en chemin, et qu'ils en mettaient de plus beaux et de plus propres selon l'usage, la Vierge du Seigneur monta tous les degrés un à un sans qu'on lui donnât la main pour la conduire ou la soutenir, de manière qu'en cela seul on eût pensé qu'elle était déjà d'un âge parfait. Car le Seigneur, dès l'enfance de sa Vierge, opérait déjà quelque chose de grand et faisait voir d'avance par ce miracle quelle serait la sublimité des merveilles futures. Ayant donc célébré le sacrifice selon la coutume de la loi, et accompli leur vœu, ils l'enrayèrent dans l'enclos du temple pour y être élevée avec les autres Vierges et ils retournèrent à leur maison.

## CHAPITRE VII.

Or la Vierge du Seigneur, en avançant en âge profitait en vertus [8], et suivant l'expression du Psalmiste, « son père et sa mère l'avaient délaissée, mais le Seigneur prit soin d'elle. » Car tous les jours elle était fréquentée par les Anges, tous les jours elle jouissait de la vision divine qui la préservait de tous les maux et qui la comblait de tous les biens. C'est pourquoi elle parvint à l'âge de quatorze ans sans que non seulement les méchants pussent rien découvrir de répréhensible en elle, mais tous les bons qui la connaissaient trouvaient sa vie et sa manière d'agir dignes d'admiration. Alors le grand-prêtre annonçait publiquement que les Vierges que l'on élevait soigneusement dans le temple et qui avaient cet âge accompli s'en retournassent chez elles pour se marier selon la coutume de la nation et la maturité de l'âge. Les autres ayant obéi à cet ordre avec empressement, la Vierge du Seigneur Marie fut la seule qui répondit qu'elle ne pouvait agir ainsi, et elle dit : « Que non seulement ses parents l'avaient engagée au service du Seigneur, mais encore qu'elle avait voué au Seigneur sa virginité qu'elle ne voulait jamais violer en habitant avec un homme. » Le grand-prêtre fut dans une grande incertitude, car il ne pensait pas qu'il fallût enfreindre son vœu (ce qui serait contre l'Écriture, qui dit : « Vouez et rendez »), ni qu'il fallût se hasarder à introduire une coutume inusitée chez la nation; il ordonna que tous les principaux de Jérusalem et des lieux voisins se trouvassent à la solennité qui approchait, afin qu'il pût savoir par leur conseil ce qu'il y avait à faire dans une chose si douteuse. Ce qui ayant été fait, l'avis de tous fut qu'il fallait consulter le Seigneur sur cela. Et tout le monde étant en oraison, le grand-prêtre selon l'usage se présenta pour consulter Dieu. Et sur le champ tous entendirent une voix qui sortit de l'oracle et du lieu de propitiation, qu'il fallait, suivant la prophétie d'Isaïe, chercher quelqu'un à qui cette Vierge devait être recommandée et donnée en mariage. Car on sait qu'Isaïe dit : « Il sortira une Vierge de la racine de Jessé, et de cette racine il s'élèvera une fleur sur laquelle se reposera l'esprit du Seigneur, l'esprit de sagesse et d'intelligence, l'esprit de conseil et de force, l'esprit de science et de piété, et elle sera remplie de l'esprit de la crainte du Seigneur. » Le grand-prêtre ordonna donc, d'après cette prophétie, que tous ceux de la maison et de la famille de David qui seraient nubiles et non mariés, vinssent apporter chacun une baguette sur l'autel, car l'on devait recommander et donner la Vierge en mariage à celui dont la baguette, après avoir été apportée, produirait une fleur, et au sommet de laquelle l'esprit du Seigneur se reposerait sous la forme d'une colombe.

## CHAPITRE VIII.

Il y avait parmi les autres de la maison et de la famille de David, Joseph, homme fort âgé, et tous portant leurs baguettes selon l'ordre donné, lui seul cacha la sienne. C'est pourquoi, rien n'ayant apparu de conforme à la voix divine, le grand-prêtre pensa qu'il fallait derechef consulter Dieu, et le Seigneur répondit que celui qui devait épouser la Vierge était le seul de tous ceux qui avaient été désignés qui n'eût pas apporté sa baguette. Ainsi Joseph fut découvert. Car lorsqu'il eut apporté sa baguette, et qu'une colombe, venant du ciel, se fut reposée sur le sommet, il fut manifeste pour tous que la Vierge devait lui être donnée en mariage. Ayant donc célébré les fiançailles selon l'usage accoutumé [9], il se retira dans la ville de Bethléem, pour arranger sa maison et pourvoir aux choses nécessaires pour les noces. Mais la Vierge du Seigneur Marie, avec sept autres Vierges de son âge et sevrées avec elle, qu'elle avait reçues du prêtre, s'en retourna en Galilée dans la maison de ses parents.

## CHAPITRE IX.

Or, en ces jours-là, c'est-à-dire au premier temps de son arrivée en Galilée, l'Ange Gabriel lui fut envoyé de Dieu pour lui raconter qu'elle concevrait le Seigneur et lui exposer la manière et l'ordre de la conception. Etant entré vers elle, il remplit la chambre où elle demeurait d'une grande lumière, et, la saluant avec une très grande vénération, il lui dit : « Je te salue, Marie, Vierge du Seigneur, très agréable à Dieu, pleine de grâce ; le Seigneur est avec toi ; tu es bénie par-dessus toutes les femmes, tu es bénie par-dessus tous les hommes nés jusqu'à présent. » Et la Vierge, qui connaissait déjà bien les visages des Anges, et qui était accoutumée à la lumière céleste, ne fut point effrayée de voir un Ange, ni étonnée de la grandeur de la lumière, mais son seul discours la troubla, et elle commença à penser quelle pouvait être cette salutation si extraordinaire, ce qu'elle présageait ou quelle fin elle devait avoir. L'Ange, divinement inspiré, allant au devant de cette pensée : « Ne crains point, dit-il, Marie, comme si je cachais par cette salutation quelque chose de contraire à ta chasteté. C'est pourquoi, étant Vierge, tu concevras sans péché et tu enfanteras un fils. Celui-là sera grand, parce qu'il dominera depuis la mer jusqu'à la mer, et depuis le fleuve jusqu'aux extrémités de la terre. Et il sera appelé le Fils du Très-Haut, parce qu'en naissant humble sur la terre, il règne élevé dans le Ciel. Et le Seigneur Dieu lui donnera le siège de David son père, et il régnera à jamais dans la maison de Jacob, et son règne n'aura point de fin. Il est lui-même le Roi des rois et le Seigneur des seigneurs, et son trône subsistera dans le siècle du siècle. » La Vierge crut à ces paroles de l'Ange, mais, voulant savoir la manière, elle répondit : « Comment cela pourra-t-il se faire ? car, puisque, suivant mon vœu, je ne connais point d'homme, comment pourrai-je enfanter sans cesser d'être vierge ? » A cela l'Ange lui dit : « Ne pense pas, Marie, que tu doives concevoir d'une manière humaine. Car, sans avoir de rapport avec nul homme, tu concevras en restant vierge ; vierge, tu enfanteras ; vierge, tu nourriras. Car le Saint-Esprit surviendra en toi, et la vertu du Très-Haut te couvrira de son ombre contre toutes les ardeurs de l'impureté. Car tu as trouvé grâce devant le Seigneur, parce que tu as choisi la chasteté. C'est pourquoi ce qui naîtra de toi sera seul Saint, parce que seul conçu et né sans péché, il sera appelé le Fils de Dieu. » Alors Marie, étendant les mains et levant les yeux, dit : « Voici la servante du Seigneur (car je ne suis pas digne du nom de maîtresse) ; qu'il me soit fait suivant ta parole. » Il serait trop long et même ennuyeux de rapporter ici tout ce qui a précédé ou suivi la naissance du Seigneur. C'est pourquoi passant ce qui se trouve plus au long dans l'Évangile, finissons par ce qui n'y est pas si détaillé.[10]

## CHAPITRE X.

Joseph donc venant de la Judée dans la Galilée

avait intention de prendre pour femme la Vierge avec laquelle il était fiancé. Car trois mois s'étaient déjà écoulés, et le quatrième approchait depuis le temps que les fiançailles avaient eu lieu. Cependant le ventre de la fiancée grossissant peu à peu, il commença à se manifester qu'elle était enceinte, et cela ne put pas être caché à Joseph. Car entrant auprès de la Vierge plus librement comme étant son époux, et parlant plus familièrement avec elle, il s'aperçut qu'elle était enceinte. C'est pourquoi il commença à avoir l'esprit agité et incertain; parce qu'il ignorait ce qu'il avait à faire de mieux. Car il ne voulut point la dénoncer, parce qu'il était juste, ni la diffamer par le soupçon de fornication, parce qu'il était pieux. C'est pourquoi il pensait à rompre son mariage secrètement et à la renvoyer en cachette. Comme il avait ces pensées, voici que l'Ange du Seigneur lui apparut en songe disant : « Joseph, fils de David, n'aie aucune crainte, et ne conserve aucun soupçon de fornication contre la Vierge, et ne pense rien de désavantageux à son sujet, et ne redoute point de la prendre pour femme. Car ce qui est né en elle, et qui tourmente actuellement ton esprit, est l'œuvre, non d'un homme, mais du Saint-Esprit, car seule entre toutes les Vierges, elle enfantera le Fils de Dieu, et tu l'appelleras du nom de Jésus, c'est-à-dire Sauveur, car c'est lui qui sauvera son peuple de leurs péchés. » Joseph, se conformant au précepte de l'Ange, prit donc la Vierge pour femme ; cependant il ne la connut pas, mais en ayant soin chastement, il la garda. Et déjà le neuvième mois depuis la conception approchait, lorsque Joseph, ayant pris sa femme et les autres choses qui lui étaient nécessaires, s'en alla à la ville de Bethléem d'où il était. Or, il arriva, lorsqu'ils y furent, que le terme étant accompli, elle enfanta son fils premier-né, comme l'ont enseigné les Saints Évangélistes, Notre-Seigneur Jésus-Christ, qui, étant Dieu avec le Père, le Fils et l'Esprit-Saint vit et règne pendant tous les siècles des siècles.

---

1. Quelques mystiques avaient cru pouvoir donner à sainte Anne le titre de Vierge, ainsi que le remarque J. B. Thiers, ce fécond et caustique écrivain, dans son *Traité des superstitions*, (tom. II, p. 302.) Cette idée a trouvé fort peu de partisans.
   Les Bollandistes ont recueilli avec soin tout ce qui concerne sainte Anne. (Voir les *Acta Sanctorum*, tom. VI de juillet, p. 233-297). Quant à la manière dont on peut et doit représenter cette sainte, consulter Molanus, *Histor. imaginum sacrarum*.
2. On chercherait en vain cette phrase dans les Ecritures, mais l'on y trouve, surtout dans les livres de Moïse, (*Exode*, XXIII, 26; *Deutér*, VII, 14), le grand nombre des enfants mentionné comme un effet de la bénédiction céleste.
3. On sait que chez diverses nations des peines étaient infligées aux célibataires. Voir ce qu'ont réuni à ce sujet les Bénédictins dans les notes de leur édition de saint Ambroise, tom. I, p. 1319.
4. L'apparition de l'ange à Joachim pour lui annoncer la naissance de Marie, est également relatée dans saint Epiphane, (*Haeres.* LXXXIX, n. 5).
5. Il paraît que cette porte était à l'orient de la ville et l'on conjecture qu'elle était en bronze de Corinthe. Des exemples de portes désignées sous le nom de portes d'or ou dorées seraient faciles à accumuler. Suivant le rabbin Petachia, qui parcourut l'Europe et l'Asie au douzième siècle, les portes de Babylone, hautes de cent coudées et larges de dix, étaient forgées d'un airain pur dont la splendide réverbération faisait briller cette cité comme une ville d'or. Il fallut les bronzer. Les chevaux croyant voir marcher devant eux d'innombrables escadrons, reculaient épouvantés.
6. Le Talmud rapporte que les anges portent à Dieu les prières et les bonnes œuvres des hommes, mais que les démons les attaquent en chemin et font leurs efforts pour que ces prières et ces actions méritoires n'arrivent point jusqu'au Seigneur.
7. Le prophète Ezéchiel a fait mention de ces quinze degrés, (ch. XL, 6 et 34). Josèphe en parle aussi dans son *Histoire de la guerre judaïque*. (V. 5.). Selon le rabbin Judas Léon, ils avaient une demi-coudée de hauteur et de largeur. On trouvera d'ailleurs dans un volumineux commentaire sur le prophète que nous venons de nommer, (*H. Pradi et J. B. Villalpandi Explanationes in Ezechielem*, *Romae*, 1596-1604, 3 vol. in fol.) de longs détails sur le nombre de ces degrés, leur hauteur, etc. Les psaumes graduels étaient ainsi appelés parce qu'ils étaient, on le croit du moins, solennellement chantés sur chaque degré, l'un après

l'autre ; ce sont les psaumes 124-135. Nous connaissons à cet égard deux dissertations spéciales, celte de Tilling : *de ratione inscriptionis XV Psalmorurn qui dicuntur cantica, adcensionum*, Bremae, 1765, 4°, et celle de F. A. Clarisse ; *Specimen exgeticum de psalmis quindecim Hamaaloth*, Lugd. Bat. 1819. Voici à ce propos un petit conte extrait du Talmud.

Lorsque David fit creuser les fondements du Temple, l'on trouva bientôt l'abîme des eaux qui occupent l'intérieur de la terre ; on craignit que le monde, ne fut inondé. Achitophel écrivit le nom ineffable du Très-Haut sur une plaque d'airain, et dès qu'elle eut été posée sur l'eau, l'abîme s'enfonça tout d'un coup à une profondeur de seize mille coudées. Toutefois, comme la terre était alors menacée d'une stérilité complète, David fit chanter les quinze psaumes graduels, et à chaque psaume, l'abîme montait de mille coudées, et c'est aussi de mille coudées qu'il est resté éloigné de la surface de notre planète. — Tout étrange qu'elle puisse paraître, cette historiette est peu de chose à côté d'une foule d'autres que renferment les écrits des rabbins. Il n'est point de livres qui trouvent maintenant moins de lecteurs que les ouvrages de ces vieux docteurs Israélites ; il faudrait pour les ouvrir la connaissance d'une langue que bien peu d'érudits sont en état de comprendre, et une patience à toute épreuve, car les sujets que discutent très prolixement les doctes maîtres de la synagogue n'ont plus aujourd'hui le moindre intérêt Quelques laborieux investigateurs ont pris la peine de fouiller dans ces mines presqu'inexplorées, mais personne ne s'en est occupé avec autant de zèle et de persévérance que le dominicain, Bartolocci. Sa *Bibliotheca rabbinica*, (Rome, 1675-1693), ne forme pas moins de quatre volumes in folio, auxquels vient s'adjoindre le volume publié en 1694 par Jos. Imbonati : *Bibliotheca latina hebraica, sive de scriptoribus latinis qui contra Judœos scripsere*. Nous avons parcouru ce vaste répertoire ; nous y avons trouvé une foule de contes dignes des Mille et une Nuits, et parfois d'une extrême indécence. Bien plus que le latin, l'hébreu, dans les mots, brave toute honnêteté. Voici du moins deux faits pris à l'ouverture du livre et qu'il est permis de transcrire.

En hora Salomon duxit in uxorem filiam Pharaonis, descendit Gabriel infixit calamum in mare et ascendit limus et super eam aedificata est magna Arx munita quae Roma est — Initio creatus est (Adam tantae molis) ut e terra ad cœlum usque pertingeret. At quando Angeti ministerii illum viderunt, commoti sunt timueruntque ; quid fecerunt ? ascenderunt omnes coram Deo in superiore (habitaculo) et dixerunt : Domine mundi, duae potestates sunt in mondo. Tunc Deus posuit manum suam super caput Adae, illumque ad mille cubitos redegit.

Veut-on quelques autres échantillons de ce qu'affirment les écrivains qu'a analysés Bartolocci : Il y a 60.000 villes dans les montagnes de la Judée, et chacune contient 60.000 habitants. — Il existe un oiseau dont la taille est telle que lorsqu'il vole, ses ailes interceptent la lumière du soleil. — Lorsque le Messie sera venu, Jérusalem acquerra un développement immense ; il y aura 10.000 palais et 10.000 tours. Rabbi Siméon ben Jachia affirme que les boutiques des seuls marchands de parfums seront au nombre de 180.000. Alors chaque grain de raisin donnera trente tonneaux de vin. — Adam avait deux visages et une queue. — D'une épaule à l'autre de Salomon, la distance n'était pas moindre de soixante coudées. — D'un seul coup de hache, David tua huit cents hommes.

8. Plusieurs écrivains, M. Peignot entre autres, (*Recherches historiques sur la personne et les portraits de Jésus-Christ et de Marie*, Paris et Dijon, 1829, 8°), ont recueilli les témoignages épars, et contrôlé les opinions au sujet de la figure, du teint, de la taille de Marie ; selon l'*Historia Christi* du père Xavier, dont nous parlons ailleurs, elle était fort bien faite et brune; les yeux grands et tirant sur le bleu, les cheveux blonds. *Maria fuit mediocris staturæ, triticei coloris, extensa facie ; oculi ejus magni et vergentes ad cœruleum, capillus ejus aureus. Manus et digiti ejus longi, pulchra forma, in omnibus proportionata.* (p. 30) Voir aussi l'historien Nicéphore, l. II, ch. 23. Il existe un Traité de N. Sacius, imprimé dans ses *Opuscula* (Antverpiae, 1620), *de pulchritudine B. Mariæ Virginie disseptatio quodlibetica.*

9. L'usage était qu'il s'écoulât un certain temps entre la cérémonie des fiançailles et la célébration des noces. Tout ce qui regarde pareil sujet a été discuté fort savamment et fort longuement dans l'ouvrage du docte Selden, homme d'Etat du temps de Charles I$^{er}$ : *Uxor hebræa*, livre dont nous connaissons trois éditions, *Londres*, 1646, *Francfort*, 1673 et 1695. Les œuvres complètes de cet érudit ont été recueillies par les soins de David Wilkins, Londres, 1726, 3 vols. in-folio.

10. Les mots entre parenthèses ont été ajoutés par l'écrivain qui, sous le nom supposé de saint Jérôme, a rédigé la traduction latine.

# HISTOIRE DE LA NATIVITÉ DE MARIE ET DE L'ENFANCE DU SAUVEUR

# INTRODUCTION

Cette légende, œuvre dans laquelle se reconnaît la main de quelque gnostique, fut attribuée par des copistes ignorants à saint Mathieu ; elle n'a point été inconnue à divers critiques, tels que Sixte de Sienne et Cotelier (*Remarques sur les Constitutions apostoliques*, VI, 17); les récits étranges qu'elle renferme détournèrent d'elle les érudits, et ce fut Thilo qui la publia le premier.

Le savant professeur de Halle pense qu'elle doit s'accorder, quant au fond du récit, avec un opuscule trois fois mis sous presse au quinzième siècle sous le titre d'*Infantia Salvatoris*, éditions d'une insigne rareté, sorties des presses de quelques typographes allemands, et qu'il n'a pu consulter ; elles ont échappé à toutes ses investigations.

Le texte, mis au jour en 1832, est tel que le donne un manuscrit sur vélin du quatorzième siècle, conservé à la bibliothèque du roi, à Paris (n° 5559 A). Thilo transcrivit aussi une légende des miracles de l'enfance du Seigneur Jésus-Christ (manuscrit sur vélin du quinzième siècle, n° 4313), attribuée également à Jacques, fils de Joseph ; mais il n'a pas cru devoir la publier, car elle se borne en grande partie à répéter le récit du n° 5559 A, en y ajoutant quelques détails ridicules ou absurdes, et elle offre un texte tellement défiguré, qu'il est souvent fort difficile d'y découvrir un sens tant soit peu raisonnable. Nous croyons toutefois devoir rapporter les intitulés des quarante-huit chapitres qui forment cette relation des *Miracles de l'enfance*. Le lecteur se fera une idée assez juste des fables qu'accueillait une piété peu éclairée, et comme ces chapitres ont du moins le mérite d'être fort courts, nous en traduirons deux.

Chap. I. Du père et de la mère de la Sainte-Vierge Marie;

Chap. II. De la séparation de Joachim d'avec Anne.

Chap. III. Du retour de Joachim auprès d'Anne.

Chap. IV. De la naissance de la bienheureuse Marie.

Chap. V. De l'action de grâces d'Aune.

Chap. VI. De la recommandation de la bienheureuse Marie.

Chap. VII. Du vœu de virginité de la bienheureuse Marie.

Chap. VIII. Comment la bienheureuse Marie fut remise à Joseph.

Chap. IX. De l'annonciation du Seigneur.

Chap. X. Du trouble de Joseph quand il s'aperçut de la grossesse de Marie.

Chap. XL. De la consolation qu'un ange apporta à Joseph.

Chap. XII. Des calomnies répandues par les Juifs contre Joseph et la bienheureuse Marie.

Chap. XIII. Du temps de la naissance du Christ et des deux Sages-femmes, des pasteurs et de l'étoile.

Chap. XIV. De la sortie de la bienheureuse Marie hors de la caverne, et de sa venue à la crèche.

Chap. XV. De la circoncision en Seigneur et de la tenue des Mages à Jérusalem.

Chap. XVI. De l'épiphanie du Seigneur.

Chap. XVII. Du massacre des enfants et de la fuite de Joseph en Egypte.

Chap. XVIII. Comment Jésus dompta les dragons.

Chap. XIX. Comment les lions et les léopards suivirent Jésus.

Chap. XX. Du palmier qui s'inclina à la voix de Jésus.

Chap. XXI. De la bénédiction du palmier et de la translation de son rameau.

Chap. XXII. Du chemin que raccourcit Jésus.

Chap. XXIII. Comment, à l'arrivée de Jésus en Egypte, les idoles tombèrent

Chap. XXIV. De l'honneur qu'Afrosidisius rendit à Jésus.

Chap. XXV. Du poisson desséché rendu à la vie.

Chap. XXVI. Du rire de Jésus à cause des passereaux qui se battaient entre eux.

Chap. XXVII. De la sortie de Marie et de Jésus hors de l'Egypte.

Chap. XXVIII. De l'eau de pluie clarifiée, et des dix oiseaux faits avec de la boue un jour de sabbat.

Chap. XXIX Du Pharisien mort à la voix de Jésus.

Chap. XXX. De l'enfant qui frappa Jésus livré à la mort, et de quelques personnes punies d'aveuglement.

Chap. XXXI. Comment Jésus avertit Joseph de ne pas le toucher dans un moment de colère.

Chap. XXXII. De Zacchée, maître de Jésus et de ses paroles.

Chap. XXXIII. Comment Jésus ressuscita un enfant qui jouait avec lui.

Chap. XXXIV. Comment, d'une seule parole, Jésus

guérit le pied d'un homme qui l'invoquait avec confiance.

Chap. XXXV. Comment Jésus porta à la bienheureuse Marie de l'eau dans son manteau.

Chap. XXXVI. Du froment multiplié par Jésus.

Chap. XXXVII. Du bois étendu par Jésus.

Chap. XXXVIII. D'un certain maître de Jésus privé de la vie.

Chap. XXXIX. D'un autre maître de Jésus dont la charité fut cause que Jésus ressuscita le maître qui était mort.

Chap. XL. Comment Jésus guérit Joseph du venin d'une vipère.

Chap. XLI. Des sept lacs et des douze oiseaux, et des douze enfants que Jésus frappa de mort

Chap. XLII. Du fils d'une certaine femme rendu à la vie par Jésus.

Chap. XLIII. Comment Jésus entra dans la caverne de la lionne.

Chap. XLIV. Comment l'eau du Jourdain s'ouvrit devant eux.

Chap. XLV. Comment un mort fut ressuscité par le suaire de Joseph.

Chap. XLVI. Comment Zacchée pria Joseph et Marie de confier Jésus à un maître nommé Lévi.

Chap. XLVII. Comment Jésus sanctifiait et bénissait les convives.

Chap. XLVIII. Glorification de Jésus et de Marie sa mère.

Voici maintenant les deux chapitres que nous avons promis; ce sont les XXV$^e$ et XXVI$^e$.

« Et Jésus accomplit sa troisième année. Et comme il vit des enfants qui jouaient, il se mit à jouer avec eux ; et ayant pris un poisson desséché qui était imprégné de sel, il le posa dans un bassin plein d'eau, et il lui ordonna de palpiter, et le poisson commença à palpiter. Et Jésus, adressant derechef la parole au poisson, lui dit : Rejette le sel que tu as en toi, et remue-toi dans l'eau. Et cela se fit ainsi. Les voisins, voyant ce qui se passait, l'annoncèrent à la veuve dans la maison de laquelle habitait Marie, Et quand elle apprit ces choses, elle les renvoya avec précipitation de chez elle.

« Et Jésus, passant avec Marie sa mère dans la place de la ville, vit un maître qui enseignait ses élèves. Et voici que sept passereaux, se battant entre eux, tombèrent du haut d'un mur dans le sein du maître qui instruisait les enfants. Quand Jésus vit cela, il se mit à rire. Le maître, s'en apercevant, fut rempli de colère, et il dit à ses disciples : Allez, et amenez-le-moi. Lorsqu'ils le lui eurent conduit, il le saisit par son manteau, et il lui dit : Qu'as-tu vu qui ait provoqué ton rire ? Et Jésus dit : Maître, voici ta main pleine de froment ; les passereaux se disputaient pour le partage de ce froment. »

Donnons aussi le dernier chapitre ; une inspiration plus noble s'y fait sentir.

« Les Scribes et les Pharisiens dirent à la bienheureuse Marie : Es-tu la mère de cet enfant ? Et elle répondit : Vraiment je le suis. Et ils lui dirent : Tu es bénie entre toutes les femmes, car Dieu a béni le fruit de ton Ventre en te donnant un enfant si plein de gloire. Nous n'avons jamais vu ni entendu dans un autre une sagesse égalée à la sienne. Mais Marie conservait dans son cœur le souvenir de tout ce que faisait Jésus parmi le peuple des Juifs, car il opérait de grands miracles, guérissant les malades, ressuscitant les morts, et faisant beaucoup d'œuvres merveilleuses. Et Jésus croissait en taille et en don de sagesse. Tous ceux qui le connaissaient glorifiaient donc Dieu le père tout-puissant, qui est béni dans les siècles des siècles. Amen. »

Un autre manuscrit de la bibliothèque du roi, n°

5560, contient à peu de chose près les mêmes récits; celui-ci s'annonce comme étant l'œuvre d'Onésime et de Jean l'Évangéliste.

Nous pourrions indiquer encore une copie moderne que possède la bibliothèque publique de Cambridge (F. f. 6, 54), et qui renferme une légende également partagée en quarante huit chapitres, et presque identiquement la même que celle que nous venons d'analyser; nous pourrions mentionner divers autres manuscrits que renferment des bibliothèques d'Angleterre ou d'Italie; mais ces détails minutieux offriraient fort peu d'intérêt, Nous nous bornerons à dire deux mots d'un manuscrit du quinzième siècle que possède la bibliothèque médicéenne à Florence, et que Baudini a décrit (*Catal. Cod. lat. Bibl. Medic.*, I, 523). Il renferme divers opuscules de saint Jérôme, et l'on y trouve, page 248-255, une *épître de saint Jérôme ou préface au livre de l'Enfance du Sauveur*. Cet opuscule, dont la supposition est évidente, commence en ces termes : « Un jour l'ange du Seigneur avertit en songe Joseph, » et il finit ainsi : « Que Jésus, qui le guérit nous guérisse de nos péchés, et qu'il soit béni dans tous les siècles des siècles. » Comme ce fragment ne se trouve ni dans les éditions de saint Jérôme, ni dans le *Codex* de Fabricius, ni dans le volume de Thilo, nous avons jugé à propos d'en signaler l'existence.

Nous conviendrons que l'Histoire de la Nativité de Marie et de l'Enfance du Sauveur, telle que nous la faisons passer pour la première fois en un langage moderne, est une composition parfois puérile dont nous n'exagérons pas la valeur. Des deux parties dont elle se compose, et qui ne paraissent pas venir de la même source, la seconde, consacrée au récit des premières années de Jésus-Christ, est un tissu de contes que ne rachètent pas toujours quelques traits touchants, quelques passages naïfs; il y a bien plus de simplicité, bien plus de grâce dans la première partie consacrée à l'histoire de la Sainte-Vierge, et qui comprend les chapitres 1 à 17, en suivant, pour les traits principaux, le Protévangile de saint Jacques.

L'ouvrage se termine brusquement, et paraît dépourvu de conclusion; il est à croire que ce que nous possédons ne forme qu'un fragment emprunté à une composition plus étendue.

# HISTOIRE DE LA NATIVITÉ DE MARIE ET DE L'ENFANCE DU SAUVEUR

## PROLOGUE.

Moi, Jacques [1], fils de Joseph, marchant dans la crainte de Dieu, j'ai écrit tout ce que j'avais vu de mes yeux survenir dans le temps de la nativité de la bienheureuse Marie et du Sauveur, rendant grâces à Dieu qui m'a donné la connaissance des histoires de son avènement, et montrant l'accomplissement des prophéties aux douze tribus d'Israël.

## CHAPITRE I<sup>er</sup>.

Il y avait en Israël un homme nommé Joachim, de la tribu de Juda, et il gardait ses brebis, craignant Dieu dans la simplicité et la droiture de son cœur, et il n'avait nul souci, si ce n'est celui de ses troupeaux, dont il employait les produits à nourrir ceux qui craignaient Dieu, présentant de doubles offrandes dans la crainte du Seigneur, et secourant les indigents. Il faisait trois parts de ses agneaux, de ses biens et de toutes les choses qui étaient en sa possession ; il donnait une de ces parts aux veuves, aux orphelins, aux étrangers et aux pauvres; une autre à ceux qui étaient voués au service de Dieu, et il réservait la troisième pour lui et pour toute sa maison. Dieu multiplia son troupeau au point qu'il n'y en avait aucun qui lui fut semblable dans tout le pays d'Israël. Il commença à faire ces choses dès la quinzième année de son âge. Lorsqu'il eut l'âge de vingt ans, il prit pour femme Anne, fille d'Achar [2], qui était de la même tribu que lui, de la tribu de Juda, de la race de David; et après qu'il eut demeuré vingt ans avec elle, il n'en avait pas eu d'enfants [3].

## CHAPITRE II.

Il arriva qu'aux jours de fête, parmi ceux qui apportaient des offrandes au Seigneur, Joachim vint, offrant ses dons en présence du Seigneur. Et un scribe du Temple, nommé Ruben, approchant de lui, lui dit : « Il ne t'appartient pas de te mêler aux sacrifices que l'on offre à Dieu, car Dieu ne t'a pas béni, puisqu'il ne t'a pas accordé de rejeton en Israël. » Couvert de honte en présence du peuple, Joachim se retira du Temple en pleurant, et ne retourna pas à sa maison ; mais il s'en alla vers ses troupeaux, et il conduisit avec lui les pasteurs dans les montagnes, dans un pays éloigné ; et pendant cinq mois, Anne, sa femme, n'en eut aucune nouvelle. Elle pleurait dans ses prières, et elle disait : « Seigneur tout-puissant, Dieu d'Israël, pourquoi ne m'avez-vous pas donné d'enfants, et pourquoi m'avez-vous ôté mon mari ; j'ignore s'il est mort, et je ne sais comment faire pour lui donner la sépulture. » Et pleurant amèrement, elle se retira dans l'intérieur de sa maison, et se prosterna pour prier, adressant ses supplications au Seigneur. Et se levant ensuite, élevant les yeux à Dieu, elle vit un nid de passereaux sur une branche de laurier, et elle éleva la voix vers Dieu en gémissant, et elle dit : « Seigneur Dieu tout-puissant, toi qui as donné de la postérité à toutes les créatures, aux bêtes, et aux serpents, et aux poissons, et aux oiseaux, et qui fait qu'elles se réjouissent de leurs petits, je te rends grâces, puisque tu as ordonné que moi seule je fusse exclue des faveurs de ta bonté ; car tu connais, Seigneur, le secret de mon cœur, et j'avais fait vœu, dès le commencement de mon voyage, que si tu m'avais donné un fils ou une fille, je te l'aurais consacré dans ton saint temple. » Et quand elle eut dit cela, soudain l'ange du Seigneur apparut devant sa face, lui disant : « Ne crains point, Anne, car ton rejeton est dans le conseil de Dieu, et ce qui naîtra de toi sera en admiration à tous les siècles, jusqu'à leur consommation. » Et lorsqu'il eut dit cela, il disparut de devant ses yeux. Elle, tremblante et épouvantée de ce qu'elle avait vu une pareille vision, et de ce qu'elle avait entendu un semblable discours, entra dans sa chambre, et se jeta sur son lit comme morte, et durant tout le jour et toute la nuit, elle demeura en prières et dans une grande frayeur. Ensuite elle appela à elle sa servante, et lui dit : « Tu m'as vue frappée de viduité et placée dans la douleur, et tu n'as pas voulu venir vers moi. » Et la servante répondit en murmurant : « Si Dieu t'a frappée de stérilité, et s'il a éloigné de toi ton mari, qu'est-ce que je dois faire pour toi ? » Et, en entendant cela, Anne élevait la voix, et elle pleurait avec clameur.

## CHAPITRE III.

Dans ce temps, un jeune homme apparut parmi les montagnes où Joachim faisait paître son troupeau, et lui dit : « Pourquoi ne retournes-tu pas auprès de ton épouse ? » Et Joachim dit : « Je l'ai eue durant vingt ans; mais maintenant, comme Dieu n'a pas voulu que j'eusse d'elle des fils, j'ai été chassé du Temple avec ignominie : pourquoi retournerai-je auprès d'elle ? Mais je distribuerai par les mains de mes serviteurs aux pauvres, aux veuves, aux orphelins et aux ministres de Dieu les biens qui lui reviennent. » Et, lorsqu'il eut dit cela, le jeune homme lui répondit : « Je suis l'ange de Dieu, et j'ai apparu à ton épouse qui pleurait et qui priait, et je l'ai consolée ; car tu l'as abandonnée accablée d'une tristesse extrême. Sache au sujet de ta femme, qu'elle concevra une fille qui sera dans le temple de Dieu, et l'Esprit saint reposera en elle, et sa bénédiction sera sur toutes les femmes saintes; de sorte que nul ne pourra dire qu'il y eut auparavant une autre comme elle, et qu'il n'y aura dans la suite des siècles nulle autre semblable à elle, et son rejeton sera béni, et elle-même sera bénie, et elle sera établie la mère de la bénédiction éternelle. Descends donc de la montagne, et retourne à ton épouse, et rendez grâces tous deux au Dieu tout-puissant. » Et Joachim l'adorant, dit : « Si j'ai trouvé grâce devant toi, repose-toi un peu dans mon tabernacle, bénis-moi, moi qui suis ton serviteur. » Et l'ange lui dit : « Ne dis-pas que je suis ton serviteur, mais que je suis ton compagnon ; nous sommes les serviteurs d'un seul Seigneur ; car ma nourriture est invisible, et ma boisson ne peut être vue par les hommes mortels. Ainsi, tu ne dois pas me demander que j'entre dans ton tabernacle ; mais, ce que tu voulais me donner, offre-le en holocauste à Dieu. » Alors Joachim prit un agneau sans tache, et dit à l'ange : « Je n'aurais pas osé offrir un holocauste si ton ordre ne me donnait le droit d'exercer le saint ministère. » Et l'ange lui dit : « Je ne t'aurais pas invité à sacrifier, si je n'avais pas connu la volonté de Dieu. » Il se fit que lorsque Joachim offrit à

Dieu le sacrifice, l'ange du Seigneur remonta aux cieux avec l'odeur et la fumée du sacrifice. Alors Joachim tomba sur sa face, et il y resta depuis la sixième heure jusqu'au soir. Ses serviteurs et les gens à ses gages, venant et ne sachant quelle était la cause de ce qu'ils voyaient, s'effrayèrent, et croyant qu'il voulait se laisser mourir, ils s'approchèrent de lui, et le relevèrent de terre avec peine. Lorsqu'il leur eut raconté ce qu'il avait vu, ils furent saisis d'une extrême stupeur et d'admiration, et ils l'exhortèrent à accomplir sans différer ce que l'ange lui avait prescrit, et à retourner promptement auprès de sa femme. Et lorsque Joachim discutait dans son esprit s'il devait revenir ou non, il se fit qu'il fut surpris par le sommeil. Et voici que l'ange du Seigneur, qui lui avait apparu durant la veille, lui apparut pendant qu'il dormait, disant : « Je suis l'ange que Dieu t'a donné pour gardien; descends sans crainte, et retourne auprès d'Anne, car les œuvres de miséricorde que tu as accomplies, ainsi que ta femme, ont été portées en présence du très Haut, et il vous a été donné un rejeton, tel que jamais, ni les prophètes, ni les saints, n'en ont eu depuis le commencement, et tel qu'ils n'en auront jamais. » Et lorsque Joachim se fut éveillé de son sommeil, il appela à lui les gardiens de ses troupeaux, et il leur raconta son songe. Et ils adorèrent le Seigneur, et ils lui dirent : « Vois à ne pas résister davantage à l'ange de Dieu, mais lève-toi, partons, et allons d'une marche lente en faisant paître les troupeaux. » Lorsqu'ils eurent cheminé trente jours, l'ange du Seigneur apparut à Anne qui était en oraison, et lui dit : « Va à la porte que l'on appelle dorée, et rends-toi au-devant de ton mari, car il viendra à toi aujourd'hui. » Elle, se levant promptement, se mit en chemin avec ses servantes, et elle se tint près de cette porte en pleurant ; et lorsqu'elle eut attendu longtemps, et qu'elle était près de tomber en défaillance de cette longue attente, en élevant les yeux, elle vit Joachim qui venait avec ses troupeaux. Anne courut et se jeta à son cou, rendant grâces à Dieu, et disant : « J'étais veuve, et voici que je ne serai plus stérile, et voici que je concevrai. » Et il y eut grande joie parmi tous les parents et ceux qui les connaissaient, et la terre entière d'Israël fut dans l'allégresse de cette nouvelle.

## CHAPITRE IV.

Ensuite, Anne conçut [4], et neuf mois étant accomplis, elle enfanta une fille et elle lui donna le nom de Marie. Lorsqu'elle l'eut sevrée la troisième année [5], ils allèrent ensemble, Joachim et sa femme Anne, au temple du Seigneur, et, présentant des offrandes, ils remirent leur fille Marie, afin qu'elle fût admise parmi les vierges qui demeuraient le jour et la nuit dans la louange du Seigneur. Et lorsqu'elle fut placée devant le Temple du Seigneur, elle monta en courant les quinze degrés, sans regarder en arrière et sans demander ses parents, ainsi que les enfants le font d'ordinaire. Et tous furent remplis de surprise à cette vue, et les prêtres du Temple étaient saisis d'étonnement

## CHAPITRE V.

Alors Anne, remplie de l'Esprit saint, dit en présence de tous : « Le Seigneur, le Dieu des armées, s'est souvenu de sa parole, et il a visité son peuple dans sa visite sainte, afin qu'il humilie les nations qui s'élevaient contre nous, et qu'il convertisse leurs cœurs à lui. Il a ouvert ses oreilles à nos prières, et il a éloigné de nous les insultes de nos ennemis. La femme stérile est devenue mère, et elle a engendré pour la joie et l'allégresse d'Israël. Voici que je pourrai présenter mes offrandes au Seigneur, et mes ennemis voulaient m'en empêcher. Le Seigneur les a abattus de devant moi, et il m'a donné une joie éternelle. »

## CHAPITRE VI.

Marie était un objet d'admiration pour tout le peuple, car, lorsqu'elle avait trois ans, elle marchait avec gravité, et elle s'adonnait si parfaitement à la louange du Seigneur, que tous étaient saisis d'admiration et de surprise; elle ne semblait pas une enfant, mais elle paraissait déjà grande et pleine d'années, tant elle vaquait à la prière avec application et persévérance. Sa figure resplendissait comme la neige, de sorte que l'on pouvait à peine contempler son visage. Elle s'appliquait au travail des ouvrages en laine, et tout ce que des femmes âgées ne pouvaient faire, elle l'expliquait, étant encore dans un âge aussi tendre. Elle s'était fixé pour règle de s'appliquer à l'oraison depuis le matin jusqu'à la troisième heure et de se livrer au travail manuel depuis la troisième heure jusqu'à la neuvième. Et depuis la neuvième heure, elle ne discontinuait pas de prier jusqu'à ce que l'Ange du Seigneur lui eût apparu, et elle recevait sa nourriture de sa main, afin de profiter de mieux en mieux dans l'amour de Dieu. De toutes les autres vierges plus âgées qu'elle et avec lesquelles elle était instruite dans la louange de Dieu, il ne s'en trouvait point qui fût plus exacte aux veilles, plus instruite dans la sagesse de la loi de Dieu, plus remplie d'humilité, plus habile à chanter les cantiques de David, plus gracieuse de charité, plus pure de chasteté, plus parfaite en toute vertu. Car elle était constante, immuable, persévérante, et, chaque jour, elle profitait en dons de toute espèce. Nul ne l'entendit jamais dire du mal, nul ne la vit jamais se mettre en colère. Tous ses discours étaient pleins de grâce et la vérité se manifestait dans sa bouche. Elle était toujours occupée à prier ou à méditer la loi de Dieu. Et elle étendait sa sollicitude sur ses compagnes, craignant que quelqu'une d'elles ne péchât en paroles, ou n'élevât sa voix en riant, ou ne fût gonflée d'orgueil, ou n'eût de mauvais procédés à l'égard de son père et de sa mère. Elle bénissait Dieu sans relâche, et pour que ceux qui la saluaient ne pussent la détourner de la louange de Dieu, elle répondait à ceux qui la saluaient : « Grâces soient rendues à Dieu! » Et c'est d'elle que vint l'usage adopté par les hommes pieux de répondre à ceux qui les saluent : « Grâces soient rendues à Dieu! » Elle prenait chaque jour pour se sustenter la nourriture qu'elle recevait de la main de l'Ange [6], et elle distribuait aux pauvres les aliments que lui remettaient les prêtres du Temple. On voyait très souvent les Anges s'entretenir avec elle, et ils lui obéissaient avec la plus grande déférence. Et si une personne atteinte de quelque infirmité la touchait, elle s'en retournait aussitôt guérie.

## CHAPITRE VII.

Alors le prêtre Abiathar offrit des cadeaux considérables aux pontifes, afin que Marie fût donnée en mariage à son fils. Marie s'y opposait, disant : « Il ne peut pas être que je connaisse un homme ou qu'un homme me connaisse. » Les prêtres et tous ses parents lui disaient : « Dieu est honoré par les enfants comme il a toujours été dans le peuple d'Israël. » Marie répondit : « Dieu est d'abord honoré par la chasteté. Car, avant Abel, il n'y eut aucun juste parmi les hommes, et il fut agréable à Dieu pour son offrande, et il fut tué méchamment par celui qui avait déplu à Dieu. Il reçut toutefois deux couronnes, celle du sacrifice et celle de la virginité, car sa chair demeura exempte de souillure. Et, par la suite, Élie, lorsqu'il était en ce monde, fut enlevé, car il avait conservé sa chair dans la virginité. J'ai appris dans le temple du Seigneur depuis mon enfance qu'une vierge peut être agréable à Dieu. Et j'ai donc pris dans mon cœur la résolution de ne point connaître d'homme. »

## CHAPITRE VIII.

Il arriva que Marie atteignit la quatorzième année de son âge, et ce fut l'occasion que les Pharisiens dirent que, selon l'usage, une femme ne pouvait plus rester à prier dans le Temple. Et l'on se résolut à envoyer un héraut à toutes les tribus d'Israël, afin que tous se réunissent le troisième jour. Lorsque tout le peuple fut réuni, Abiathar, le grand-prêtre, se leva, et il monta sur les degrés les plus élevés, afin qu'il pût être vu et entendu du peuple entier. Et, un grand silence s'étant établi, il dit : « Écoutez-moi, enfants d'Israël, et que vos oreilles reçoivent mes paroles. Depuis que ce Temple a été élevé par Salomon, il a contenu un grand nombre de vierges admirables, filles de rois, de prophètes et de pontifes ; enfin, arrivant à l'âge convenable, elles ont pris des maris, et elles ont plu à Dieu en suivant la coutume de celles qui les avaient précédées. Mais, maintenant, il s'est introduit, avec Marie, une nouvelle manière de plaire au Seigneur, car elle a fait à Dieu la promesse de persévérer dans la virginité, et il me paraît que, d'après nos demandes et les réponses de Dieu, nous pourrons connaître à qui elle doit être confiée à garder. » Ce discours plut à la synagogue, et les prêtres tirèrent au sort les noms des douze tribus d'Israël, et le sort tomba sur la tribu de Judas, et le grand-prêtre dit le lendemain : « Que quiconque est sans épouse vienne et qu'il porte une baguette dans sa main. » Et il se fit que Joseph vint avec les jeunes gens et qu'il apporta sa baguette. Et lorsqu'ils eurent tous remis au grand-prêtre les baguettes dont ils s'étaient munis, il offrit un sacrifice à Dieu, et il interrogea le Seigneur, et le Seigneur lui dit : « Apportez toutes les baguettes dans le Saint des Saints, et qu'elles y demeurent, et ordonne à tous ceux qui les auront apportées de revenir les chercher le lendemain matin, afin que tu les leur rendes. Et il sortira de l'extrémité d'une de ces baguettes une colombe qui s'envolera vers le ciel [7], et c'est à celui dont ce signe distinguera la baguette que Marie devra être remise à garder. » Le lendemain, ils vinrent tous, et le grand-prêtre, ayant fait l'offrande de l'encens, entra dans le Saint des Saints et apporta les baguettes. Et lorsqu'il les eut distribuées toutes, au nombre de trois mille, et que d'aucune d'elles il n'était sorti de colombe, le grand-prêtre Abiathar se revêtit de l'habit sacerdotal et des douze clochettes, et, entrant dans le Saint des Saints, il offrit le sacrifice. Et, tandis qu'il était en prières, l'Ange lui apparut, disant : « Voici cette baguette très petite que tu as regardée comme néant; lorsque tu l'auras prise et donnée, c'est en elle que se manifestera le signe que je t'ai indiqué. » Cette baguette était celle de Joseph, et il était vieux et d'un aspect misérable, et il n'avait pas voulu réclamer sa baguette, dans la crainte d'être obligé à prendre Marie. Et tandis qu'il se tenait humblement le dernier de tous, le grand-prêtre Abiathar lui cria d'une voix haute : « Viens, et reçois ta baguette, car tu es attendu. » Et Joseph s'approcha épouvanté, car le grand-prêtre l'avait appelé en élevant beaucoup la voix. Et lorsqu'il étendit la main pour recevoir sa baguette, il sortit aussitôt de l'extrémité de cette baguette une colombe plus blanche que la neige et d'une beauté extraordinaire, et, après avoir longtemps volé sous les voûtes du Temple, elle se dirigea vers les cieux. Alors tout le peuple félicita le vieillard, en disant : « Tu es devenu heureux dans ton grand âge, et Dieu t'a choisi et désigné pour que Marie te fût confiée. » Et les prêtres lui dirent : « Reçois-la, car c'est sur toi que le choix de Dieu s'est manifesté. » Joseph, leur témoignant le plus grand respect, leur dit avec confusion : « Je suis vieux [8] et j'ai des fils [9] ; pourquoi m'avez-vous remis cette jeune fille ? » Alors le grand-prêtre Abiathar lui dit : « Souviens-toi, Joseph, comment ont péri Dathan et Abiron, parce qu'ils avaient méprisé la volonté de Dieu ; il t'en arrivera de même si tu te révoltes contre ce que Dieu te prescrit. » Joseph répondit : « Je ne résiste pas à la volonté de Dieu, je voudrais savoir lequel de mes fils doit l'avoir pour épouse. Qu'on lui donne quelques-unes des vierges, ses compagnes, avec lesquelles elle demeure en attendant. » Le grand-prêtre Abiathar dit alors : « On lui accordera la compagnie de quelques vierges pour lui servir de consolation, jusqu'à ce qu'arrive le jour marqué pour que tu la reçoives [10]. Car elle ne pourra pas être unie en mariage à un autre. » Alors Joseph prit Marie avec cinq autres vierges, afin qu'elles fussent dans sa maison avec Marie. Ces vierges se nommaient Rebecca, Saphora, Suzanne, Abigée et Zabel, et les prêtres leur donnèrent de la soie, et du lin, et de la pourpre. Elles tirèrent entre elles au sort quelle serait la besogne réservée à chacune d'elles. Et il arriva que le sort désigna Marie pour tisser la pourpre, afin de faire le voile du Temple du Seigneur, et les autres vierges lui dirent : « Comment, puisque tu es plus jeune que les autres, as-tu mérité de recevoir la pourpre ? » Et disant cela, elles se mirent, comme par ironie, à l'appeler la reine des vierges. Et lorsqu'elles parlaient ainsi entre elles, l'Ange du Seigneur apparut au milieu d'elles et dit : « Ce que vous dites ne sera pas une dérision, mais se vérifiera très exactement. » Elles furent épouvantées de la présence de l'Ange et de ses paroles, et elles se mirent à supplier Marie de leur pardonner et de prier pour elles.

## CHAPITRE IX.

Un autre jour, comme Marie était debout auprès d'une fontaine [11], l'Ange du Seigneur lui apparut, disant : « Tu es bien heureuse, Marie, car le Seigneur s'est préparé une demeure en ton esprit. Voici que la lumière viendra du ciel pour qu'elle habite en toi et pour que, par toi, elle resplendisse dans le monde entier. » Et le troisième jour qu'elle tissait la pourpre de ses doigts, il vint à elle un jeune homme dont la beauté ne peut se décrire. En le voyant, Marie fut saisie d'effroi et se mit à trembler, et il lui dit : « Ne crains rien, Marie ; tu as trouvé grâce auprès de Dieu. Voici que tu concevras et que tu enfanteras un Roi dont l'empire s'étendra non seulement sur toute la terre, mais aussi dans les cieux, et qui régnera dans les siècles des siècles. Amen. »

## CHAPITRE X.

Pendant que cela se passait, Joseph était à Capharnaüm, occupé de travaux de son métier, car il était charpentier, et il y demeura neuf mois. Revenu dans sa maison, il trouva que Marie était enceinte, et il trembla de tous ses membres, et, rempli d'inquiétude, il s'écria et il dit : « Seigneur, Seigneur, reçois mon esprit, car il est mieux pour moi de mourir que de vivre. » Et les vierges qui étaient avec Marie lui dirent : « Nous savons que nul homme ne l'a touchée, nous savons qu'elle est demeurée sans tache dans la pureté et dans la virginité, car elle a été gardée de Dieu et elle est toujours restée dans l'oraison. L'Ange du Seigneur s'entretient chaque jour avec elle, chaque jour elle reçoit sa nourriture de l'Ange du Seigneur. Comment se pourrait-il faire qu'il y eût en elle quelque péché ? Car si tu veux que nous te révélions notre soupçon, nul ne l'a rendue enceinte, si ce n'est l'Ange du Seigneur. » Joseph dit : « Pourquoi voulez-vous me tromper et me faire croire que l'Ange du Seigneur l'ait rendue enceinte ? Il se peut que quelqu'un ait feint qu'il était l'Ange du Seigneur, dans le but de la tromper. » Et, disant cela, il pleurait et disait : «, De quel front irai-je au temple de Dieu ? comment oserai-je regarder les prêtres de Dieu ? qu'est-ce que je ferai ? » Et il songeait à se cacher et à renvoyer Marie.

## CHAPITRE XI.

Et lorsqu'il avait résolu de s'enfuir durant la nuit, afin d'aller se cacher dans des lieux écartés, voici que cette même nuit, l'Ange du Seigneur lui apparut durant son sommeil et lui dit : « Joseph, fils de David, ne crains point de prendre Marie pour ton épouse, car ce qu'elle porte dans son sein est l'œuvre de l'Esprit saint. Elle enfantera un fils qui sera nommé Jésus, il sauvera son peuple et il rachètera ses péchés. » Joseph, se levant, rendit grâces à Dieu, et il parla à Marie et aux vierges qui étaient avec elle, et il raconta sa vision, et il mit sa consolation en Marie, disant : « j'ai péché, car j'avais entretenu quelque soupçon contre toi. »

## CHAPITRE XII.

Il advint ensuite que le bruit se répandit que Marie

était enceinte. Et Joseph fut saisi par les ministres du Temple et conduit au grand-prêtre, qui commença, avec les prêtres, à le charger de reproches, disant : « Pourquoi as-tu fraudé les noces d'une Vierge si admirable que les Anges de Dieu avaient nourrie comme une colombe dans le temple de Dieu, qui n'a jamais voulu voir un homme et qui était si merveilleusement instruite dans la loi de Dieu ? Si tu ne lui avais pas fait violence, elle serait demeurée vierge jusqu'à présent. » Et Joseph faisait serment qu'il ne l'avait jamais touchée. Le grand-prêtre Abiathar lui dit : « Vive le Seigneur ! nous allons te faire boire l'eau de l'épreuve du Seigneur [12], et ton péché se manifestera aussitôt. » Alors tout le peuple d'Israël se réunit, et sa multitude était innombrable. Et Marie fut conduite au Temple du Seigneur. Les prêtres et ses proches et ses parents pleuraient et disaient : « Confesse aux prêtres ton péché, toi qui étais comme une colombe dans le temple de Dieu et qui recevais ta nourriture de la main des Anges. » Joseph fut appelé pour monter auprès de l'autel, et on lui donna à boire l'eau de l'épreuve du Seigneur ; lorsqu'un homme coupable l'avait bue, après qu'il avait fait sept fois le tour de l'autel du Seigneur, il se manifestait quelque signe sur sa face. Lorsque Joseph eut bu avec sécurité et qu'il eut fait le tour de l'autel, aucune trace de péché n'apparut sur son visage. Alors tous les prêtres et les ministres du Temple et tous les assistants le justifièrent, disant : « Tu es heureux, car tu n'as point été trouvé coupable. » Et, appelant Marie, ils lui dirent : « Toi, quelle excuse peux-tu donner ou quel signe plus grand peut-il apparaître en toi, puisque la conception de ton ventre a révélé ta faute ? Puisque Joseph est purifié, nous te demandons que tu avoues quel est celui qui t'a trompée. Car il vaut mieux que ta confession t'assure la vie que si la colère de Dieu se manifestait par quelque signe sur ton visage et rendait ta honte notoire. » Alors Marie répondit sans s'effrayer : « S'il y a eu en moi quelque souillure ou s'il y a eu en moi quelque concupiscence d'impudicité, que Dieu me punisse en présence de tout le peuple, afin que je serve d'exemple de châtiment du mensonge. » Et elle approcha avec confiance de l'autel du Seigneur, et elle but l'eau d'épreuve, et elle fit sept fois le tour de l'autel, et il ne se trouva en elle aucune tache. Et comme tout le peuple était frappé de stupeur et de surprise en voyant sa grossesse et qu'aucun signe ne se manifestait sur son visage, divers discours commencèrent à se répandre parmi le peuple. Les uns vantaient sa sainteté, d'autres l'accusaient et se montraient mal disposés pour elle. Alors Marie, voyant que les soupçons du peuple n'étaient pas entièrement dissipés, dit à voix haute et que tous entendirent : « Vive le Seigneur Dieu des armées, en présence duquel je me tiens! je l'atteste que je n'ai jamais connu ni ne dois connaître d'homme, car, dès mon enfance, j'ai pris dans mon âme la ferme résolution, et j'ai fait à mon Dieu le vœu de consacrer ma virginité à celui qui m'a créée, et je mets en lui ma confiance pour ne vivre que pour lui et pour qu'il me préserve de toute souillure, tant que je vivrai. » Alors tous l'embrassèrent, en la priant de leur pardonner leurs mauvais soupçons. Et tout le peuple, et les prêtres et les vierges la reconduisirent chez elle, en se livrant à l'allégresse et en poussant des cris, et en lui disant : « Que le nom du Seigneur soit béni, car il a manifesté ta sainteté à tout le peuple d'Israël. »

## CHAPITRE XIII.

Il arriva, peu de temps après, qu'il y eut un édit de César-Auguste, enjoignant à chacun de retourner dans sa patrie. Et ce fut le préfet de la Syrie, Cyrinus, qui publia le premier cet édit. Il fut donc nécessaire que Joseph avec Marie se rendît à Bethléem, car ils en étaient originaires, et Marie était de la tribu de Judas et de la maison et de la patrie de David. Et lorsque Joseph et Marie étaient sur le chemin qui mène à Bethléem, Marie dit à Joseph : « Je vois deux peuples devant moi, l'un qui pleure et l'autre qui se livre à la joie. » Et Joseph lui répondit : « Reste assise et tiens-toi sur ta monture et ne profère pas des paroles superflues. » Alors un bel enfant, couvert de vêtements magnifiques, apparut devant eux et dit à Joseph : « Pourquoi as-tu traité de paroles superflues ce que Marie te disait de ces deux peuples ? Car elle a vu le peuple juif qui pleurait, parce qu'il s'est éloigné de son Pieu, et le peuple des Gentils qui se réjouissait, parce qu'il s'est approché du Seigneur, suivant ce qui a été promis à nos pères, Abraham, Isaac et Jacob. Car le temps est arrivé pour que la bénédiction dans la race d'Abraham s'étende à toutes les nations. » Et lorsque l'Ange eut dit cela, il ordonna à Joseph d'arrêter la bête de somme sur laquelle était montée Marie, car le temps de l'enfantement était venu. Et il dit à Marie de descendre de sa monture et d'entrer dans une caverne souterraine où la lumière n'avait jamais pénétré et où il n'y avait jamais eu de jour, car les ténèbres y avaient constamment demeuré. A l'entrée de Marie, toute la caverne resplendit d'une splendeur aussi brillante que si le soleil y était, et c'était la sixième heure du jour, et tant que Marie resta dans cette caverne, elle fut, la nuit comme le jour et sans interruption, éclairée de cette lumière divine. Et Marie mit au monde un fils que les Anges entourèrent dès sa naissance et qu'ils adorèrent, disant : « Gloire à Dieu dans les cieux et paix sur la terre aux hommes de bonne volonté! » Joseph était allé pour chercher une sage-femme et lorsqu'il revint à la caverne, Marie avait déjà été délivrée de son enfant. Et Joseph dit à Marie ; « Je t'ai amené deux sages-femmes, Zélémi et Salomé, qui attendent à l'entrée de la caverne et qui ne peuvent entrer à cause de cette lumière trop vive. » Marie, entendant cela, sourit Et Joseph lui dit : « Ne souris pas, mais sois sur tes gardes, de crainte que tu n'aies besoin de quelques remèdes. » Et il donna l'ordre à l'une des sages-femmes d'entrer. Et lorsque Zélémi se fut approchée de Marie, elle lui dit : « Souffre que je touche. » Et lorsque Marie le lui eut permis, la sage-femme s'écria à voix haute : « Seigneur, Seigneur, aie pitié de moi, je n'avais jamais soupçonné ni entendu chose semblable; ses mamelles sont pleines de lait et elle a un enfant mâle, quoiqu'elle soit vierge. Nulle souillure n'a existé à la naissance et nulle douleur lors de l'enfantement. Vierge elle a conçu, vierge elle a enfanté, et vierge elle demeure. » L'autre sage-femme nommée Salomé, entendant les paroles de Zélémi, dit : « Ce que j'entends, je ne le croirai point, si je ne m'en assure. » Et Salomé, s'approchait de Marie, lui dit : « Permets-moi de te toucher et d'éprouver si Zélémi a dit vrai. » Et Marie lui ayant permis, Salomé la toucha, et aussitôt sa main se dessécha. Et, ressentant une grande douleur, elle se mit à pleurer très amèrement et à crier, et à dire : « Seigneur, tu sais que je t'ai toujours craint, et que j'ai toujours soigné les pauvres, sans acception de rétribution ; je n'ai rien reçu de la veuve et de l'orphelin, et je n'ai jamais renvoyé loin de moi l'indigent sans le secourir. Et voici que je suis devenue misérable à cause de mon incrédulité, parce que j'ai osé douter de ta vierge. » Lorsqu'elle parlait ainsi, un jeune homme d'une grande beauté apparut près d'elle et lui dit : « Approche de l'enfant, et adore-le, et touche-le de ta main, et il te guérira, car il est le Sauveur du monde et de tous ceux qui espèrent en lui. » Et aussitôt Salomé s'approcha de l'enfant, et l'adorant, elle toucha le bord des langes dans lesquels il était enveloppé, et aussitôt sa main fut guérie. Et, sortant dehors, elle se mit à crier et à raconter les merveilles qu'elle avait vues et ce qu'elle avait souffert, et comment elle avait été guérie ; et beaucoup crurent à sa prédication [13], car les pasteurs des brebis affirmaient qu'au milieu de la nuit ils avaient vu des anges qui chantaient un hymne : « Louez le Dieu du ciel et bénissez-le, parce que le Sauveur de tous est né, le Christ qui rétablira le royaume d'Israël. » Et une grande étoile brilla sur la caverne depuis le soir jusqu'au matin, et jamais on n'en avait vu de pareille grandeur depuis l'origine du monde. Et les prophètes, qui étaient en Jérusalem, disaient que cette étoile indiquait la nativité du Christ qui devait accomplir le salut promis, non seulement à Israël, mais encore à toutes les nations.

## CHAPITRE XIV.

Le troisième jour de la naissance du Seigneur, la bienheureuse Marie sortit de la caverne [14], et elle entra dans une étable, et elle mit l'enfant dans la crèche, et le bœuf et l'âne l'adoraient [15]. Alors fut accompli ce qui avait été dit par le prophète Isaïe : « Le bœuf connaît son maître, et l'âne la crèche de son Seigneur. » Ces deux animaux, l'ayant au milieu d'eux l'adoraient sans cesse. Alors fut accompli également ce qu'avait dit le prophète Kabame : « Tu seras connu au milieu de deux animaux. » Et Joseph et Marie demeurèrent trois jours dans cet endroit avec l'enfant.

## CHAPITRE XV.

Le sixième jour, la bienheureuse Marie entra à Bethléem avec Joseph, et trente-trois jours étant accomplis, elle apporta l'enfant au Temple du Seigneur, et ils offrirent pour lui une paire de tourtereaux et deux petits de colombes. Et il y avait dans le Temple un homme juste et parfait, nommé Siméon, et il était âgé de cent treize ans. [16] Il avait eu du Seigneur la promesse qu'il ne goûterait pas la mort [17] jusqu'à ce qu'il eût vu le Christ, fils de Dieu, revêtu de chair. Lorsqu'il eut vu l'enfant, il s'écria à haute voix, disant : « Dieu a visité son peuple, et le Seigneur a accompli sa promesse. » Et il s'empressa de vivre, et il adora l'enfant, et, le prenant dans son manteau, il l'adora de nouveau, et il baisait les plantes de ses pieds, disant : « Seigneur : renvoie maintenant ton serviteur en paix, suivant ta parole, car mes yeux ont vu le Sauveur que tu as préparé dans la présence de tons les peuples, la lumière pour la révélation aux nations, et la gloire de ton peuple d'Israël. » Il y avait aussi dans le Temple du Seigneur une femme, nommée Anne, fille de Phanuel, de la tribu d'Asser, qui avait vécu sept ans avec son mari, et qui était veuve depuis quatre-vingt quatre années ; et elle ne s'était jamais écartée du Temple de Dieu, s'adonnant sans relâche au jeûne et à l'oraison. Et s'approchant, elle adorait l'enfant, disant : « C'est en lui qu'est la rédemption du siècle. »

## CHAPITRE XVI.

Deux jours s'étant passés, des mages vinrent de l'Orienta Jérusalem [18], apportant de grandes offrandes, et ils interrogeaient avec empressement les Juifs, demandant : « Où est le roi qui nous est né ? car nous avons vu son étoile dans l'Orient, et nous sommes venus pour l'adorer. » Cette nouvelle effraya tout le peuple, et Hérode envoya consulter les Scribes, les Pharisiens et les docteurs pour s'informer d'eux où le prophète avait annoncé que le Christ devait naître. Et ils répondirent : « A Bethléem, car il a été écrit : Et toi, Bethléem, terre de Judas, tu n'es pas la moindre dans les principautés de Juifs, car c'est de toi que sortira le chef qui gouvernera mon peuple d'Israël. » Alors le roi Hérode appela les mages, et s'informa d'eux quand l'étoile leur avait apparu, et il les envoya à Bethléem, disant : « Allez, et informez-vous avec soin de cet enfant, et, lorsque vous l'aurez trouvé, venez me le dire, afin que j'aille l'adorer. » Les mages étant en chemin, l'étoile leur apparut, et, comme leur servant de guide, elle les précéda jusqu'à ce qu'ils arrivèrent à l'endroit où était l'enfant. Les mages, voyant l'étoile, furent remplis d'une grande joie. Et, entrant dans la maison, ils trouvèrent l'enfant Jésus couché dans les bras de Marie. Alors ils ouvrirent leurs trésors, et ils offrirent de riches présents à Marie et à Joseph. Et chacun d'eux présenta à l'enfant des offrandes particulières. L'un offrit de l'or, l'autre de l'encens, et l'autre de la myrrhe. Lorsqu'ils voulaient retourner auprès du roi Hérode, ils furent avertis en songe de ne pas revenir vers lui. Et ils adorèrent l'enfant avec une joie extrême, et ils revinrent dans leur pays par un autre chemin.

## CHAPITRE XVII.

Lorsque le roi Hérode vit que les mages l'avaient trompé, son cœur s'enflamma de colère, et il envoya sur tous les chemins ; voulant les prendre et les faire périr, et comme il ne put les rencontrer, il envoya à Bethléem, et il fit tuer tous les enfants de deux ans et au-dessous, suivant le temps dont il s'était informé auprès des mages. Et un jour avant que cela n'arrivât, Joseph fut averti par l'Ange du Seigneur, qui lui dit : « Prends Marie et l'enfant et mets-toi en route à travers le désert et va en Egypte. » Et Joseph fit ce que l'Ange lui prescrivait.

## CHAPITRE XVIII.

Lorsqu'ils furent arrivés auprès d'une caverne et qu'ils voulurent s'y reposer, Marie descendit de dessus sa monture et elle portait Jésus dans ses bras. Et il y avait avec Joseph trois jeunes garçons, avec Marie une jeune fille qui suivaient le même chemin. Et voici que subitement il sortit de la caverne un grand nombre de dragons, et, en les voyant, les jeunes garçons poussèrent de grands cris. Alors Jésus, descendant des bras de sa mère, se tint debout devant les dragons; ils l'adorèrent, et quand ils l'eurent adoré, ils se retirèrent. Et ce que le prophète avait dit fut accompli : « Louez le Seigneur, vous qui êtes sur la terre, dragons. » Et l'enfant marchait devant eux; et il leur commanda de ne faire aucun mal aux hommes. Mais Marie et Joseph étaient dans une grande frayeur, redoutant que les dragons ne fissent du mal à l'enfant. Et Jésus leur dit : « Ne me regardez pas comme n'étant qu'un enfant, je suis un homme parfait, et il est nécessaire que toutes les bêtes des forêts s'apprivoisent devant moi. »

## CHAPITRE XIX.

De même les lions et les léopards l'adoraient, et il en était accompagné dans le désert. Partout où Marie et Joseph allaient, ils les précédaient, leur montrant le chemin, et, baissant leurs têtes, ils adoraient Jésus.

La première fois que Marie vit les lions et les bêtes sauvages qui venaient à elle, elle eut grand peur, et Jésus la regardant d'un air joyeux, lui dit : « Ne crains rien, ma mère, car ce n'est pas pour t'effrayer, mais pour te rendre hommage qu'ils viennent vers toi. » Et disant cela, il dissipa toute crainte de leur cœur. Les lions marchaient avec eux et avec les bœufs, les ânes et les bêtes de somme qui leur étaient nécessaires, et ils ne faisaient aucun mal, et ils restaient également, pleins de douceur, au milieu des brebis et des béliers que Joseph et Marie avaient amenés avec eux de la Judée. Ils marchaient au milieu des loups, et ils ne ressentaient nulle frayeur, et nul n'éprouvait aucun mal. Alors fut accompli ce qu'avait dit le prophète : « Les loups seront dans les mêmes pâturages que les agneaux, le lion et le bœuf partageront le même repas. » Et ils avaient deux bœufs et un chariot dans lequel les objets nécessaires étaient portés.

## CHAPITRE XX.

Il arriva que le troisième jour de la route, Marie fut fatiguée dans le désert par la trop grande ardeur du soleil. Et, voyant un arbre, elle dit à Joseph : « Reposons-nous un peu sous son ombre. » Joseph s'empressa de la conduire auprès de l'arbre, et il la fit descendre de sa monture. Et Marie s'étant assise, jeta les yeux sur la cime du palmier, et la voyant couverte de fruits, elle dit à Joseph : « Mon désir serait, si cela était possible, d'avoir un de ces fruits. » Et Joseph lui dit : « Je m'étonne que tu parles ainsi, lorsque tu vois combien sont élevés les rameaux de ce palmier. Moi, je suis fort inquiet à cause de l'eau, car il n'y en a plus dans nos outres, et nous n'avons pas les moyens de les remplir de nouveau et de nous désaltérer. » Alors l'enfant Jésus qui était dans les bras de la vierge Marie, sa mère, dit au palmier : « Arbre, incline tes rameaux et nourris ma mère de tes fruits. » Aussitôt, à sa voix, le palmier inclina sa cime jusqu'aux pieds de Marie [20], et, recueillant les fruits qu'il portait, tous s'en nourrirent. Et le palmier restait incliné, attendant, pour se relever, l'ordre de celui à la voix duquel il s'était abaissé. Alors Jésus lui dit : « Relève-toi, palmier, et sois le compagnon de mes arbres qui sont dans le paradis de mon père. Et que de tes racines il surgisse une source qui est cachée en terre et qu'elle nous fournisse l'eau pour étancher notre soif. » Et aussitôt le palmier se releva, et il commença à surgir d'entre ses racines des sources d'eau très limpide et très fraîche et d'une douceur extrême. Et tous voyant ces sources furent remplis de joie, et ils se désaltérèrent en rendant grâces à Dieu, et les bêtes apaisèrent aussi leur soif.

## CHAPITRE XXI.

Le lendemain, ils partirent, et au moment où ils se remirent en route, Jésus se tourna vers le palmier, dit : « Je te dis, palmier, et j'ordonne qu'une de tes branches soit transportée par mes Anges et soit plantée dans le paradis de mon père. Et je t'accorde en signe de bénédiction qu'il sera dit à tous ceux qui auront vaincu dans le combat pour la foi : Vous avez atteint la palme de la victoire. » Comme il parlait ainsi, voici que l'Ange du Seigneur apparut, se tenant sur le palmier, et il prit une des branches, et il s'envola par le milieu du ciel, tenant cette branche à la main. Et les assistants, ayant vu cela, restèrent comme morts. Alors Jésus leur parla, disant : « Pourquoi votre cœur s'abandonne-t-il à la crainte ? Ne savez-vous pas que cette palme que j'ai fait transporter dans le paradis, sera pour tous les saints dans un lieu de délices, comme celui qui vous a été préparé dans ce désert ? »

## CHAPITRE XXII.

Et, comme ils cheminaient, Joseph lui dit : « Seigneur, nous avons à souffrir d'une extrême chaleur ; s'il te plaît, nous prendrons la route de la mer afin de pouvoir nous reposer en traversant les villes qui sont sur la côte. » Et Jésus lui dit : « Ne crains rien, Joseph ; j'abrégerai le chemin, de sorte que ce qu'il faudrait trente jours pour l'accomplir, vous l'achèverez en un jour. » Et tandis qu'il parlait encore, ils aperçurent les montagnes et les villes de l'Egypte, et, remplis de joie, ils entrèrent dans une ville qui s'appelait Sotine. Et comme ils n'y connaissaient personne, auprès de qui ils pussent réclamer l'hospitalité, ils entrèrent dans un Temple que les habitants de cette ville appelaient le Capitole, et où, chaque jour, il était offert des sacrifices en l'honneur des idoles.

## CHAPITRE XXIII.

Et il advint que lorsque la bienheureuse Marie avec son enfant entra dans le Temple, toutes les idoles tombèrent par terre sur leur face, et elles restèrent détruites et brisées [21]. Ainsi fut accompli ce qu'avait dit le prophète Isaïe : « Voici que le Seigneur vient sur une nuée, et tous les ouvrages de la main des Égyptiens trembleront à son aspect. »

## CHAPITRE XXIV.

Et lorsque le gouverneur de cette ville, Afrodisius apprit cela, il vint au temple avec toutes ses troupes et tous ses officiers. Lorsque les prêtres du Temple virent Afrodisius s'approchant avec toutes ses troupes, ils pensèrent qu'il venait exercer sa vengeance contre eux, parce que les images des dieux s'étaient renversées. Et lorsqu'il entra dans le Temple et qu'il vit toutes les statues renversées sur leur face et brisées, il s'approcha de Marie et il adora l'enfant qu'elle portait dans ses bras. Et quand il l'eut adoré, il adressa la parole à tous ses soldats et à ses compagnons, et il dit : « Si cet enfant n'était pas un dieu, nos dieux ne seraient pas tombés sur leur face à son aspect, et ils ne se seraient pas prosternés en sa présence ; ils le reconnaissent ainsi pour leur Seigneur. Et si nous ne faisons ce que nous avons à faire à nos dieux, nous courrons le risque d'encourir son indignation et sa colère, et nous tomberons tous en péril de mort, comme il arriva au roi Pharaon qui méprisa les avertissements du Seigneur. » Peu de temps après, l'ange dit à Joseph : « Retourne dans le pays de Judas, car ceux qui cherchaient l'enfant pour le faire périr sont morts. »

---

1. C'est l'apôtre saint Jacques le Mineur, auquel l'on a également attribué le *Protévangile*. Il fut évêque de Jérusalem; les Juifs le mirent à mort l'an 61 de notre ère. Voyez Tillemont, t. I, p. 45 ; Ceillier, t. I, p. 422, etc.
2. Ce n'est qu'ici que le père de sainte Anne est nommé Achar. D'après un passage d'un écrivain nommé Hippolythe et que l'on croit Hippolythe de Thèbes, écrivain du dixième siècle, passage que rapporte Nicéphore dans son *Histoire ecclésiastique* (l. II, c 3), les parents d'Anne se nommaient Mathan et Marie. Quelques autres auteurs grecs confirment cette assertion ; elle n'en a pas moins été révoquée en doute par de savants critiques. Les Musulmans disent qu'Anne était fille de Nahor. La vie de cette sainte se trouve dans l'immense recueil des Bollandistes, tom. VI de juillet. Le moyen-âge broda sur ce fond si simple une foule d'incidents merveilleux. Une légende d'une Bible du treizième siècle qu'a citée M. Leroux de Lincy (*Livre des Légendes*, p. 27), raconte que sainte Anne, étant enfant, recevait sa nourriture d'un

cerf. L'empereur Fanouel étant à la chasse, aperçut cet animal et se lança à sa poursuite. Le cerf alla se réfugier à côté de la jeune fille, et Fanouel la reconnut pour son enfant. — On a prétendu que le corps de sainte Anne fut apporté de la Palestine à Jérusalem en 710. — Le nom d'Anne, en hébreu *Channah*, signifie *gracieuse*. Saint Épiphane est le premier écrivain dans lequel ce nom se rencontre.

3. Christophe de Vega, dans sa *Théologie de Marie*, établit de singulières coïncidences entre le début de la Genèse et l'histoire de ces deux époux ; on nous permettra de citer le commencement de ce passage : « In principio creavit Deus cœlum et terrain (id est : Joachim et Annam, Maris parentes) Terra autem erat inanis et vacua (Anna sterilis et infœcunda) et tenebrae (adflictio et confusio) erant super faciem abyssi (super faciem Annae) et spiritus Domini ferebatur super aquas (super aquas lachrymarum Annae ad consolandum eam). Dixit vero Deus : fiat lux (h. e. Maria, virgo benedicta), etc.

4. En 1677, le pape Innocent XI condamna l'opinion d'un docteur napolitain, nommé Imperiati, lequel maintenait que sainte Anne était restée vierge, après avoir enfanté Marie. Voyez Tillemont, *Hist. ecclés.*, t. I, p. 169, édit. de Bruxelles et le *Dictionnaire* de Bayle, aux mots *Borri* et *Joachim*. Selon le jésuite J. Xavier, auteur d'une *Historia Christi* en persan qu'un théologien calviniste, Louis de Dieu, prit la peine de traduire et qui, imprimée chez les Elzevirs en 1639, forme un in-4° de 636 pages, ce fut le 11 du mois de Siaheriarna, c'est-à-dire un vendredi, 11 septembre, que sainte Anne accoucha de Marie.

5. Les circonstances de la présentation de Marie au temple, lorsqu'elle eut trois ans, et de l'éducation qu'elle y reçut, se retrouvent dans une foule d'auteurs grecs, tels que George de Nicomédie, André de Crète, l'empereur Léon, Cedrène, Nicéphore et maint autre historien ou prédicateur. Le jésuite Théophile Raynaud, écrivain satirique et singulier, mais dont les œuvres trop complètes, en vingt volumes in-folio, trouvent aujourd'hui bien peu de lecteurs, a traité en détail tout ce qui se rapporte à la présentation de la Vierge, à ses épousailles et à son enfantement dans ses *Dypticha Mariana*. (Voir le tome VII de ses œuvres. Lyon, 1657.)

6. Cedrène, George de Nicomédie, l'auteur du *Christus patiens*, attribué à tort à saint Grégoire de Nazianze, et divers écrivains grecs, rapportent aussi que Marie recevait ses aliments de la main des Anges.

7. La colombe était chez les Hébreux un symbole de virginité et de pureté; dans l'un des traités de la *Mischna*, de ce vaste recueil de traditions juives, cet oiseau est dépeint comme protégeant Israël (*Patrona Israelis*) ; il jouait un rôle dans le culte des Samaritains. (Voyez J.-C. Friederich, *de Columba dea Samaritanorum* (Lip-

siae, 1821, 8°); Aldovrande, dans le livre XV de son *Ornithologia* (*Bononiæ*, 1637, t. II, p. 353), a épuisé toutes les fables et tous les détails relatifs à la colombe.

8. Il est peu de traditions plus anciennes et plus répandues que celle qui attribue un âge avancé à Joseph lorsque Marie lui fut remise. *Accipit Mariam viduus, œtatem agent circa* 80 *annorum et amptius*, dit saint Épiphane, et il ajoute que Joseph avait quatre-vingt-quatre ans lorsqu'il revint de l'Egypte, et qu'il mourut huit ans plus tard. Il était parvenu à cent onze ans lors de son décès, suivant son historien arabe.

9. Origène est le premier écrivain ecclésiastique qui ait parlé des enfants que saint Joseph avait eus d'une première femme. Saint Épiphane lui en donne six ; quatre garçons (Jacques, Joseph, Simon, Jude) et deux filles (Salomé et Marie). Hippolythe de Thèbes conserve aux quatre fils ces mêmes noms, mais il appelle les filles Esther et Thamar. Sophronius en nomme trois, et l'une d'elles s'appelle Salomé, tout comme sa mère; d'autres écrivains désignent sous le nom d'Escha la femme de saint Joseph. Helvidius donnait à Joseph quatre fils et des filles innombrables, c'est-à-dire dont il était impossible de préciser le nombre, les livres saints étant muets à cet égard. On consultera une note de l'édition de Thilo, p. 362-365, pour d'autres détails que leur longueur exclut de notre travail.

10. On montrait à Pérouse l'anneau des épousailles de Joseph et de Marie. C'était une de ces trop nombreuses reliques qu'avait multipliées une piété crédule.

11. Cette circonstance que Marie se trouvait auprès d'une fontaine, lorsque l'Ange lui apparut, se rencontre aussi chez plusieurs écrivains de l'Église grecque.

12. Combefis, dans ses notes sur George de Nicomédie (*Auctuar. nov.*, t. I, col. 1224 et seq.), discute la solidité de la tradition qui soumet Joseph et Marie à l'épreuve des eaux amères, épreuve dont nous dirons quelques mots plus loin.

13. Ces récits relatifs aux sages-femmes qui assistèrent Marie se retrouvent dans un sermon de saint Zénon, évêque de Vérone, mort en 380; un moine grec du douzième siècle, Épiphane, les reproduit dans son livre *de la Vie de Marie*, dont Mingarelli a donné le texte grec jusqu'alors inédit, dans les *Anecdota litteraria* d'Amadacci, t. III, p. 29. Saint Jérôme et divers écrivains du moyen-âge traitent tous ces détails de fables; leur antiquité se démontre toutefois par des passages de Clément d'Alexandrie (*Stromates*, lib. VIII) et de Suidas. Il existe une dissertation de G. H. Goez, imprimée à Lubeck, en 1707 : *Num Maria, Filium Dei pariens, obstetricis ope fuerit usa* ? Le décret du pape Gélase mentionne, parmi les divers ouvrages qu'il frappe de réprobation, un *Livre de sainte Marie et de la Sage-femme*.

14. On retrouve dans une foule d'écrits la trace de la croyance que Marie enfanta dans une caverne. Saint Justin et Origène en ont parlé; Eusèbe, Théodoret, saint Épiphane, saint Jérôme et bien d'autres auteurs ecclésiastiques en ont fait mention. Socrate et Sozomène racontent dans leurs *Histoires ecclésiastiques* que la mère de Constantin, Hélène, fit ériger un temple auprès de cette caverne. Au moyen-âge et à des époques plus rapprochées de nous, cette même caverne et l'église qui la touche ont été visitées par un grand nombre de voyageurs. Adamannus, qui vivait à la fin du septième siècle, en parle dans son livre sur la Terre-Sainte ; Bède, Brocard (qui parcourut la Palestine en 1232), Radzivil (en 1583), Roger, d'Arvieux, Thévenot et une foule d'écrivains plus modernes les ont décrites.
15. La présence du bœuf et de l'âne a été regardée comme on fait par divers écrivains de l'antiquité, entre autres par saint Jérôme; Baronius a essayé de l'établir sur des arguments que Casaubon s'est efforcé de détruire. Dès longtemps les artistes se sont conformés à la tradition vulgaire (voir le savant ouvrage de S. R. Münter : *Die Sinnbilder und Kunstvorstellungen der alten Christen* ; Part II, p. 77), tradition qui se rattache à un passage du prophète Isaïe (ch. I, v. 3) : « Le bœuf connaît son acquéreur et l'âne la crèche de son maître. » Les sarcophages chrétiens des catacombes offrent divers exemples de pareilles représentations (voir Arringhi, *Roma subterranea*, t. I, p. 185, 347, 349). On peut consulter encore Molanus (*Historia imaginum sacrarum*, Liège, 1771, 4° p. 396), Trombelli (*de Cultu Sanctorum*, t. II, pars II, c. 37), Prudence (édition d'Arevalo, p. 211). Parmi de nombreux ouvrages italiens d'une mysticité peu éclairée, nous en indiquerons un du P.-L. Novarini : *Paradiso di Betelemme, civè la vita di Gesu nel presepio* (Verona, 1642, in-12).
16. Eutychius, patriarche d'Alexandrie, mort en 740; et dont il reste, sous le titre de *Rang de Pierres précieuses*, une *Histoire universelle*, célèbre en Orient, Eutychius, disons-nous, compte Siméon parmi les Septante interprètes, il le confond avec Simon le Juste dont parle Joseph (*Antiq. jud.*, l. XII, c. 2), et il dit qu'il vécut trois cent cinquante ans. On représente toujours Siméon revêtu d'habits sacerdotaux ; il est toutefois fort douteux qu'il ait été prêtre ; Léon Allatius, dans sa *Diatriba de Simeontibus*, a traité cette question avec une étendue que son importance ne réclamait pas.
17. Cette expression vive et énergique se rencontre souvent chez les écrivains orientaux ; c'est ainsi que nous lisons dans un passage de l'historien persan Ferischta, traduit par M. J. Mohl (*Journal des Savants*, 1840, p. 394) : « Le sultan Alaëd-din Schah Bahmanni choisit la table des morts de préférence à son trône. »
18. Les détails si peu circonstanciés que donnent les Evangélistes au sujet des Mages ne pouvaient suffire à l'imagination du vulgaire;

la tradition rapporta sur leur compte diverses particularités ; elle en fixa le nombre à trois pour personnifier en eux les habitants des trois parties de l'ancien monde; elle interpréta leurs offrandes dans un sens figuré; des écrivains du quatrième et du cinquième siècle leur donnent le titre pompeux de rois, et Tertullien le leur avait déjà octroyé. Toutefois, cette croyance ne s'accrédita pas fort vite, car les anciens sarcophages persistent à les représenter coiffés du bonnet phrygien et ne leur posent point de couronnes sur la tête. On prétendit ensuite que l'un d'eux était jeune, le second venu à l'âge viril et que le troisième était d'une vieillesse avancée. Pierre de Natalibus, écrivain du moyen-âge, va jusqu'à préciser l'âge de chacun d'eux ; vingt, quarante et soixante ans. Raphaël, obéissant à la tradition, a peint au Vatican l'un de ces souverains sous les traits d'un nègre. Il serait difficile d'indiquer à quelle époque on leur assigna les noms de Gaspard, de Balthazar et Melchior, mais ces dénominations se trouvent déjà sur une peinture du onzième siècle publiée dans le vaste recueil de Seroux d'Agincourt (*Histoire de l'Art par les Monuments*, 1811-23, 6 vol. gr. in-fol.) On leur a donné pour royaumes Tarse, la Nubie et Saba ; selon des légendaires sans autorité, ils subirent le martyre dans l'Inde, après avoir reçu le baptême des maint de saint Thomas. Cologne se vante de posséder leurs reliques. » G. H. Goez a écrit une dissertation spéciale : *de Reliquiis Magorum ad Christum conversorum* (Lubeck, 1714). D'après une autre tradition beaucoup moins répandue, les Mages avaient été au nombre de douze.
19. Les légendes des saints rapportent un grand nombre d'exemples d'animaux obéissant à la voix de pieux personnages ; la vie de saint François offre en ce genre les traits les plus singuliers. Auguste, au rapport de Suétone, ordonna un jour de se taire à des grenouilles qui l'incommodaient de leur bruit, et depuis, elles ont gardé un silence complet.
20. Martin le Polonais, dans sa Chronique, l. III, p. 104 (je me sers de l'édition d'Anvers, 1574), rapporte toutes ces circonstances fabuleuses de la fuite en Egypte ; il dit que les dragons qui sortirent de la caverne étaient au nombre de deux; il raconte qu'un lion, perdant toute sa férocité, accompagna les fugitifs jusqu'au sein des cités égyptiennes ; il n'oublie pas le miracle de l'arbre incliné. Sozomène le narre aussi en ces termes au Ve livre de son *Histoire ecclésiastique* : « De arbore quadam Perside dicta et apud Hermopolim Thebaidae constituta, ferunt quod multorum morbos pellet si vel fruclus illius, vel folium, vel modica corticis portio aegrotis applicetur. Et enim de Aegyptiis dicitur quod Joseph, cum Herodem fugeret, sumptis ad se Christo et Maria sancta deipara, Hermopolim venerit et mox atque ingrederetur juxta portam, haec arbor Christi adventu attonita, cum maxima esset ad tellurem usque sese demiserit et adoraverit. » Selon une

légende qui avait cours en Espagne, le démon s'était emparé de l'arbre pour recevoir les adorations des peuples ; Jésus-Christ s'en étant approché, l'esprit impur fut chassé et précipité dans l'abîme; l'arbre s'inclina alors pour rendre grâces au Seigneur. Rapportons ici une légende septentrionale que nous trouvons dans les *Lettres* si pleines d'intérêt de M. X. Marmier *sur l'Islande* : « Un jour le Christ, environné des nuages de sa gloire, passait par les forêts sacrées des anciens Germains, tous les arbres s'inclinaient devant lui pour rendre hommage à sa Divinité. Le peuplier seul, dans son superbe orgueil, resta debout, et le Christ lui dit : Puisque tu n'as pas voulu te courber devant mol, tu te courberas à tout jamais au vent du matin et à la brise du soir! »

21. La chute des idoles de l'Egypte n'est point une circonstance que l'on rencontre seulement dans les Évangiles apocryphes ; elle est consignée dans divers auteurs anciens, tels que Sozomène, Eusèbe, saint Athanase ; Tillemont et le père Barral, dans son *Historia Evangelica*, ont réuni force citations à ce sujet.

# ÉVANGILE DE NICODÈME

# INTRODUCTION

Les *Actes de Pilate* ont joui dans les premiers temps de l'Église d'une grande autorité ; St Justin, Tertullien, Eusèbe et bien d'autres écrivains ecclésiastiques s'appuient de leur témoignage. Ce que ces divers auteurs rapportent comme se trouvant dans ces *Actes* se rencontre aussi dans la composition connue sous le nom d'*Evangile de Nicodème*, et qui se compose de deux parties bien distinctes ; la première s'étend jusqu'au seizième chapitre ; elle donne le récit de la condamnation, de la passion, de la sépulture et de la résurrection de Jésus-Christ, récit compilé d'après les Évangélistes, d'après les *Actes de Pilate* et grossi de quelques fables ; la seconde partie, chapitre 17 à 27, renferme le récit si remarquable des fils de Siméon, Carinus et Leucius, rappelés à la vie et racontant la descente de Jésus-Christ aux enfers et ce qui se passa alors entre les puissances de l'abîme, les patriarches et le Sauveur.

Cette légende est sans nul doute l'œuvre d'un écrivain de race juive qui voulait opposer à l'incrédulité des sectateurs de Moïse, le témoignage des contemporains de Jésus-Christ ; il est probable qu'il vivait au cinquième siècle, mais à cet égard, comme à celui de la langue dont il fit usage, on en est réduit à des conjectures plus ou moins hasardées. A l'exception d'un compilateur obscur que cite Léon Allatius, (*De libris eccles. Græc.* p. 235), les auteurs grecs ne font nulle part mention de l'Évangile de Nicodème ; par contre, nous le voyons de bonne heure goûté et répandu dans tout l'occident. Grégoire de Tours est le premier qui en ait fait usage ; dans son *Histoire des Francs*, liv. 1, ch. 21 et 24, il l'analyse en détail ; Vincent de Beauvais, Jacques de Voragine et une foule d'autres écrivains du moyen-âge, ont maintes et maintes fois recouru à cet écrit dont l'autorité n'est jamais suspecte à leurs yeux.

Remarquons aussi que la légende telle que la donne la seconde partie de l'Évangile en question, a été connue d'un grand nombre de docteurs de l'une et de l'autre église. Un auteur grec, Eusèbe d'Alexandrie, dans un discours publié pour la première fois par Augusti, la paraphrase avec énergie ; elle ne renferme guère une seule phrase que l'on ne pût mettre en regard de citations multipliées prises chez maint écrivain des premiers siècles. Thilo a discuté tous ces rapprochements dans un commentaire étendu que nous avons dû laisser de côté, notre intention étant d'écarter de notre travail tout ce qui ressemblerait à une discussion théologique.

Nous mentionnerons comme offrant des recherches de philologie assez étendues les travaux de W. H. Brunn, *Disquisitio hist. crit. de indole, aetate et usu libri apocr. vulgo inscrip. Evang. Nicod.* (Berlin, 1784. 8°), et ceux de Staudlip, (*Gotting. Dibl. der neuest. theol. liter.* 1, 762, et *Nürnberg litt. Zeit.* 1794, n° 94, p. 745). Ces divers ouvrages se rencontrent assez difficilement en France, mais on peut y suppléer en recourant à celui que nous allons indiquer.

Un écrivain dont les travaux déjà assez nombreux [1] témoignent d'une érudition solide et d'un goût bien rare pour des recherches sérieuses, M. Alfred Maury, a récemment inséré dans la *Revue de philologie, de littérature et d'histoire ancienne*, tom. II, n° 5, p. 428 à 442, une dissertation sur la date de l'Évangile de Nicodème et sur les circonstances auxquelles on peut attribuer la rédaction de cet ouvrage. Indiquons succinctement à quelles conséquences l'examen des textes amène M. Maury.

Le nom d'Amanias ou plutôt d'Emmaïas que l'auteur se donne paraît être le nom grécisé de *Heneb*. Cet auteur prétend avoir travaillé d'après un original hébreu, mais ce qui montre qu'il a suivi des écrits latins, c'est qu'il a intercalé, dans sa version grecque, des mots latins qu'il a seulement transcrits en caractères helléniques. Parmi les noms donnés aux prosélytes qui s'annoncent comme Juifs de nation, on trouve des noms latins que jamais n'ont portés des Israélites. En somme, la rédaction de la première partie de l'Évangile de Nicodème ne semble pas remonter bien au-delà du cinquième siècle. L'auteur se présente comme un Juif converti ; s'il dit vrai, il était peu instruit dans sa langue, et, loin d'avoir travaillé d'après un texte hébreu, il n'a fait qu'une compilation où des détails empruntés à un apocryphe latin ou du moins à des légendes latines plus anciennes sont mêlés à des faits racontés dans les Évangiles Canoniques.

La seconde partie ne paraît point, comme l'ont pensé quelques critiques, une œuvre distincte de la première, avec laquelle une main plus moderne l'aurait raccordée. La ressemblance du style, la liaison des idées, indique un seul et même auteur.

« Quant au fond du récit de la descente de Jésus-Christ aux enfers, il est évidemment puisé chez les auteurs chrétiens des troisième et quatrième siècles. En parcourant les ouvrages des Pères de cette époque, on retrouve le même langage, les mêmes figures oratoires ; seulement dans le pseudo-évangile le tableau s'est agrandi ; il a pris des proportions plus fortes, et le côté allégorique a fait place à l'interprétation littérale. » À l'appui de cette assertion, M. Maury met à côté de divers passages de l'écrit qui nous occupe, de nombreuses citations empruntées aux écrits de saint Cyrille de Jérusalem, de saint Jean Chrysostôme, de Firmicus Maternus, d'Origène, de saint Hippolyte, etc. Il montre que l'idée de presque tous les faits présentés dans la relation des prétendus fils de Siméon sont puisés chez les auteurs ecclésiastiques des troisième, quatrième et cinquième siècles, circonstance qui montre que cette composition est l'œuvre d'un Juif converti, ou du moins d'un chrétien imbu de croyances judaïques qui vivait à peu près de l'an 405 à 410 et qui s'est proposé de combattre indirectement l'opinion d'Apollinaire ; cet évêque de Laodicée, à la fin du quatrième siècle, rejeta le dogme de la descente aux enfers, dogme qui contrariait la doctrine qu'Apollinaire exposait au sujet de l'incarnation, il fut le chef d'une secte qui ne tarda pas à s'éteindre.

M. Maury remarque que les monuments figurés montrent que l'art chrétien emprunta ses sujets à l'*Evangile de Nicodème*. Il cite des diptyques publiés par Gori, (*Thesaurus veter. Diptych.* tom. I, pl. 14, 30 et 51), qui représentent le Christ se penchant vers le fond de l'enfer représenté par un autre et en tirant par la main un des Saints qui s'élancent vers lui, ou bien foulant aux pieds le démon et allant délivrer les justes. Ailleurs, il marche sur les portes de l'enfer et délivre divers personnages dans lesquels on peut reconnaître Adam, Eve et le bon larron. Des sujets analogues se retrouvent dans l'*Histoire de l'art* par Seroux d'Agincourt, (peinture, pl. 52 et 69).

Ce serait une longue tâche que de vouloir entreprendre l'histoire littéraire d'une composition aussi célèbre durant des siècles, aussi répandue que l'Évangile de Nicodème. Bornons-nous à en offrir une esquisse.

Le texte grec se trouve, très défiguré par l'impéritie des copistes, dans quatre manuscrits conservés à la bibliothèque du Roi ; Thilo les a collationnés avec un soin scrupuleux et il s'est aidé des diverses leçons qu'ils présentent pour arriver à présenter le sens le plus naturel. Il s'est également servi de deux manuscrits grecs de la bibliothèque de Munich, l'un et l'autre incomplets, mais qui lui ont fourni de bonnes variantes d'un manuscrit du Vatican, déjà publié par Birch, (*Auctuar.* p. 109 et 151), et d'un manuscrit de Venise où nous apprenons qu'à des époques peu éloignées, l'Évangile de Nicodème se lisait dans les églises grecques, non comme faisant partie de l'Écriture-Sainte, mais comme légende édifiante et digne de foi, comme l'œuvre d'un auteur *respectable*.

Quant au texte latin, Thilo a donné celui d'un manuscrit fort ancien de la bibliothèque du couvent d'Einseidlin, manuscrit qui paraît antérieur au dixième siècle et dont il a confronté les leçons nouvelles avec un grand nombre de manuscrits dispersés à Halle, à Rome, à Copenhague, à Paris ; la bibliothèque royale en contient dix-huit [2] ; le savant allemand en a collationné six en entier ; aucun ne lui a fourni un texte préférable à celui que donne le *Codex Einsidlensis*. Une multitude d'autres copies sont éparses dans toutes les grandes bibliothèques ; l'ancien catalogue de la Bodléienne à Oxford en indique treize, mais aucun d'eux n'offre rien de nouveau.

C'est à l'Évangile de Nicodème qu'est due l'introduction dans les traditions armoricaines et dans les romans de la Table-Ronde du mythe célèbre du St-Graal, de ce vase sacré dans lequel Joseph d'Arimathie avait recueilli le sang précieux de son maître.

Le roman de l'enchanteur Merlin semble de son côté s'annoncer comme une suite de la seconde portion de l'Évangile dont nous parlons. Voici le début en prose de cette composition si populaire au moyen-âge.

« *Molt fu iriés li anemis quant nostres sires ot estet en infer, et il en ot gité Eve et Adam et des autres tant com lui plot, et quant li deables virent ce, si en orent malt grant paour, et mult lor vint à grant mervelle, si s'assamblèrent luit et disent : Qui est cil bons qui ci nous a esforchiés, etc.* »

Dès son début l'imprimerie se hâta de répandre une légende qui avait donné tant d'ouvrage aux copistes. Les bibliographes en ont enregistré trois éditions latines, exécutées en Allemagne avant 1500 ; il en existe d'autres de Leipzig, 1516 ; Venise, 1522 ; Anvers, 1528 ; Paris, 1545. Le texte de ces diverses éditions présente des différences qu'il serait fort inutile de discuter ; nous dirons seulement que le plus mauvais de tous les textes est celui de l'édition de Fabricius ; il n'a été revu sur aucun manuscrit ; il paraît avoir été formé un peu à la hâte, d'après la confrontation de deux ou trois des anciennes éditions, sans que rien indique celles que l'éditeur a eues sous les yeux. Birch et Schmid ont donné, sans rien y changer, le texte de Fabricius, Jones a fait usage de celui que présente le recueil de Grynœus (*Monumenta S. S. Patrum*, 1569), en y introduisant quelques corrections. Il n'est plus permis dorénavant de citer un autre texte que celui de l'édition de Thilo.

Les diverses nations de l'Europe s'empressèrent de s'approprier un ouvrage qui répondait si bien aux croyances de l'époque. Les versions de l'Évangile de Nicodème se multiplièrent rapidement et c'est un fait qu'il ne sera pas permis de négliger lorsque l'on voudra écrire l'histoire de la traduction au moyen-âge, travail curieux et bien propre à faire connaître le mouvement intellectuel du monde civilisé pendant quatre siècles.

Cette légende paraît surtout avoir joui d'une grande faveur en Angleterre ; de nombreuses traductions restées manuscrites, sont répandues dans les bibliothèques des Trois-Royaumes ; l'hérésiarque Wiclef fut du nombre de ces translateurs. De 1507 à 1532, l'on en connaît sept éditions imprimées à Londres chez Julien Notary, chez Winkin de Worde, chez J. Scott, et il existe aussi deux éditions sans date, dont l'une fut exécutée à Rouen, chez J. Gousturier ; ce n'est pas le seul ouvrage publié alors en Normandie pour l'usage des lecteurs britanniques [3].

En 1767, une ancienne traduction anglaise parut à Londres, chez Joseph Wilsond qui rajeunit l'orthographe, mais qui ne s'expliqua point sur l'origine de la légende qu'il publiait. Elle offre un récit qui s'écarte en maint endroit du texte latin tel que le donne Thilo ; elle renferme des traits fabuleux et des détails singuliers qui paraissent avoir été ajoutés après coup. Nous en rapporterons le prologue :

« Il arriva dans la dix-neuvième année du règne de Tibère César, empereur de Rome, et sous le règne d'Hérode qui était roi de Galilée, la quatrième année du fils de Velom qui était conseiller de Rome comme Olympias l'avait été deux cent deux ans auparavant, Alors Joseph et Anne étaient élevés en seigneurie au-dessus des juges, des magistrats, des mages et de tous les Juifs. Nicodème, qui était un digne prince, écrivit cette histoire en hébreu, et Théodose, l'empereur, la fit traduire de l'hébreu en latin, et l'évêque Turpin la traduisit du latin au français, et s'ensuit cette bienheureuse histoire, appelée l'Évangile de Nicodème. »

Dans aucun des manuscrits latins, il n'est à ce que nous voyons fait mention de Turpin, devenu si fameux au moyen-âge, comme le fidèle compagnon de Charlemagne et comme son historiographe.

Dans un recueil d'ouvrages anglo-saxons que Ed. Thwaites mit au jour à Oxford en 1698, l'on trouve une version de l'Évangile de Nicodème, faite sur un texte latin tel que le présentent, avec peu de différences, tant de manuscrits.

Une traduction française d'une portion de cette légende, se rencontre dans un roman de chevalerie, où l'on n'irait pas la chercher, dans l'*Histoire du roi Perceforest*, publiée à Paris, en 1528, en 3 volumes in-folio, réimprimée dans la même ville en 1531-1532. C'est au 66$^e$ chapitre du 6$^e$ livre (feuillet 121 du 6$^e$ volume de la 1$^{ère}$ édition ; feuillet 107 du tome 3 de la 2$^e$), que se trouve l'extrait eu question. Ce chapitre est intitulé : *Comment le roy Arfaran sen alla en lysle de vie, publier la foy catholicque et racompter au long la passion et résurrection de Jésus-Christ au roy Gadiffer Descosse et au roy Perceforest Dangleterre, à la sage royne et aux autres, et du contenu des lettres que Pylate escrypuit à Claudius empereur de Romme*. Le prêtre Nataël qui a eu pour maître Joseph *d'Alarimathie* et qui accompagne le roi Arfaran, lit devant une réunion choisie où se distinguent plusieurs têtes couronnées, *la benoyste passion tout ainsi que Nicomedus la fist escrypre mot à mot, laquelle passion* « ajouta-t-il : » *jay sur moy escrypte de ma propre main, mal volontiers yrois sans lavoir.*

Il sortit en 1497, des presses de J. Trepperel, un

écrit intitulé : *Passion de N.-S.-Jésus-Christ, faicte et traitée par le bon maistre Gamaliel et Nicodemus son neveu, et le bon chevalier Joseph Dabrimatie translatée du latin en françois.* Ce volume est orné de figurés en bois, assez jolies.

C'est un in-4° de 58 feuillets non chiffrés et dont le dernier, signé L iii, est suivi de trois feuillets non signés. Le titre du livre est ainsi conçu : « A loneur de Nostre-Seigneur-Ihesucrist a este translatée de latin en françoys la benoiste passion et résurrection par le bon maistre Gamaliel et Nichodemus son nepueu et le bon cheualier Ioseph Dabarimathie disciples de Ihesucrist laquelle sensuyt. »

On lit au verso du premier feuillet :

« Cy commence la mort et passion de Ihesucrist laquelle fuct faicte et traitée par le bon maistre Gamaliel et Nicodemus son nepueu et le bon cheualier Ioseph Dabrimathie, disciples secrets de Notre-Seigneur.

» En celluy temps que Ihesucrist prit mort et passion en la cite de Hierusalem soubz la main de Ponce-Pylate qui estoit senechal de Hierusalem pour Iulius César, empereur de Romme, et auoit son lieu en Hierusalem et en Cesarie partout icelluy regne, et auoit Pylate auec soy ung gentilhomme cheualier (2ᵉ feuillet recto) qui auoit nom Nicodemus, lequel auoit cent cheualiers soubz soy qui estoient aux gages de l'empereur pour garder la cité d'Ihlz, pour conseiller et ayder à Pylate ; aussi estoit ung maistre à Hierusalem qui lisoit les loys de Moyse qui auoit nom Gamaliel, qui estoit moult sage et Pylate et les outres Iuifs croioient fort son conseil et estoit oncle de Nicodemus et aussi auoit là ung prudhomme qui auoit nom Ioseph Dabarimatie qui estoit né naturellement à Barimathie, et estoit Iuif et disciple de Ihesucrist secretement, car il ne osoit faire semblant pour doubte des Iuifz. Mais segretement il escoutoit les paroles de Ihesucrist et estoit à ses sermons, uoulentiers aloit là où il sçauoit les amys de Ihesucrist et quant Pilate auoit riens afaires, il mandoit Gamaliel, Nichodemus et Ioseph et tout ce qu'ilz lui conseilloit, il faisoit. »

Rapportons une circonstance relatée au feuillet E ii :

« Comme après que Ihesucrist fut trespasse Annas et Cayphas allèrent autour de la croix veoir si estoit mort. Et tantost Annas et Cayphas et plusieurs aultres des Iuifz allèrent enuiron la croix pour veoir si Ihesucrist estoit mort et les aultres non, et Cayphas dist à Centurion quil lui faillit percer le costé dune lance et Centurion dist que riens nen feroit pour tout le monde, car il auoit veu les plus grands merueilles que onques ne vit ne ouyt dire pour mort de nul homme, et tantost ung Iuif qui auoit nom Longis et estoit aueugle et si estoit un gentilhomme de Romme qui le prit par la main et lu y dist : Veulx-tu recouruer la veue ; oui, dist-il, sil se peult faire, et le Iuifz print une longue lance et fist toucher le fer de la lance au coste de Ihesucrist et lui dist quil boutast fort, et tantost en yssit sang et eaue meslee et descendit du long de la lance iusques aux mains de ce Longis et il en toucha ses yeulx, or tantost après quil eut touché à ses yeulx, il vit clerement et tous ceulx qui uirent le miracle cheurent par terre et disoient que mal leur estoit pris, car ils auoient liure à mort Ihesucrist, et Ioseph Dabrimathie prist ung vaisseau là où il retint le sang de Ihesucrist et retint la lance et la mist en la cite de Hierusalem. »

L'extrême rareté de ce livre nous fera pardonner les détails dans lesquels nous sommes entrés à son égard.

N'oublions pas un autre ouvrage du même genre :

La vie de Jesu-Crists — La mort et passion de Iesucrist, laquelle fut composée par les bons et expers-

maîtres, Nicodemus et Joseph d'Arimathie. — La destruction de Hierusalem et vengeance de nostre Saulveur et Rédempteur Jésus-Christ, faicte par Vespasien et Titus son fils. Lyon. J. de Chandeney, 1510. 4°. La première des trois parties dont se compose ce volume, est mêlée de vers et de prose ; elle se compose de 37 feuillets ; la seconde partie a 32 feuillets et la troisième 16.

En Italien, indépendamment de l'extrait qu'en donna d'après le français et de seconde main *la dilettevole hxstoria del valorossissimo Parsafaresto Re della gran Bretagna* (Venise, 1558, 6 vol. 8°), l'Évangile de Nicodème trouva divers traducteurs dont les travaux sont demeurés inédits. Lami indique comme se trouvant à la bibliothèque Riccardiana un *Evangelio di Nicodemo Cotai. 1156*, (p. 181) *et Nicodeme Narrazione della reswrezione di Christo*. D'après Lami qui en parle dans son savant ouvrage *de cruditione Apostolorum* (Florent. 1738, p. 181), le premier de ces manuscrits est une paraphrase plutôt qu'une traduction fidèle. Un manuscrit du Vatican (5420), contient une histoire de la passion de Jésus-Christ écrite en Italien par un Juif converti, du nom d'Isaac, et des emprunts considérables faits à la légende de Nicodème s'y font remarquer.

Nous ne connaissons pas de version espagnole, mais en allemand il en existe de nombreuses, restées inédites et toutes plus ou moins chargées d'Interpolations, L'on connaît six éditions imprimées séparément ; deux sont sans date, elles appartiennent au quinzième siècle ; les autres virent le jour en 1555, 1616, 1676 et 1684, Aucune n'offre de particularités dignes de remarque. Un livret en langue hollandaise sorti en 1671 des presses de Rotterdam» est intitulé : *Wonderlyck Evangelium van Nicodemus*.

On n'a trouvé encore aucune traduction complète de

l'Évangile de Nicodème dans quelques-unes des langues de l'Orient, mais la trace des récits qu'il renferme se rencontre dans divers auteurs syriens ou coptes ; Assemani dans sa *Bibliotheca Orientalis*, (Rome, 1719-28, 4 vol. f°) et Zoëga dans un ouvrage que nous allons avoir occasion de citer, en ont fait mention ; des légendes puisées à la même source se montrent aussi dans divers manuscrits arméniens et arabes de la bibliothèque du Roi et de celle du Vatican. Nous donnerons ici la traduction du début d'une de ces relations arabes telle que l'illustre Silvestre de Sacy la fait passer en latin ; c'est celle du manuscrit n° 160 de la Bibliothèque du Roi.

Au nom du Père, et du Fils et du Saint-Esprit, un seul Dieu ; le martyre de Pilate ; sermon qu'a composé notre Père saint, digne de toute vénération, l'abbé Hériaque, évêque de Balmessa, sur la résurrection de Notre-Seigneur-Jésus-Christ d'entre les morts et sur les tourments qu'il a soufferts dans la ville de Jérusalem, lorsqu'il fut crucifié, sous Ponce-Pilate. Lorsque Notre-Seigneur, Dieu et Sauveur, eut été crucifié, les vénérables princes Joseph et Nicodème, le descendirent de la croix et le placèrent dans un sépulcre neuf. La vierge Marie pleurait et désirait aller au sépulcre de son fils ; mais elle ne pouvait le faire à cause de la peur qu'inspiraient les Juifs, c'était le jour du Sabbat qui vient après la sixième fête et, ce jour-là, personne ne pouvait sortir ni se livrera quelque occupation que ce fût. Le matin de la première fête, la vierge Marie prit avec elle d'autres femmes et elle emporta des parfums pour oindre le sépulcre. Marie devança les autres femmes et elle vint au sépulcre avant que les ténèbres de la nuit fussent dissipées, et elle vit que la pierre qui fermait la porte du tombeau avait été ôtée. Et lorsqu'elle était frappée d'étonnement, elle vit deux Anges vêtus de blanc, assis l'un à la tête, l'autre aux pieds de l'endroit où avait été posé le corps de Jésus, et ils lui dirent : «Femme, pourquoi pleures-tu ? » Elle répondit : « Parce qu'ils ont enlevé le corps de mon Seigneur et je ne sais où ils l'ont mis. » Et se retournant, elle vit Jésus qui lui dit : « Femme, quel est le motif qui te fait verser des larmes et pourquoi pleures-tu ? etc. »

Dans la suite de son discours, l'écrivain oriental dit que tout ce qu'il raconte a été écrit par Gamaliel et Anne (Ananie), hommes pieux et doctes qui étaient avec Joseph et Nicodème et qui furent témoins de la passion ; il ajoute que Pilate obtint la palme du martyre, car il embrassa la foi de celui qu'il avait condamné, et Hérode, l'ayant envoyé à Rome, il y eut la tête tranchée.

M. Dulaurier, dans un écrit que nous avons déjà cité, a traduit un fragment des *Actes de saint André et de saint Paul*, inséré par Zoëga dans son *Catalogus codicum copticorum qui in museo Borgiano adservantur* (*Romae*, 1810, folio).

Saint Paul raconte qu'ayant pénétré dans le sein de l'abîme, il a vu le lieu où résident les âmes.

« Le Sauveur est descendu dans l'Amentès ; il en a retiré toutes les âmes qui s'y trouvaient, il l'a rendu désert ; les gardiens de l'Amentès pleurèrent sur le Diable en ces termes : Tu te glorifiais d'être Roi ; tu disais : c'est moi seul qui le suis. Nous voyons bien maintenant que c'est faux, car celui qui est ton Roi est venu ici et en a ramené toutes les âmes qui étaient soumises à ton pouvoir. — Alors le Diable s'adressant aux légions infernales : O vous puissances de mon empire, leur dit-il, qui pensez qu'un autre l'emporte sur nous, parce qu'il est descendu en ces lieux, ne nous reste-t-il pas une âme qu'il n'a pu délivrer ?.... Écoute-moi (ô mon frère André), je te dirai que j'ai vu les rues de l'Amentès désertes, personne ne les habitait et les portes que le Seigneur avait brisées étaient en morceaux. Tu vois ce fragment de bois qui est dans mes mains et que j'ai rapporté avec moi ; il fermait le seuil des portes que le Seigneur a détruites.

Moi, Émée Hébreu, qui étais docteur de la Loi chez les Hébreux, étudiant les Divines Écritures ; m'appliquant dans la Foi, aux grandeurs des Écritures de Notre-Seigneur Jésus-Christ, revêtu de la dignité du saint Baptême, et recherchant les choses qui se sont passées et qu'ont faites les Juifs sous le gouvernement de Ponce-Pilate ; trouvant le récit de ces faits écrits en lettres hébraïques par Nicodème, je l'ai interprété en lettres grecques, pour le porter à la connaissance de tous ceux qui adorent le nom de Notre-Seigneur Jésus-Christ, et je l'ai fait sous l'empire de Flavius Théodose, la dix-huitième année et sous Valentinien Auguste, Vous tous, qui lisez ces choses dans les livres grecs ou latins, je vous prie de daigner intercéder pour moi, pauvre pécheur, afin que Dieu me soit propice et qu'il me remette tous les péchés que j'ai commis. Que la paix soit aux lecteurs, le salut à ceux qui entendront. C'est la fin de la préface.

---

1. Indépendamment des savants et nombreux articles que M. Maury a donnés à la *Revue Archéologique*, à *l'Encyclopédie Nouvelle*, publiée par MM. Didot, nous possédons de lui deux ouvrages qui attestent des recherches laborieuses et d'érudition solide ; *Essai sur les légendes pieuses du moyen âge*, 1843, in 8 ; *les Fées du moyen* âge, 1843, in 12.
2. Les manuscrits grecs de la bibliothèque du Roi qui renferment le texte de l'Évangile de Nicodème portent les numéros 770, 929, 1021 et 808. Thilo les décrit en détail, p. CXX-CXXVII de son *Introduction*, et il s'étend amplement sur quatre autres manuscrits auxquels il a eu recours, (deux de Munich, un de Venise, un du Vatican), ainsi que sur divers manuscrits latins.

3. Les anciennes éditions de la traduction anglaise de l'*Évangile de Nicodème*, sont des livres excessivement rares, et que les bibliophiles britanniques couvrent de guinées ; à la vente de lord Blandford, en 1811, un exemplaire de l'édition de 1511 s'éleva à 22 livres sterling 11 shillings (570 fr.).

# ÉVANGILE DE NICODÈME

Ceci arriva dans la dix-huitième année de l'empire de Tibère, César, empereur des Romains, et d'Hérode, fils d'Hérode, empereur de Galilée, l'an dix-huitième de sa domination, le huit des calendes d'avril, qui est le vingt-cinquième jour du mois de mars sous le consulat de Rufin et de Rubelius ; la quatrième année de la deux-cent deuxième olympiade lorsque Joseph et Caïphe étaient grands-prêtres des Juifs ; et Nicodème écrivit alors en lettres hébraïques, le récit de tout ce qui s'était passé lors du Crucifiement du Seigneur et après sa Passion.[1]

## CHAPITRE I$^{er}$.

Anne, Caïphe, Summus, Dathan et Gamaliel, Judas, Lévi, Nephtali, Alexandre, Syrus et les autres princes des Juifs, vinrent à Pilate contre Jésus, l'accusant de beaucoup d'actions mauvaises et disant : Nous le connaissons pour le fils de Joseph le charpentier, et pour être né de Marie, et il dit qu'il est Roi et Fils de

Dieu ; non seulement cela, mais il viole le Sabbat, il veut détruire la loi de nos pères. Pilate dit : Quelles sont les mauvaises actions qu'il commet ? Les Juifs répondirent : « Nous avons pour loi de ne guérir personne le jour du Sabbat ; celui-ci a malicieusement guéri le jour du Sabbat, des boiteux et des sourds, des impotents et des paralytiques, des aveugles, des lépreux et des démoniaques. » Pilate leur dit : « Comment l'a-t-il fait malicieusement ? » Et les Juifs lui répondirent : « C'est un magicien [2] ; et c'est au nom de Bélzébub prince des démons, qu'il chasse les démons et que toutes choses lui sont soumises. » Pilate dit : « Ce n'est pas l'effet d'un esprit immonde, mais celui de la puissance de Dieu, de chasser les démons. » Les Juifs dirent à Pilate : « Nous prions ta Grandeur d'ordonner qu'il comparaisse devant un tribunal, afin que tu l'entendes. » Pilate, appelant un messager, lui dit : « Que Jésus soit amené ici et traité avec douceur. » Le messager s'en alla, et trouvant Jésus, il l'adora, et étendit par terre le manteau qu'il portait, disant : « Seigneur, entre en marchant là-dessus, car le gouverneur t'appelle ! » Les Juifs, voyant ce qu'avait fait le messager, dirent à Pilate avec de grandes clameurs : « Pourquoi ne lui as-tu pas fait donner, par la voix d'un héraut, l'ordre d'entrer au lieu de leur envoyer un messager. Car le messager le voyant l'a adoré et il a étendu par terre devant lui le manteau qu'il portait à la main [3] et il lui a dit : « Seigneur le gouverneur te mande. » Pilate, appelant à lui le messager, lui dit : « Pourquoi as-tu agi ainsi ? » Le messager dit : « Lorsque tu m'as envoyé de Jérusalem auprès d'Alexandre, j'ai vu Jésus assis sur un âne et les enfants des Hébreux, tenant des rameaux dans leurs mains, criaient : « Salut, fils de David » ; d'autres étendaient leurs vêtements sur son chemin, en disant. « Salut à celui qui est dans les Cieux ; béni celui qui vient au nom du Seigneur ! » Les Juifs répondirent au messager en criant : « Ces enfants des Hébreux s'exprimaient en hébreu ; comment, toi qui es grec, as-tu compris des paroles dites en hébreu ? » Le messager répondit : « J'ai interrogé un des Juifs et lui ai dit : Qu'est-ce qu'ils crient en hébreu ? Et il me l'a expliqué, ». Pilate dit alors : Quelle est l'exclamation qu'ils prononcent en hébreu ? Et les Juifs répondirent : Hosanna. » Et Pilate dit : « Quelle en est la signification ? » Et les Juifs répondirent : elle signifie : « Seigneur, salut ! » Et Pilate dit : « Vous-mêmes, vous confirmez que les enfants s'exprimaient ainsi ; en quoi le messager est-il donc coupable ? » Et les Juifs se turent. Le gouverneur dit au messager : « Sors, et introduis-le. » Et le messager alla vers Jésus et lui dit : « Seigneur, entre, car le gouverneur t'appelle. » Jésus étant entré, les images que les porte-drapeaux portaient au-dessus de leurs enseignes, s'inclinèrent d'elles-mêmes et elles adorèrent Jésus [4]. Les Juifs, voyant que les images s'étaient inclinées d'elles-mêmes pour adorer Jésus, crièrent fortement contre les porte-drapeaux. Alors Pilate dit aux Juifs : « Vous ne rendez pas hommage à Jésus, devant lequel les images se sont inclinées pour le saluer, mais vous criez contre les porte-enseignes, comme s'ils avaient eux-mêmes incliné leurs drapeaux et adoré Jésus. » Et les Juifs dirent : « Nous les avons vus agir de la sorte. » Le gouverneur, appelant à lui les porte-drapeaux, leur demanda : « Pourquoi avez-vous fait cela ? » Ils répondirent à Pilate : « Nous sommes des Païens et les esclaves des Temples ; comment aurions-nous voulu l'adorer ? Les enseignes que nous tenions se sont courbées d'elles-mêmes pour l'adorer. » Pilate dit aux chefs de la Synagogue et aux anciens du peuple : « Choisissez vous-mêmes des hommes forts et robustes et ils tiendront les enseignes, et nous verrons si elles se courberont d'elles-mêmes. » Les anciens des Juifs prirent douze hommes très robustes et leur mirent les enseignes dans les mains, et les rangèrent en présence du gouverneur. Pilate dit au messager : « Conduis Jésus hors du Prétoire et introduis-le ensuite. » Et Jésus sortit du Prétoire avec le messager. Et Pilate, s'adressant à ceux qui tenaient les enseignes, leur dit en faisant serment par le salut de César : « Si les enseignes s'inclinent quand il entrera, je vous ferai couper la tête ! » Et le gouverneur ordonna de faire entrer Jésus une seconde fois. Et le messager pria derechef Jésus d'entrer, en passant sur le manteau qu'il avait étendu par terre. Jésus le fit, et lorsqu'il entra, les enseignes s'inclinèrent et l'adorèrent.

## CHAPITRE II.

Pilate, voyant cela, la frayeur s'empara de lui et il commença à se lever de dessus son siège. Et comme il songeait à se lever de dessus son siège, la femme de Pilate, nommée Procule [5], envoya vers lui pour lui dire : « Ne fais rien contre ce juste, car j'ai beaucoup souffert cette nuit à cause de lui. » Pilate, entendant cela, dit à tous les Juifs : « Vous savez que mon épouse est païenne et qu'elle a construit pour vous de nombreuses Synagogues ; elle m'a fait dire que Jésus était un homme juste, et qu'elle avait beaucoup souffert cette nuit à cause de lui. » Les Juifs répondirent à Pilate : « Est-ce que nous ne t'avions pas dit que c'était un enchanteur ? Voici qu'il a envoyé un songe à ton épouse [6]. » Pilate, appelant Jésus, lui dit : « N'entends-tu pas ce qu'ils disent contre toi et tu ne réponds rien. » Jésus répondit : « S'ils n'avaient point le pouvoir de parler, ils ne parleraient point ; mais ils verront que chacun a la disposition de sa bouche, la faculté de dire des choses bonnes ou mauvaises. » Les anciens des Juifs dirent à Jésus : « Que voyons-nous ? d'abord que tu es né de la fornication ; secondement, que Bethléem a été le lieu de ta naissance, et qu'à cause de toi les enfants ont été massacrés ; troisièmement, que ton père et ta mère Marie se sont enfuis en Egypte, parce qu'ils n'avaient pas confiance dans le peuple. » Quelques-uns des Juifs qui se trouvaient là, et qui étaient moins méchants que les autres, disaient : « Nous ne disons pas qu'il est issu de la fornication, car nous savons que Marie a été fiancée à Joseph, et il n'est pas né de la fornication. » Pilate dit aux Juifs qui disaient que Jésus était issu de la fornication : « Ce discours est mensonger, car il y a eu fiançailles ainsi que l'attestent des personnes d'entre vous. » Anne et Caïphe dirent à Pilate : « Toute la multitude crie qu'il est né de la fornication, et qu'il est un enchanteur, Ceux-ci sont ses prosélytes et ses disciples. » Pilate appelant Anne et Caïphe leur dit : « Qu'est-ce que des prosélytes ? » Ils répondirent : « Ce sont des fils de Païens, et maintenant ils sont devenus Juifs. » Lazare et Astere, et Antoine et Jacques, Zarus et Sarouel, Isaac et Phinée, Crispus et Agrippa, Amenius et Judas dirent alors : « Nous ne sommes point des prosélytes, mais nous sommes enfants de Juifs et nous disons la vérité ; nous avons assisté aux fiançailles de Marie. » Pilate, s'adressant aux douze hommes qui avaient ainsi parlé, leur dit : « Je vous adjure, par le salut de César, de déclarer si vous dites la vérité, et s'il n'est pas né de la fornication », ils dirent à Pilate : « Nous avons pour loi de ne point jurer, car c'est un péché ; ordonne à ceux-ci de jurer pour le salut de César que ce que nous disons est faux, et nous serons passibles de mort. » Anne et Caïphe dirent à Pilate : « Croirait-on à ces douze hommes qui disent qu'il n'est pas né de la fornication, tandis que l'on ne nous croirait pas à nous tous qui disons qu'il est un enchanteur, et qu'il se dit Roi et Fils de Dieu ? » Pilate ordonna à tout le peuple de sortir et de s'éloigner des douze hommes qui avaient dit que Jésus n'était pas né de la fornication, et il fit mettre Jésus à part et il leur dit : « Pour quel motif les Juifs veulent-ils faire périr Jésus ? » Et ils lui répondirent : « Ils sont irrités parce qu'il opère des guérisons le jour du Sabbat. » Pilate dit : « Ils veulent donc le faire périr pour une bonne œuvre. » et ils répondirent : « Oui, Seigneur. »

## CHAPITRE III.

Pilate, rempli de colère, sortit du Prétoire et dit aux Juifs : « Je prends le soleil à témoin que je n'ai trouvé aucune faute à reprendre à cet homme. » Les Juifs répondirent au gouverneur : « Si ce n'était pas un enchanteur, nous ne te l'aurions pas livré. » Pilate leur dit : « Prenez-le et jugez-le suivant votre loi. » Les Juifs dirent à Pilate : « Il ne nous est pas permis de faire périr qui que ce soit. » Pilate dit aux Juifs : « C'est à vous et non à moi que Dieu a dit : « Tu ne tueras point. » Rentré au Prétoire, Pilate appela Jésus seul et lui dit : « Es-tu le Roi des Juifs ! » Et Jésus répondant à Pilate, dit : « Est-ce de toi-même que tu dis cela, ou d'autres te l'ont-ils dit de moi ? » Pilate répondit à Jésus : « Est-ce que je suis Juif ? Ta nation et les princes des prêtres t'ont livré à moi, qu'as-tu fait ? » Jésus répondit : « Mon royaume n'est pas de ce monde ; si mon royaume était de ce monde, mes serviteurs auraient résisté, et je n'aurais pas été livré aux Juifs ; mais mon royaume n'est pas ici. » Pilate dit : « Tu es donc Roi ? » Jésus répondit : « Tu le dis, car je suis Roi. Je suis né et je suis venu pour rendre témoignage à la vérité, et tous ceux qui prendront part à la vérité entendront ma voix.

» Pilate dit : « Qu'est-ce que la vérité ? » Et Jésus répondit : « La vérité vient du Ciel. » Pilate dit : « Il n'y a donc pas de vérité sur la terre ? » Et Jésus dit à Pilate : « Vois comme ceux qui disent la vérité sur la terre sont jugés par ceux qui ont le pouvoir sur la terre. »

## CHAPITRE IV.

Pilate, laissant Jésus dans l'intérieur du Prétoire, sortit et alla aux Juifs et leur dit : « Je ne trouve en lui aucune faute. » Les Juifs répondirent : « Il a dit : Je peux détruire le Temple et le relever en trois jours. » Pilate leur dit : « Quel temple ? » Les Juifs répondirent : « Celui que Salomon a mis quarante-six ans à bâtir ; et il a dit qu'il pourrait le renverser et le relever en trois jours. » Et Pilate leur dit derechef : « Je suis innocent du sang de cet homme, voyez pour vous. » Les Juifs dirent : « Que son sang soit sur nous et sur nos enfants. » Pilate, appelant alors les anciens et les prêtres et les lévites, leur dit en secret : « N'agissez pas ainsi ; malgré vos accusations, je n'ai rien trouvé en lui digne de mort, dans ce que vous lui reprochez d'avoir violé le Sabbat. » Les prêtres, et les lévites et les anciens dirent à Pilate : « Celui qui a blasphémé contre César est digne de mort. Lui, il a blasphémé contre Dieu. » Le gouverneur ordonna alors aux Juifs de sortir du Prétoire, et, appelant Jésus, il lui dit : « Qu'est-ce que je ferai à ton égard ? » Jésus dit à Pilate : « Agis comme il t'a été donné. » Pilate dit aux Juifs : « Comment m'a-t-il été donné ? » Jésus répondit : « Moïse et les prophètes ont prédit cette Passion et ma Résurrection. » Les Juifs l'entendant dirent à Pilate : « Veux-tu écouter plus longtemps ses blasphèmes ? Notre loi porte que si un homme pèche contre son prochain, il recevra quarante coups moins un [7], et que le blasphémateur sera puni de mort.

» Pilate leur dit : « Si son discours est blasphématoire, prenez-le et conduisez-le dans votre Synagogue, et jugez-le suivant votre loi. » Les Juifs dirent à Pilate : « Nous voulons qu'il soit crucifié. » Pilate leur dit : « Ce n'est pas juste. » Et, regardant l'assemblée, il vit des Juifs qui pleuraient et il dit : « La foule ne veut pas toute entière qu'il meure. » Les anciens dirent à Pilate : « Nous sommes venus avec toute la foule pour qu'il meure. » Et Pilate dit aux Juifs : « Qu'a-t-il fait pour encourir la mort ? » Et ils répondirent : « Il a dit qu'il était Roi et le Fils de Dieu. »

## CHAPITRE V.

Alors un Juif, du nom de Nicodème, se tint devant le gouverneur et dit : « Je te prie de me permettre, dans ta miséricorde, de dire quelques paroles. » Et Pilate lui dit : « Parle. » Et Nicodème dit : « J'ai dit aux anciens des Juifs, et aux Scribes, et aux prêtres, et aux lévites, et à toute la multitude des Juifs dans la Synagogue : Quelle plainte portez-vous contre cet homme ? Il faisait de nombreux et d'éclatants miracles, tels que personne n'en fait ni n'en a fait. Renvoyez-le et ne lui faites aucun mal ; si ces miracles viennent de Dieu ils seront stables, s'ils viennent des hommes, ils se détruiront. Moïse, que Dieu avait envoyé en Egypte, fit les miracles que Dieu lui avait ordonné d'opérer en présence de Pharaon, le roi d'Égypte. Et il y avait là des magiciens Jamnès et Hambrée, et ils voulurent faire les mêmes miracles que Moïse, mais ils ne purent les accomplir tous, et les Égyptiens les regardèrent comme des Dieu. Mais, comme les miracles qu'ils avaient opérés ne provenaient pas de Dieu, ils périrent eux et ceux qui avaient cru en eux, et maintenant, renvoyez cet homme, car il ne mérite point la mort. » Les Juifs dirent à Nicodème : « Tu es devenu son disciple, et tu élèves la voix pour lui. » Nicodème leur dit : « Est-ce que le gouverneur qui parle aussi en sa faveur est son disciple ? Est-ce que César ne l'a pas élevé en dignité pour rendre justice. » Les Juifs frémissaient de colère et ils grinçaient des dents contre Nicodème et ils lui dirent : « Accueille sa vérité et que ta part soit avec lui. » Et Nicodème dit : « Amen ; que j'aie part avec lui, ainsi que vous le dites. [8] »

## CHAPITRE VI.

Un autre des Juifs s'avança et demanda au gouverneur la permission de parler, et Pilate dit : « Ce que tu veux dire, dis-le. » Et ce Juif parla ainsi : « Depuis trente-huit ans, je gisais dans mon lit et j'étais constamment en proie à de grandes souffrances et en danger de perdre la vie. Jésus étant venu, beaucoup de démoniaques et de gens affligés de diverses infirmités furent guéris par lui. Et quelques jeunes gens m'apportèrent dans mon lit et me menèrent à lui. Et Jésus me voyant fut touché de compassion, et il me dit : Lève-toi, prends ton lit et marche. Et aussitôt je fus complètement guéri ; je pris mon lit et je marchai. » Les Juifs dirent à Pilate : « Demande-lui quel jour il fut guéri : » Et il répondit : « Le jour du Sabbat » Et les Juifs dirait : « Ne disions-nous pas qu'il guérissait les malades et qu'il chassait les démons le jour du Sabbat ? » Et un autre Juif s'avança et dit : « J'étais aveugle de naissance ; j'entendais parler et je ne voyais personne. Et Jésus ayant passé, je m'adressai à lui en criant à haute voix : Fils de David, prends pitié de moi ! Et il eut pitié de moi, et il posa sa main sur mes yeux, et aussitôt je recouvrai la vue. » Et un autre s'avança et dit : « J'étais courbé et il m'a redressé d'un mot. » Et un autre s'avança aussi et dit : « J'étais lépreux et il m'a guéri d'un mot. »

## CHAPITRE VII.

Et une femme nommée Véronique dit : « Depuis douze ans j'étais affligée d'un flux de sang, et je touchai le bord de son vêtement [9] et aussitôt mon flux de sang s'arrêta. » Les Juifs dirent : « D'après notre loi, une femme ne peut venir déposer en témoignage » [10].

## CHAPITRE VIII.

Et quelques autres de la foule des Juifs, hommes et femmes, se mirent à crier : « Cet homme est un prophète, les démons lui sont assujettis ! » Pilate leur dit : « Pourquoi les démons ne sont-ils pas assujettis à vos docteurs ? » Et ils répondirent : « Nous ne savons. »

D'autres dirent à Pilate : « Il a ressuscité Lazare, qui était mort depuis quatre jours, et il l'a fait sortir du sépulcre. » Le gouverneur, entendant cela, fut effrayé et il dit aux Juifs : « Que nous servira-t-il de répandre le sang innocent ? »

## CHAPITRE IX.

Et Pilate, appelant Nicodème à lui et les douze hommes qui disaient que Jésus n'était point né de la fornication, leur parla ainsi : « Que ferai-je, car une sédition éclate parmi le peuple ? » Et ils répondirent : « Nous ne savons ; qu'ils voient eux-mêmes. » Et Pilate, convoquant derechef la multitude, dit aux Juifs : « Vous savez que, suivant la coutume, le jour des azymes, je vous remets un prisonnier [11]. J'ai en prison un fameux meurtrier, qui s'appelle Barrabas ; je ne trouve en Jésus rien qui mérite la mort. Lequel voulez-vous que je vous remette ? » Tous répondirent en criant : « Remets-nous Barrabas ! » Pilate dit : « Que ferai-je donc de Jésus, qui est surnommé le Christ ? » Ils dirent tous : « Qu'il soit crucifié ! » Et les Juifs dirent aussi : « Tu n'es pas l'ami de César si tu remets en liberté celui qui se dit Roi et Fils de Dieu ; et tu veux peut-être que ce soit lui qui soit Roi au lieu de César. » Alors Pilate, ému de fureur, leur dit : « Vous avez toujours été une race séditieuse, et vous vous êtes opposés à ceux qui étaient pour vous. » Et les Juifs dirent : « Quels sont ceux qui étaient pour nous ? » Et Pilate répondit : « Votre Dieu, qui vous a délivrés de la dure servitude des Égyptiens, et qui vous a conduits à travers la mer comme à pied sec, et qui vous a donné dans le désert la manne et la chair des cailles pour votre nourriture, et qui a fait sortir de l'eau d'un rocher pour vous désaltérer, et, malgré tant de faveurs, vous n'avez cessé de vous révolter contre votre Dieu, et il a voulu vous faire périr. Et Moïse a prié pour vous, afin que vous ne périssiez pas. Et vous dites maintenant que je hais le Roi. » Et se levant de son tribunal, il voulut sortir. Mais tous les Juifs crièrent : « Nous savons que c'est César qui est Roi et non Jésus. Car les mages lui ont offert des présents comme à un Roi. Et Hérode, apprenant des mages qu'un Roi était né, voulut le faire périr. Son père, Joseph, l'ayant su, l'amena, ainsi que sa mère, et ils s'enfuirent en Egypte. Et Hérode fit mourir les enfants des Juifs qui étaient nés à Bethléem. » Pilate, entendant ces paroles, fut effrayé ; et lorsque le calme fut rétabli parmi le peuple qui criait, il dit : « C'est donc lui qui est ici présent que cherchait Hérode ? » Ils répondirent : « C'est lui. » Et Pilate, prenant de l'eau, lava ses mains devant le peuple en disant : « Je suis innocent du sang de cet homme juste ; songez à ce que vous faites. » Et les Juifs répondirent : « Que son sang soit sur nous et sur nos enfants ! » Alors Pilate ordonna d'amener Jésus devant le tribunal sur lequel il siégeait, et il poursuivit en ces termes, en rendant sentence contre Jésus : « Ta race t'a renié pour Roi. J'ordonne donc que tu sois d'abord flagellé, suivant les statuts des anciens princes. » Il ordonna ensuite qu'il fût crucifié dans le lieu où il avait été arrêté, avec deux malfaiteurs, dont les noms sont Dismas et Gestas.

## CHAPITRE X.

Et Jésus sortit du Prétoire et les deux larrons avec lui. Et lorsqu'il fut arrivé à l'endroit qui s'appelle Golgotha, les soldats le dépouillèrent de ses vêtements et le ceignirent d'un linge et ils mirent sur sa tête une couronne d'épines, et ils placèrent un roseau dans ses mains. Et ils crucifièrent également les deux larrons à ses côtés, Dismas à sa droite et Gestas à sa gauche. Et Jésus dit : « Mon père, pardonnez-leur et épargnez-les, car ils ne savent ce qu'ils font. » Et ils partagèrent entre eux ses vêtements. Et le peuple était présent et les princes, les anciens et les juges tournaient Jésus en dérision, en disant : « Il a sauvé les autres, qu'il se sauve lui-même ; s'il est le fils de Dieu, qu'il descende de la croix. » Les soldats se moquaient de lui et il lui offraient pour boisson du vinaigre avec du fiel, en disant : « Si tu es le Roi des Juifs, délivre-toi toi-même. » Un soldat nommé Longin, prenant une lance, lui perça le côté et il en sortit du sang et de l'eau. [12] Le gouverneur ordonna que l'on inscrivît sur un écriteau, suivant l'accusation des Juifs, en lettres hébraïques grecques et latines : « Celui-ci est le Roi des Juifs. » Un des larrons qui étaient crucifiés, nommé Gestas, lui dit : « si tu es le Christ, délivre-toi ainsi que nous. » Dismas lui répondant, le réprimanda, disant : « N'as-tu point crainte de Dieu, toi qui es de ceux contre lesquels condamnation a été rendue ? nous recevons le juste châtiment de ce que nous avons commis, mais lui, il n'a rien fait de mal. » Et lorsqu'il eut repris son compagnon, il dit à Jésus : « Souviens-toi de moi, Seigneur, dans ton royaume. » Et Jésus lui répondit : « En vérité, je te le dis, tu seras aujourd'hui avec moi au Paradis. [13] »

## CHAPITRE XI.

C'était vers la sixième heure du jour, et des ténèbres se répandirent sur toute la terre jusqu'à la neuvième heure. Le soleil s'obscurcissant, voici que le voile du Temple se fendit du haut en bas en deux parties. Et vers la neuvième heure, Jésus s'écria à haute voix : « *Hely, Hely, lama zabathani.* » ce qui signifie : Mon Dieu, mon Dieu, pourquoi m'as-tu abandonné ? Et ensuite Jésus dit : « Mon père, je remets mon esprit entre tes mains. » Et disant cela, il rendit l'esprit. Le centurion voyant ce qui s'était passé, glorifia Dieu, disant : « Cet homme était juste. » Et tous les assistants, troublés de ce qu'ils avaient vu, s'en retournèrent en frappant leurs poitrines. Et le centurion rapporta au gouverneur ce qui s'était passé ; le gouverneur l'entendant fut saisi d'une extrême affliction, et ils ne mangèrent ni ne burent ce jour-là. Et Pilate convoquant les Juifs, leur dit : « Avez-vous vu ce qui s'est passé ? » Et ils répondirent au gouverneur : « Le soleil s'est éclipsé de la manière habituelle. » Et tous ceux qui étaient attachés à Jésus se tenaient au loin, ainsi que les femmes qui l'avaient suivi de Galilée. Et voici qu'un homme nommé Joseph, homme juste et bon, et qui n'avait point eu part aux accusations et aux méchancetés des Juifs, et qui était d'Arimathie, ville de Judée, et qui attendait le royaume de Dieu, demanda à Pilate le corps de Jésus. Et l'ôtant de la croix, il le plia dans un linceul bien net, et il le déposa dans un tombeau tout neuf qu'il avait fait construire pour lui-même, et où nul n'avait été enseveli.

## CHAPITRE XII.

Les Juifs, apprenant que Joseph avait demandé le corps de Jésus, le cherchaient ainsi que les douze hommes qui avaient déclaré que Jésus n'était pas né de la fornication, et Nicodème et les autres qui avaient paru devant Pilate, et qui avaient rendu témoignage des bonnes œuvres de Jésus. Tous se cachant, Nicodème seul se montra à eux, car il était prince des Juifs, et il leur dit : « Comment êtes-vous entrés dans la Synagogue ? » Et ils lui répondirent : « Et toi, comment es-tu entré dans la Synagogue lorsque tu étais attaché au Christ ? Puisses-tu avoir part avec lui dans les siècles à venir. » Et Nicodème répondit : « Amen, amen, amen. » Joseph se montra également, et leur dit : « Pourquoi êtes-vous irrités contre moi de ce que j'ai demandé à Pilate le corps de Jésus ? Voici que je l'ai déposé dans mon propre tombeau, et je l'ai enveloppé d'un linceul bien net, et j'ai placé une grande pierre à l'entrée de la grotte. Vous avez mal agi contre le juste que vous avez crucifié, et percé à coups de lance. » Les Juifs, entendant cela, se saisirent de Joseph et ils ordonnèrent qu'il fût retenu jusqu'à ce que la fête du Sabbat fût passée. Et ils lui dirent : « En ce moment, nous ne pouvons rien faire contre toi, car le jour du Sabbat a lieu. Nous savons que tu n'es pas digne de sépulture, mais nous abandonnerons ta chair aux oiseaux du ciel et aux bêtes de la terre. » Joseph répondit : « Ces paroles sont semblables à celles de Goliath le Superbe, qui s'éleva contre le Dieu vivant et que frappa David. Dieu a dit par la voix du prophète : « Je me réserverai la vengeance. » Et Pilate, endurci de cœur, a lavé ses mains en plein soleil, en criant : « Je suis pur du sang de ce juste. » Et vous avez répondu : Que son sang soit sur nous et sur nos enfants. Et je crains maintenant que la colère de Dieu ne s'appesantisse sur vous et sur vos enfants, comme vous l'avez dit. » Les Juifs, entendant Joseph parler ainsi, furent outrés de rage, et se saisissant de lui, ils l'enfermèrent dans un cachot où il n'y avait pas de fenêtre. Anne et Caïphe placèrent des gardes à la porte et posèrent leur sceau sur la clé. Et ils tinrent conseil avec les prêtres et les lévites pour qu'ils se rassemblassent tous après le jour du Sabbat, et ils songèrent quel genre de mort ils infligeraient à Joseph. Et quand ils se furent réunis, Anne et Caïphe ordonnèrent que l'on amenât Joseph, et ôtant le sceau, ils ouvrirent la porte et ils ne trouvèrent pas Joseph dans le cachot où ils l'avaient enfermé. Et toute l'assemblée fut frappée de stupeur, car l'on avait trouvé la porte scellée. Et Anne et Caïphe se retirèrent [14].

## CHAPITRE XIII.

Tous étant remplis de surprise un des soldats qui avait été mis pour garder le sépulcre entra dans la Synagogue, et dit : « Tandis que nous veillions sur le tombeau de Jésus, la terre a tremblé et nous avons vu l'Ange de Dieu qui a ôté la pierre du sépulcre et qui s'est assis sur elle. Et son visage brillait comme la foudre, ses vêtements étaient blancs comme la neige. Et nous sommes restés comme morts de frayeur. Et nous avons entendu l'Ange qui disait aux femmes venues au sépulcre de Jésus : Ne craignez point, je sais que vous cherchez Jésus le crucifié ; il est ressuscité, ainsi qu'il l'avait prédit. Venez, et voyez l'endroit où il avait été placé, et empressez-vous d'aller dire à ses disciples qu'il est ressuscité d'entre les morts, et qu'il vous précède en Galilée ; c'est là que vous le verrez. » Et les Juifs convoquant tous les soldats qui avaient été préposés à la garde du tombeau de Jésus, leur dirent : « Quelles sont ces femmes auxquelles l'Ange a parlé ? Pourquoi ne vous êtes-vous pas saisis d'elles ? » Les soldats répondirent : « Nous ne savons quelles étaient ces femmes, et nous sommes restés comme morts tant l'Ange nous inspirait de crainte ; comment aurions-nous pu nous saisir de ces femmes ? » Les Juifs dirent : « Vive le Seigneur ! nous ne vous croyons point. » Les soldats répondirent aux Juifs : « Vous avez vu Jésus qui faisait tant de miracles et vous n'y avez pas cru, comment croiriez-vous à nous ? Vous avez eu raison de dire : Vive le Seigneur ! car il vit le Seigneur que vous avez enfermé. Nous avons appris que vous avez emprisonné en un cachot, dont vous avec scellé la porte, ce Joseph qui a enseveli le corps de Jésus, et lorsque vous êtes venus pour le chercher, vous ne l'avez plus trouvé. Remettez-nous Joseph que vous avez enfermé, et nous vous remettrons Jésus que nous gardions dans le sépulcre. » Les Juifs répondirent : « Nous vous remettons Joseph, remettez-nous Jésus ; car Joseph est dans la ville d'Arimathie. » Les soldats répondirent : « Comme Joseph est à Arimathie, Jésus est en Galilée, ainsi que nous avons entendu l'Ange l'annoncer aux femmes. » Les Juifs entendant cela, craignirent, et ils se disaient entre eux : « Lorsque le peuple entendra ces discours, tous croiront en Jésus. » Et réunissant une grosse somme d'argent, ils la donnèrent aux soldats, en disant : « Dites que tandis que vous dormiez, les disciples de Jésus sont venus pendant la nuit, et qu'ils ont dérobé son corps. Et si le gouverneur Pilate apprend cela, nous l'apaiserons à votre égard, et vous ne serez point inquiétés. » Les soldats prenant l'argent, dirent ce que les Juifs leur avaient recommandé.

## CHAPITRE XIV.

Un prêtre nommé Phinée, et Addas qui était maître d'école, et un lévite nommé Aggée, vinrent tous trois de la Galilée à Jérusalem, et ils dirent aux princes des prêtres et à tous ceux qui étaient dans la Synagogue : « Jésus que vous avez crucifié, nous l'avons vu qui parlait avec onze de ses disciples, assis au milieu d'eux sur le mont des Olives [15], et leur disant : « Allez dans le monde entier, prêchez à toutes les nations, baptisez les Gentils au nom du Père et du Fils et du Saint-Esprit. Et celui qui croira et qui sera baptisé, sera sauvé. Et quand il eut dit ces choses à ses disciples, nous l'avons vu monter au Ciel. » En entendant cela, les princes des prêtres, et les anciens, et les lévites dirent à ces trois hommes : « Rendez gloire au Dieu d'Israël et prenez-le à témoin que ce que vous avez vu et entendu est véritable. » Et ils répondirent : « Vive le Seigneur de nos pères, le Dieu d'Abraham, et le Dieu d'Isaac, et le Dieu de Jacob, nous avons entendu Jésus parler avec ses disciples, et nous l'avons vu monter au Ciel ; nous disons la vérité. Si nous taisons que nous avons entendu Jésus tenir ces discours à ses disciples, et que nous l'avons vu monter au ciel, nous commettrons un péché. » Les princes des prêtres se levant aussitôt, leur dirent : « Ne répétez à personne ce que vous nous avez dit au sujet de Jésus. » Et ils leur donnèrent une grosse somme d'argent. Et ils renvoyèrent trois hommes avec eux pour qu'ils fussent ramenés dans leur pays et qu'ils ne fissent aucun séjour à Jérusalem. Et tous les Juifs s'étant réunis se livrèrent entre eux à de grandes méditations, disant : « Quelle est cette merveille qui est survenue en Israël ?

» Anne et Caïphe les consolant leur dirent : « Devons-nous croire aux soldats qui gardaient le monument de Jésus, et qui nous dirent qu'un Ange a ôté la pierre de la porte du monument ? Peut-être ses disciples le leur ont dit et leur ont donné beaucoup d'argent pour les amener à s'exprimer ainsi et à laisser enlever le corps de Jésus. Sachez qu'il ne faut ajouter nulle foi aux paroles de ces étrangers, car ils ont reçu de nous une forte somme, et ils ont dit partout ce que nous leur avions recommandé de dire. Et ils peuvent bien être infidèles aux disciples de Jésus tout comme à nous. »

## CHAPITRE XV.

Nicodème se levant, dit : « Vous parlez dans la droiture, enfants d'Israël. Vous avez entendu tout ce qu'ont dit ces trois hommes qui juraient sur la loi du Seigneur. Ils ont dit : « Nous avons vu Jésus qui parlait avec ses disciples sur le mont des Olives, et nous l'avons vu monter au Ciel. Et l'Écriture nous enseigne que le bienheureux Élie a été enlevé au Ciel, et Elisée, interrogé par les fils des prophètes qui lui demandaient : « Où est notre frère Élie ? » leur dit qu'il avait été enlevé. Et les fils des prophètes lui dirent : « Peut-être l'esprit l'a enlevé et l'a déposé sur les montagnes d'Israël. Mais choisissons des hommes qui iront avec nous et parcourons les montagnes d'Israël, nous le trouverons peut-être. Et ils prirent Elisée, et il marcha avec eux trois jours, et ils ne trouvèrent point Élie [16]. Et maintenant, écoutez-moi, enfants d'Israël, et envoyons des hommes dans les montagnes d'Israël, car peut-être l'Esprit a enlevé Jésus, et peut-être le trouverons-nous, et nous ferons pénitence. » Et l'avis de Nicodème fut du goût de tout le peuple, et ils envoyèrent des hommes, et ceux-ci chercherait Jésus sans le trouver, et, étant de retour, ils dirent : « Nous n'avons point rencontré Jésus dans les lieux que nous avons parcourus, mais nous avons trouvé Joseph dans la ville d'Arimathie. » Les princes et tout le peuple entendant cela, se réjouirent et ils glorifièrent le Dieu d'Israël de ce qu'on avait trouvé Joseph qu'ils avaient enfermé dans un cachot, et qu'ils n'avaient pas retrouvé. Et réunissant une grande assemblée, les princes des prêtres dirent : « Comment pouvons-nous amener Joseph à nous et lui parler ? » Et prenant du papier, ils écrivirent à Joseph, disant : « La paix soit avec toi et avec tous ceux qui sont avec toi. Nous savons que nous avons péché contre Dieu et contre toi. Daigne donc venir vers tes pères et tes fils, car ton enlèvement nous a remplis de surprise. Nous savons que nous avons entretenu contre toi un mauvais dessein, et le Seigneur t'a protégé, et il t'a délivré de nos mauvaises intentions. Que la paix soit avec toi, Seigneur Joseph, homme honorable parmi tout le peuple. » Et ils choisirent sept hommes amis de Joseph, et ils leur dirent : « Lorsque vous serez arrivés auprès de Joseph, donnez-lui le salut de paix, et remettez-lui la lettre. » Et les hommes arrivant auprès de Joseph, le saluèrent, et lui remirent la lettre. Et après que Joseph en eut fait lecture, il dit : « Béni soit le Seigneur Dieu qui a préservé Israël de l'effusion de mon sang. Sois béni, mon Dieu, qui m'as protégé de tes ailes. » Et Joseph embrassa les messagers et les reçut dans sa maison. Le lendemain, Joseph, montant sur son âne, se mit en route avec eux, et ils arrivèrent à Jérusalem. Et quand les Juifs apprirent sa venue, ils accoururent tous au-devant de lui, criant et disant : « La paix soit à ton arrivée, père Joseph ! » Et il leur répondit : « Que la paix du Seigneur soit avec tout le peuple. » Et tous l'embrassèrent. Et Nicodème les reçut dans sa maison, les accueillant avec grand honneur et empressement. Le lendemain qui était le jour de la préparation, Anne et Caïphe et Nicodème dirent à Joseph : « Rends hommage au Dieu d'Israël, et réponds à tout ce que nous te demanderons. Nous étions irrités contre toi, parce que tu avais enseveli le corps du Seigneur-Jésus, et nous t'avons enfermé dans un cachot où nous ne t'avons pas retrouvé, ce qui nous a remplis de surprise et nous a pénétrés de frayeur jusqu'à ce que nous t'ayons revu. Raconte-nous donc, en présence de Dieu, ce qui s'est passé. » Joseph répondit : « Lorsque vous m'avez enfermé le jour de Pâques au soir, tandis que j'étais en oraison au milieu de la nuit, la maison fut comme enlevée dans les airs. Et j'ai vu Jésus resplendissant comme un éclair, et, saisi de crainte, je suis tombé par terre. Et, Jésus, me prenant par la main, m'a élevé au-dessus de terre et la rosée me couvrait. Et essuyant mon visage, il m'a embrassé et il m'a dit : « Ne crains rien, Joseph ; regarde-moi, et vois, car c'est moi. » Et je regardai et je m'écriai : « O maître Élie ! » Et il me dit : « Je ne suis point Élie, mais je suis Jésus de Nazareth dont tu as enseveli le corps. » Je lui ai répondu : « Montre-moi le monument où je t'ai déposé. » Et Jésus, me tenant par la main, m'a conduit à l'endroit où je l'avais enseveli. Et il m'a montré le linceul et le drap dans lequel j'avais enveloppé sa tête. Alors j'ai reconnu que c'était Jésus [17] et je l'ai adoré, et j'ai dit : « Béni celui qui vient au nom du Seigneur. » Jésus, me tenant par la main, m'a conduit à Arimathie dans ma maison, et m'a dit : « La paix soit avec toi, et de quarante jours, ne sors pas de ta maison, et je vais retourner vers mes disciples. »

## CHAPITRE XVI.

Lorsque les princes des prêtres et les autres prêtres

et les lévites eurent entendu ces choses, ils furent frappés de stupeur, et ils tombèrent par terre sur leurs visages comme morts, et revenus à eux, ils s'écriaient : « Quelle est cette merveille qui s'est manifestée à Jérusalem ? car nous connaissons le père et la mère de Jésus. » Un certain lévite dit : « Je sais que son père et sa mère étaient des personnes craignant Dieu et qu'ils étaient toujours en prières dans le Temple offrant des hosties et des holocaustes au Dieu d'Israël. » Et lorsque le grand-prêtre Siméon le reçut, il dit, le tenant dans ses mains : « Maintenant, Seigneur, renvoie ton serviteur en paix suivant ta parole, car mes yeux ont vu le Sauveur que tu as préparé en présence de tous les peuples, la lumière qui doit servir à la révélation faite aux nations et à la gloire de ta race d'Israël. » Et ce même Siméon bénit aussi Marie, la mère de Jésus, et il lui dit : « Je t'annonce au sujet de cet enfant qu'il est né pour la ruine et la résurrection de beaucoup et en signe de contradiction. Et le glaive traversera ton âme jusqu'à ce que les pensées des cœurs de beaucoup soient connues. » Alors les Juifs dirent : « Envoyons vers ces trois hommes qui disent qu'ils l'ont vu avec ses disciples sur le mont des Oliviers. » Quand ce fut fait et que ces trois hommes furent venus et qu'ils furent interrogés, ils répondirent d'une voix unanime : « Vive le Seigneur, Dieu d'Israël, car nous avons manifestement vu Jésus avec ses disciples sur le mont des Oliviers et lorsqu'il montait au ciel. » Alors Anne et Caïphe les prirent chacun à part et les questionnèrent séparément. Et confessant unanimement la vérité, ils dirent qu'ils avaient vu Jésus. Alors Anne et Caïphe dirent : « Notre loi porte : Dans la bouche de deux ou trois témoins, toute parole est valide. Mais ne savons-nous pas que le bienheureux Enoch plut à Dieu et qu'il fut transporté par la parole de Dieu, et la tombe du bienheureux

Moïse ne se trouve pas et la mort du prophète Élie n'est pas connue. Jésus au contraire a été livré à Pilate, flagellé, couvert de crachats, couronné d'épines, frappé d'une lance et crucifié ; il est mort sur la croix et il a été enseveli et l'honorable père Joseph a enseveli son corps dans un sépulcre neuf, et il attesta l'avoir vu vivant Et ces trois hommes certifient qu'ils l'ont vu avec ses disciples sur le mont des Olives et monter au ciel.

## CHAPITRE XVII.

Et Joseph se levant dit à Anne et Caïphe : « Vous êtes justement dans l'admiration, parce que vous apprenez que Jésus a été vu ressuscité et montant au ciel. Il faut encore plus s'étonner de ce que non seulement il est ressuscité, mais qu'il a rappelé du sépulcre beaucoup d'autres morts, et qu'un grand nombre de personnes les ont vus à Jérusalem. Et écoutez-moi maintenant, car nous savons tous que le bienheureux grand-prêtre Siméon a reçu, de ses mains, Jésus enfant dans le Temple. Et ce Siméon eut deux fils, frères de père et de mère, et nous avons tous été présents lorsqu'ils se sont endormis [18], et nous avons assisté à leur ensevelissement. Allez donc et voyez leurs tombeaux, car ils se sont ouverts, et les fils de Siméon sont dans la ville d'Arimathie, vivant dans l'oraison. Quelquefois on entend leurs cris, mais ils ne parlent à personne et ils sont silencieux comme des morts. Venez, allons vers eux et emmenons-les devant nous avec les plus grands égards. Et si nous leur demandons avec instance, ils nous parleront peut-être du mystère de leur résurrection. » Tous entendant cela se réjouirent, et Anne et Caïphe, Nicodème et Joseph et Gamaliel allant aux sépulcres, n'y trouvèrent point les morts, mais se rendant dans la ville d'Arimathie, ils les y trouvèrent agenouillés. Et les embrassant avec le plus grand respect et dans la crainte de Dieu, ils les conduisirent à Jérusalem dans la Synagogue. Et après que les portes furent fermées, prenant le livre de la loi, ils le posèrent dans leurs mains, les conjurant par le Dieu Adonaï et le Dieu d'Israël [19] qui a parlé par la loi et par les prophètes, disant : « Si vous savez que c'est lui qui vous a ressuscités d'entre les morts, dites-nous comment vous êtes ressuscités. » Carinus et Leucius entendant cette adjuration, tremblèrent de tous leurs corps, et, tout émus, ils gémirent du fond de leur cœur. Et, regardant au ciel, ils firent avec leur doigt le signe de la croix sur leur langue. Et aussitôt ils parlèrent, disant : « Donnez-nous des tomes de papier afin que nous écrivions ce que nous avons vu et entendu. » Et on les leur donna. Et, s'asseyant, chacun d'eux écrivit, disant :

## CHAPITRE XVIII.

Jésus-Christ, Seigneur Dieu, résurrection des morts et vie, permets-nous d'énoncer les mystères par la mort de ta croix, parce que nous avons été conjurés par toi. Tu as ordonné de ne rapporter à personne les secrets de ta majesté divine tels que tu les a manifestés dans les enfers. Lorsque nous étions avec tous nos pères, placés au fond des ténèbres, nous avons soudain été enveloppés d'une splendeur dorée comme celle du soleil et une lueur royale nous a illuminés. Et, aussitôt, Adam, le père de tout le genre humain, a tressailli de joie ainsi que tous les patriarches et les prophètes, et ils ont dit : « Cette lumière, c'est l'auteur de la lumière éternelle qui nous a promis de nous transmettre une lumière qui n'aura pas de terme. »

# CHAPITRE XIX.

Et le prophète Isaïe s'est écrié, et a dit : « C'est la lumière du Père, le Fils de Dieu, comme j'ai prédit, lorsque j'étais sur les terres des vivants : la terre de Zabulon et la terre de Nephtalim. Au-delà du Jourdain, le peuple qui est assis dans les ténèbres verra une grande lumière ; et ceux qui sont dans la région de la mort, la lumière brillera sur eux. Et maintenant, elle est arrivée, et a brillé pour nous qui étions assis dans la mort. » Et comme nous tressaillions tous de joie dans la lumière qui a brillé sur nous, il survint à nous Siméon, notre père, et, en tressaillant de joie, il a dit à tous : « Glorifiez le Seigneur Jésus-Christ, le Fils de Dieu, car je l'ai reçu nouveau-né dans mes mains dans le Temple, et, inspiré par l'Esprit saint, je l'ai glorifié et j'ai dit : « Mes yeux ont vu maintenant le salut que tu as préparé en présence de tous les peuples ; la lumière pour la révélation des nations et la gloire de ton peuple d'Israël. » Toute la multitude des Saints, entendant ces choses, se réjouit davantage. Et, ensuite, il survint un homme qui semblait ermite, et, tous l'interrogeant : « Qui es-tu ? » Il leur répondit, et il dit : « Je suis Jean [20], la voix et le prophète du Très-Haut, celui qui précède la face de son avènement afin de préparer ses voies, afin de donner la science du salut à son peuple pour la rémission des péchés. Et le voyant venir à moi, j'ai été poussé par l'Esprit saint, et j'ai dit : Voilà l'Agneau de Dieu ; voilà celui qui ôte les péchés du monde. Et je l'ai baptisé dans le fleuve du Jourdain, et j'ai vu l'Esprit-saint descendre sur lui sous la forme d'une colombe. Et j'ai entendu une voix des Cieux qui disait : Celui-ci est mon fils bien-aimé, dans lequel j'ai mis toute ma complaisance, écoutez-le. Et maintenant, j'ai précédé sa face, je suis descendu vous annoncer que dans peu de temps le

Fils de Dieu lui-même se levant d'en haut nous visitera en venant à nous qui sommes assis dans les ténèbres et dans l'ombre de la mort [21].

## CHAPITRE XX.

Et lorsque le père Adam, premier formé, entendit ces choses, que Jésus a été baptisé dans le Jourdain, il s'écria, parlant à son fils Seth : [22] « Raconte à tes fils, les patriarches et les prophètes, toutes les choses que tu as entendues de Michel l'Archange, quand je t'ai envoyé aux portes du Paradis, afin de supplier le Seigneur de te transmettre son Ange pour qu'il te donnât de l'huile de l'arbre de miséricorde [23], et que tu oignis mon corps lorsque j'étais malade. » Alors Seth s'approchant des saints patriarches et des prophètes dit : « Moi, Seth, comme j'étais en oraison devant le Seigneur aux portes du Paradis, voilà que l'Ange du Seigneur, Michel [24], m'apparut, disant : J'ai été envoyé vers toi par le Seigneur, je suis établi sur le corps humain. Je te le dis, Seth, ne prie point dans les larmes, et ne demande pas l'huile de l'arbre de miséricorde, afin d'oindre ton père Adam à cause des souffrances de son corps, car d'aucune manière, tu ne pourras en recevoir si ce n'est dans les derniers jours et si ce n'est lorsque cinq mille et cinq cents jours auront été accomplis ; alors le Fils de Dieu, rempli d'amour, viendra sur la terre, et il ressuscitera le corps d'Adam, et ressuscitera en même temps les corps des morts. Et, à sa venue, il sera baptisé dans le Jourdain. Lorsqu'il sera sorti de l'eau du Jourdain, alors il oindra de l'huile de sa miséricorde tous ceux qui croient en lui et l'huile de sa miséricorde sera pour la génération de ceux qui doivent naître de l'eau et de l'Esprit saint pour la vie éternelle [25]. Alors Jésus-Christ, le Fils de Dieu, plein d'amour, descendant sur la terre, introduira notre père Adam dans le Paradis auprès de l'arbre de miséricorde. » Tous les patriarches et les prophètes entendant ces choses que disait Seth, tressaillirent de grande joie.

## CHAPITRE XXI.

Et lorsque tous les Saints tressaillaient d'allégresse, voilà que Satan, le prince et le chef de la mort, dit au prince des enfers [26] : « Apprête-toi toi-même à prendre Jésus qui se glorifie d'être le Christ, Fils de Dieu, et qui est un homme craignant la mort, et disant : Mon âme est triste jusqu'à la mort. Car il s'est opposé à moi en maintes choses, et beaucoup d'hommes que j'avais rendus aveugles, boiteux, sourds, lépreux, et que j'avais tourmentés par différents démons, il les a guéris d'une parole. Et ceux que je t'avais amenés morts, il te les a enlevés. » Et le prince du Tartare [27] répondant à Satan, dit : « Quel est ce prince si puissant, puisqu'il est un homme craignant la mort ? Car tous les puissants de la terre sont tenus assujettis par ma puissance lorsque tu les a amenés soumis par ton pouvoir. Si donc tu es puissant, quel est ce Jésus qui, craignant la mort, s'oppose à toi ! S'il est tellement puissant dans son humanité, je te le dis en vérité, il est tout-puissant dans sa divinité, et personne ne peut résister à son pouvoir. Et lorsqu'il dit qu'il craint la mort, il veut te tromper, et malheur sera pour toi dans les siècles éternels. » Satan, le prince de la mort, répondit et dit : « Pourquoi as-tu hérité et redouté de prendre ce Jésus ton adversaire et le mien ? Car je l'ai tenté et j'ai excité contre lui mon ancien peuple juif, ranimant de haine et de colère ; j'ai aiguisé la lance de persécution, j'ai mêlé du fiel et du vinaigre, et je lui ai fait donner à boire, et j'ai fait préparer le bois pour le crucifier et des clous pour percer ses mains et ses pieds, et sa mort est proche, et je te l'amènerai assujetti à toi et à moi. » Et le prince de l'enfer répondit et dit : « Tu m'as dit que c'est lui qui m'a arraché les morts. Beaucoup sont ici que je retiens, et pendant qu'ils vivaient sur la terre, ils m'ont enlevé des morts, non par leur propre pouvoir, mais par les prières divines, et leur Dieu tout-puissant me les a arrachés. Qui est donc ce Jésus qui, par sa parole, m'a arraché des morts ? c'est peut-être lui qui a rendu à la vie par la parole de son commandement, Lazare, qui était mort depuis quatre jours, plein de puanteur et en dissolution, et que je détenais mort. » Satan, le prince de la mort répondit et dit : « C'est ce même Jésus. » Le prince des enfers, entendant cela, lui dit : « Je te conjure par ta puissance et la mienne, ne l'amène pas vers moi. Car lorsque j'ai entendu la force de sa parole, j'ai tremblé, saisi de crainte, et en même temps tous mes ministres impies ont été troublés avec moi. Nous n'avons pu retenir ce Lazare [28] ; mais, nous échappant avec toute l'agilité et la vitesse de l'aigle, il est sorti d'entre nous, et cette même terre qui tenait le corps privé de vie de Lazare l'a aussitôt rendu vivant. Je sais ainsi maintenant que cet homme qui a pu accomplir ces choses, est le Dieu fort dans son empire, et puissant dans l'humanité, et il est le sauveur du genre humain, et si tu l'amènes vers moi, tous ceux que je retiens ici renfermés dans la rigueur de la prison, et enchaînés par les liens non rompus de leurs péchés, il les dégagera et il les conduira par sa divinité à la vie qui doit durer autant que l'éternité. »

## CHAPITRE XXII.

Et comme ils parlaient ainsi alternativement, Satan et le prince de l'enfer, il se fit une voix comme celle des tonnerres et le bruit de l'ouragan : « Princes, enlevez vos portes, et élevez-vous, portes éternelles, et le Roi de gloire entrera. » Le prince de l'enfer entendant cela, il dit à Satan : « Eloigne-toi de moi et sors de mes demeures ; si tu es un puissant combattant, combats contre le Roi de gloire. Mais qu'y a-t-il de toi à lui ? » Et le prince de l'enfer jeta Satan hors de ses demeures. Et le prince de l'enfer dit à ses ministres impies : « Fermez les cruelles portes d'airain et poussez les verrous de fer, et résistez vaillamment de peur que nous ne soyons réduits en captivité, nous qui gardons les captifs. » Mais en entendant cela, toute la multitude des Saints dit au prince de l'enfer d'une voix de reproche : « Ouvre tes portes, afin que le Roi de gloire entre. » Et David, ce divin prophète, s'écria en disant : « Est-ce que, lorsque j'étais sur les terres des vivants, je ne vous ai pas prédit que les miséricordes du Seigneur lui rendront témoignage, et que ses merveilles l'annonceront aux fils des hommes, parce qu'il a brisé les portes d'airain et rompu les verrous de fer ? Il les a retirés de la voie de leur iniquité. » Et ensuite, un autre prophète, Isaïe, dit pareillement à tous les Saints : « Est-ce que, lorsque j'étais sur les terres des vivants, je ne vous ai pas prédit : Les morts s'éveilleront et ceux qui sont dans le tombeau se relèveront, et ceux qui sont dans la terre tressailliront de joie, parce que la rosée qui vient du Seigneur est leur guérison ? Et j'ai dit encore : « Mort, où est ta victoire ? Mort, où est ton aiguillon ? » Tous les Saints entendant ces paroles d'Isaïe, dirent au prince des enfers : « Ouvre, tes portes, maintenant, vaincu et terrassé, tu es sans puissance. » Et il se fit une voix comme celle des tonnerres, disant : « Princes, enlevez vos portes, et élevez-vous, portes infernales, et le Roi de gloire entrera. » Le prince de l'enfer voyant que deux fois ce cri s'était fait entendre, dit comme s'il était dans l'ignorance : « Quel est ce Roi de gloire ? » David, répondant au prince de l'enfer, dit : « Je connais les paroles de cette clameur, car ce sont les mêmes que j'ai prophétisées par l'inspiration de son esprit. Et maintenant ce que j'ai déjà dit, je te le répète : « Le Seigneur fort et puissant, le Seigneur puissant dans le combat, c'est lui qui est le Roi de gloire, et le Seigneur à regardé du ciel sur les terres, afin d'entendre le gémissement de ceux qui sont dans les fers, et afin de délivrer les fils de ceux qui ont été mis à mort. Et maintenant, immonde et horrible prince de l'enfer, ouvre tes portes, afin que le Roi de gloire entre. » David, disant ces paroles au prince de l'enfer, le Seigneur de majesté survint sous la forme d'un homme, et il éclaira les ténèbres éternelles, et il rompit les liens qui n'étaient point brisés, et le secours d'une vertu invincible nous visita, nous qui étions assis dans les profondeurs des ténèbres des fautes, et dans l'ombre de la mort des péchés.

## CHAPITRE XXIII.

Le prince de l'enfer et la mort et leurs officiers impies voyant cela, furent saisis d'épouvante avec leurs cruels ministres, dans leurs propres royaumes, lorsqu'ils virent l'éblouissante clarté d'une si vive lumière, et le Christ établi tout d'un coup dans leurs demeures, et ils s'écrièrent en disant : « Tu nous a vaincus. Qui es-tu, toi que le Seigneur envoie pour notre confusion ? Qui es-tu, toi, qui sans atteinte de corruption, par l'effet irrésistible de ta majesté as pu renverser notre puissance ? Qui es-tu, toi, si grand et si petit, si humble et si élevé, soldat et général, combattant admirable sous la forme d'un esclave ? Roi de gloire mort et vivant que la croix a porté mis à mort. Toi qui es demeuré mort étendu dans le sépulcre et qui es descendu vivant vers nous ?

Et toute créature a tremblé en ta mort, et tous les astres ont été ébranlés, et maintenant tu es devenu libre entre les morts, et tu troubles nos légions. Qui es-tu, toi qui délies les captifs et qui inondes d'une lumière éclatante ceux qui sont aveuglés par les ténèbres des péchés ? » Pareillement toutes les légions des démons frappées d'une semblable frayeur, crièrent avec une soumission craintive et d'une voix unanime disant : « D'où es-tu, Jésus, homme si puissant et splendide en majesté, si éclatant, sans tache et pur de crime ? Car ce monde terrestre qui nous a toujours été assujetti jusqu'à présent, qui nous payait des tributs pour nos sombres usages, ne nous a jamais envoyé un mort tel que celui-ci, et n'a jamais destiné de pareils présents aux enfers ? Qui es-tu donc, toi qui a ainsi franchi sans crainte les frontières de nos domaines, et non seulement tu ne redoutes point nos supplices, mais de plus tu tentes de délivrer tous ceux que nous tenons dans nos fers ? Peut-être es-tu ce Jésus duquel Satan, notre prince, disait que par ta mort sur la croix, tu recevrais une puissance sans bornes sur le monde entier. « Alors le Roi de gloire, écrasant dans sa majesté la mort sous ses pieds et saisissant Satan, priva l'enfer de toute sa puissance et amena Adam à la clarté de sa lumière.

## **CHAPITRE XXIV.**

Alors le prince de l'enfer gourmandant Satan avec de violents reproches, lui dit [29] : « O Beelzébuth [30] prince de perdition et chef de destruction, dérision des Anges de Dieu, ordure des justes, qu'as-tu voulu faire ? Tu as voulu crucifier le Roi de gloire, dans la ruine et la mort duquel tu nous avais promis de si grandes dépouilles ? Ignores-tu comment tu as agi dans ta folie ? Car voici que ce Jésus dissipe par l'éclat de sa divinité toutes les ténèbres de la mort ; il a brisé les profondeurs des plus solides prisons, et il délivre les captifs et il relâche ceux qui sont dans les fers ; voici que tous ceux qui gémissaient sous nos tourments, nous insultent et nous sommes accablés de leurs imprécations ? Nos empires et nos royaumes sont vaincus et la race humaine, nous ne lui inspirons plus d'effroi.

Au contraire, ils nous menacent et nous insultent, ceux qui, morts, n'avaient jamais pu montrer de superbe devant nous et qui n'avaient jamais pu éprouver un moment d'allégresse pendant leur captivité.

O Satan, prince de tous les maux, père des impies et des rebelles, qu'as-tu voulu faire ? Ceux qui depuis le commencement jusqu'à présent avaient désespéré du salut et de la vie : maintenant aucun de leurs gémissements ne se fait entendre, aucune de leurs plaintes ne résonne, et on ne trouve aucun vestige de larmes sur la face d'aucun d'eux. O prince Satan, possesseur des clés des enfers, tu as maintenant perdu par le bois de la croix ces richesses que tu avais acquises par le bois de la prévarication et la perte du Paradis, et toute ton allégresse a péri lorsque tu as attaché à la croix ce Christ, Jésus le Roi de gloire, tu as agi contre toi et contre moi. Sache désormais combien de tourments éternels et de supplices infinis tu dois souffrir sous ma garde qui ne connaît pas de terme. O Satan, prince de tous les méchants, auteur de la mort et source d'orgueil, tu aurais dû premièrement chercher un juste reproche à faire à ce Jésus, et comme tu n'as trouvé en lui aucune faute, pourquoi sans raison as-tu osé le crucifier injustement et amener dans notre région l'innocent et le juste ! Et tu as perdu les mauvais, les impies et les injustes du monde entier. » Et comme le prince de l'enfer parlait ainsi à Satan, alors le Roi de gloire dit au prince de l'enfer : « Le prince Satan sera sous votre puissance dans la perpétuité des siècles au lieu d'Adam et de ses fils qui sont mes justes ».

## CHAPITRE XXV.

Et le Seigneur, étendant sa main, dit : « Venez à moi, tous mes Saints, qui avez mon image et ma ressemblance. Vous qui avez été condamnés par le bois, le diable et la mort, vous verrez que le diable et la mort sont condamnés par le bois. » Et aussitôt tous les Saints furent réunis sous la main du Seigneur. Et le Seigneur, tenant la main droite d'Adam, lui dit : « Paix à toi avec tous tes fils, mes justes. » Adam, se prosternant aux genoux du Seigneur, le supplia en versant des larmes, disant d'une voix haute : « Seigneur, je te glorifierai, car tu m'as accueilli et tu n'as pas fait triompher mes ennemis au-dessus de moi. Seigneur, mon Dieu, j'ai crié vers toi, et tu m'as guéri, Seigneur. Tu as retiré mon fils des enfers, tu m'as sauvé en ne me laissant pas avec ceux qui descendent dans l'abîme. Chantez les louanges du Seigneur, vous tous qui êtes ses Saints, et confessez à la mémoire de sa sainteté. Car la colère et dans son indignation, et la vie dans sa volonté. » Et pareillement tous les Saints de Dieu se prosternant aux genoux du Seigneur, dirent d'une voix unanime : « Tu es arrivé, Rédempteur du monde et tu as accompli ce que tu avais prédit par la loi et par tes prophètes. Tu as racheté les vivants par ta croix, et, par la mort de la croix, tu es descendu vers nous pour nous arracher des enfers et de la mort, par ta majesté. Seigneur, ainsi que tu as placé le titre de ta gloire dans le ciel, et que tu as élevé le titre de la rédemption, ta croix sur la terre de même, Seigneur, place dans l'enfer le signe de la victoire de ta croix, afin que la mort ne domine plus. » Et le Seigneur, détendant sa main, fit un signe de croix sur

Adam et sur tous ses Saints, et, tenant la main droite d'Adam, il s'éleva des enfers. Et tous les Saints le suivirent. Alors le prophète David s'écria avec force : « chantez au Seigneur un cantique nouveau, car il a fait des choses admirables. Sa droite et son bras nous ont sauvés. Le Seigneur a fait connaître son salut ; il a révélé sa justice en présence des nations ! » Et toute la multitude des Saints répondit en disant : « Cette gloire est à tous les Saints. Ainsi soit-il. Louez Dieu. » Et alors le prophète Habaouc s'écria disant : « Tu es sorti pour le salut de ton peuple, pour la délivrance de tes élus. » Et tous les Saints répondirent, disant : « Béni qui vient au nom du Seigneur, le Seigneur Dieu, et qui nous éclaira. » Pareillement le prophète Michée s'écria, disant : « Quel Dieu y a-t-il comme toi, Seigneur, ôtant les iniquités et effaçant les péchés ? Et maintenant tu contiens le témoignage de ta colère, car tu inclines davantage à la miséricorde. Tu as eu pitié de nous et tu nous as absous de nos péchés, et tu as plongé toutes nos iniquités dans l'abîme de la mort, ainsi que tu l'avais juré à nos pères dans les jours anciens. » Et tous les Saints répondirent disant : « Il est notre Dieu à jamais et pour les siècles des siècles, il nous régira dans tous les siècles. Ainsi soit-il. Louez Dieu » Et de même tous les prophètes récitant des passages de leurs anciens chants consacrés à la louange du Seigneur et tous les Saints.

## CHAPITRE XXVI.

Et le Seigneur, tenant Adam par la main, le remit à Michel Archange, et tous les Saints suivirent Michel. Il les introduisit tous dans la grâce glorieuse du Paradis [31], et deux hommes, anciens des jours, vinrent au-devant d'eux. Les Saints les interrogèrent, disant : « Qui êtes-vous, vous qui n'avez pas encore été avec nous dans les enfers et qui avez été placés corporellement dans le Paradis ? » Un d'eux répondit : « Je suis Enoch [32] qui ai été transporté ici par la parole du Seigneur. Et celui qui est avec moi est Élie le Thesbite, qui a été enlevé par un char de feu. Jusqu'à présent nous n'avons point goûté la mort, mais nous sommes réservés pour l'avènement de l'Antéchrist, armés de signes divins et de prodiges pour combattre avec lui, pour être mis à mort dans Jérusalem, et, après trois jours et demi, pour être derechef enlevés vivants dans les nuées.

## CHAPITRE XXVII.

Et tandis qu'Enoch et Élie parlaient ainsi aux Saints, voici qu'il survint un autre homme très misérable portant sur ses épaules le signe de la croix. Et lorsque tous les Saints le virent, ils lui dirent : « Qui es-tu ? ton aspect est celui d'un larron, et d'où vient que tu portes le signe de la croix sur tes épaules ? » Et leur répondant, il dit : « Vous avez dit vrai, car j'ai été un larron commettant tous les crimes sur la terre. Et les Juifs me crucifièrent avec Jésus, et je vis les merveilles qui s'accomplirent par la croix de Jésus le crucifié, et je crus qu'il est le Créateur de toutes les créatures et le Roi tout-puissant, et je le priai, disant : Souviens-toi de moi, Seigneur, lorsque tu seras venu dans ton royaume. Aussitôt, exauçant ma prière, il me dit : « En vérité, je te le dis, tu seras aujourd'hui avec moi dans le Paradis. » Et il me donna ce signe de la croix, disant : « Entre dans le Paradis en portant cela, et si l'Ange gardien du Paradis ne veut pas te laisser entrer, montre-lui le signe de la croix et dis-lui : « C'est Jésus-Christ, le Fils de Dieu, qui est maintenant crucifié, qui m'a envoyé. » Lorsque j'eus fait cela, je dis toutes ces choses à l'Ange gardien du Paradis. Et lorsqu'il me les entendit dire, ouvrant aussitôt, il me fit entrer et me plaça à la droite du Paradis, disant : « Attends un peu de temps, et le père de tout le genre humain, Adam, entrera avec tous ses fils, les Saints et les justes du Christ, le Seigneur crucifié. » Lorsqu'ils eurent entendu toutes ces paroles du larron, tous les patriarches d'une voix unanime, dirent : « Béni le Seigneur tout-puissant, Père des biens éternels et père des miséricordes, toi qui as donné une telle grâce à des pécheurs et qui les as introduits dans la grâce du Paradis, dans tes gras pâturages où réside la véritable vie spirituelle. Ainsi soit-il. »

## CHAPITRE XXVIII.

Ce sont là les mystères divins et sacrés que nous vîmes et entendîmes, moi Carinus et moi Leucius, il ne nous est pas permis de poursuivre et de raconter les autres mystères de Dieu, comme Michel l'Archange le déclarant hautement, nous dit : « Allez avec vos frères à Jérusalem ; vous serez en oraisons criant et glorifiant la résurrection du Seigneur Jésus-Christ, vous qu'il a ressuscités avec lui d'entre les morts. Et vous ne parlerez avec aucun des hommes, et vous resterez, assis comme des muets, jusqu'à ce que l'heure arrive que le Seigneur vous permette de rapporter les mystères de sa divinité. » Michel l'Archange nous ordonna d'aller au-delà du Jourdain, dans un lieu très fertile et abondant où sont plusieurs qui sont ressuscités avec nous, en témoignage de la résurrection du Christ, parce que c'est seulement pour trois jours qu'il nous est permis, à nous qui sommes ressuscités d'entre les morts, de célébrer à Jérusalem la Pâque du Seigneur avec nos parents, en témoignage de la résurrection du Seigneur Christ, et nous avons été baptisés dans le saint fleuve du Jourdain, recevant tous des robes blanches. Et, après les trois jours de là célébration de la Pâque, tous ceux qui étaient ressuscités avec nous ont été enlevés par des nuées ; ils ont été conduits au-delà du Jourdain, et ils n'ont été vus de personne. Ce sont les choses que le Seigneur nous a ordonné de vous rapporter, et donnez-lui louange et confession, et faites pénitence, afin qu'il ait pitié de vous. Paix à vous dans le Seigneur Dieu Jésus-Christ et Sauveur de tous les hommes. Ainsi soit-il ! Ainsi soit-il ! Ainsi soit-il ! » Et après qu'ils eurent achevé d'écrire toutes ces choses sur des tomes séparés de papier, ils se levèrent. Et Carinus remit ce qu'il avait écrit dans les mains d'Anne et de Caïphe et de Gamaliel. Et pareillement Leucius ce qu'il avait écrit sur le tome de papier, il le donna dans les mains de Nicodème et de Joseph, Et tout d'un coup ils furent transfigurés et ils parurent couverts de vêtements d'une blancheur éblouissante, et on ne les vit plus. Et leurs écrits se trouvèrent égaux, n'étant ni plus ni moins grands et sans qu'il y eût même une lettre de différence. Toute la Synagogue des Juifs, entendant ces discours admirables de Carinus et de Leucius, fut dans la surprise, et les Juifs se disaient l'un à l'autre : « Véritablement. C'est Dieu qui a fait toutes ces choses et béni soit le Seigneur Jésus dans les siècles des siècles. Ainsi soit-il » Et ils sortirent tous avec une grande inquiétude, avec crainte et tremblement, et ils frappèrent leur poitrine, et chacun se retira chez soi. Toutes ces choses que les Juifs dirent dans leur Synagogue, Joseph et Nicodème les annoncèrent aussitôt au gouverneur, et Pilate écrivit tout ce que les Juifs avaient dit touchant Jésus, et mit toutes ces paroles dans les registres publics de son prétoire.

# CHAPITRE XXIX. [33]

Après cela Pilate, étant entré dans le Temple des Juifs, assembla tous les princes des prêtres et les scribes et les docteurs de la loi, et il entra avec eux dans le sanctuaire du Temple, et ordonna que toutes les portes fussent fermées, et il leur dit : « Nous avons appris que vous possédez dans ce Temple une grande collection de livres ; je vous demande de me les montrer. » Et lorsque quatre des ministres du Temple eurent apporté ces livres, ornés d'or et de pierres précieuses, Pilate dit à tous : « Je vous conjure par le Dieu votre Père, qui a fait et ordonné que ce Temple fût bâti, de ne point taire la vérité. Vous savez tout ce qui est écrit dans ces livres ; mais dites-moi maintenant si vous trouvez dans les Écritures que ce Jésus que vous avez crucifié est le Fils de Dieu qui doit venir pour le salut du genre humain, et expliquez-moi combien d'années devaient s'écouler avant sa venue. » Étant ainsi pressés, Anne et Caïphe firent sortir du sanctuaire tous les autres qui étaient avec eux, et ils fermèrent eux-mêmes toutes les portes du Temple et du sanctuaire, et ils dirent à Pilate : « Tu nous demandes, par l'édification de ce Temple, de te manifester la vérité et de te rendre raison des mystères. Après que nous eûmes crucifié Jésus, ignorant qu'il était le Fils de Dieu, et pensant qu'il accomplissait ses miracles par quelque enchantement, nous fîmes une grande assemblée dans ce Temple. Et, conférant entre nous sur les merveilles qu'avait accomplies Jésus, nous avons trouvé beaucoup de témoins de notre race qui ont dit qu'ils l'avaient vu vivant après la passion de sa mort, et nous avons vu deux témoins dont Jésus a ressuscité les corps d'entre les morts. Ils nous ont annoncé de grandes merveilles que Jésus a accomplies parmi les morts, et nous avons entre nos mains leur récit par écrit. Et c'est notre coutume que chaque année, ouvrant ces livres sacrés devant notre Synagogue, nous cherchons le témoignage de Dieu. Et nous trouvons dans le premier livre des Septante [34] où Michel Archange parle au troisième fils d'Adam le premier homme, mention des cinq mille cinq cents ans après lesquels doit descendre du ciel le Christ, le Fils bien-aimé de Dieu, et nous avons considéré que le Dieu d'Israël a dit à Moïse : « Faites-vous une arche d'Alliance de la longueur de deux coudées et demie, de la hauteur d'une coudée et demie, de la largeur d'une coudée et demie. Dans ces cinq coudées et demie, nous avons compris et nous avons connu dans la fabrique de l'arche du vieux Testament que dans cinq milliers et demi d'années Jésus-Christ devait venir dans l'arche de son corps, et, ainsi que nos Écritures l'attestent, qu'il est le Fils de Dieu, et le Seigneur Roi d'Israël. Car, après sa passion, nous, princes des prêtres, saisis d'étonnement à l'aspect des miracles qui s'opéraient à cause de lui, nous avons ouvert ces livres, examinant toutes les générations jusqu'à la génération de Joseph et de Marie, mère de Jésus, pensant qu'il était de la race de David, nous avons trouvé ce qu'a accompli le Seigneur ; et quand il eut fait le ciel et la terre et Adam le premier homme jusqu'au déluge, il s'écoula deux mille deux cent douze ans. Et depuis le déluge jusqu'à Abraham neuf cent douze ans. Et depuis Abraham jusqu'à Moïse quatre cent trente ans. Et depuis Moïse jusqu'au roi David cinq cent dix ans. Et depuis David jusqu'à la transmigration de Babylone cinq cents ans. Et depuis la transmigration de Babylone jusqu'à l'incarnation de Jésus-Christ quatre cents ans. Et ils font ensemble cinq milliers et demi d'années [35], et ainsi il apparaît que Jésus que nous avons crucifié, est Jésus-Christ, Fils de Dieu, vrai Dieu et tout-puissant. Ainsi soit-il. »

1. Dans plusieurs manuscrits, ce préambule présente diverses variantes que Thilo a eu soin de relever (p. 500) ; il se trouve aussi quelques différences dans certains de ces noms propres ; ainsi au lieu de Summas que donnent les manuscrits latins, des *codices* grecs portent Siméon, et d'autres Noïmes (abréviation sans doute de Noïménios, nom qui se retrouve au 1$^{er}$ livre des Macchabées, chap. XII, v. 16).
2. L'accusation de magie devait avoir de la gravité aux yeux de Pilate, chargé des pouvoirs de l'empereur. Tibère sévissait contre les enchanteurs, ainsi que l'attestent Suétone (*Vie de Tibère*, ch. 86), Tacite (*Annales*, l. II, ch. 82) et Dion Cassius (l. LVII, ch. 15).
3. L'usage d'étendre par terre des vêtements et des manteaux au-devant d'un personnage qu'on voulait honorer, se retrouve chez diverses nations. J. Nicolaï en a fait le sujet d'une dissertation spéciale : *de substratione vestium*, (Giessen, 1701) ; voir aussi M. de Boa, *Singularia Scripturae*, t. II, du 7, et les notes des commentateurs sur le verset 8 du ch. XII de saint Mathieu.
4. Cet hommage rendu par les drapeaux rappelle la légende que nous avons déjà signalée et d'après laquelle des arbres, s'inclinant d'eux-mêmes, avalent salué l'enfant Jésus lors de la fuite en Egypte.
5. Quelques anciens auteurs ont donné à l'épouse de Pilate le nom de Procla ou de Claudia Procula, ils ont pensé qu'elle avait eu foi en Jésus-Christ. Les Abyssiniens l'appellent Abrecla, ainsi que le remarque Ludoplhe (*Lexic. Aethiop.* p. 541). L'église grecque l'a mise au rang des saintes et célèbre au fête le 27 octobre. Voir à cet égard la longue note de Thilo, p. 522. Selon une traduction répandue parmi les Coptes, Pilate s'était converti et avait souffert le martyre. S'il faut s'en rapporter à d'autres légendes, dépossédé de son gouvernement et relégué dans la Gaule, il se serait tué de désespoir à Vienne, en Dauphiné. On trouve en plusieurs endroits de l'Europe des montagnes qui portent le nom de Pilate, et que les habitants du pays rattachent à son histoire, (voir Salverte, *Essai sur les noms propres*, t. II, p. 291). Nous pourrions citer de nombreux écrits relatifs à ces légendes ; nous nous en tiendrons à indiquer les poésies latines et allemandes, contenues dans l'*Anzeiger* de Mone, 1835, col. 421-426.
6. Le songe de la femme de Pilate a été l'objet d'interprétations diverses de la part des Pères et des anciens écrivains ecclésiastiques. Thilo a rassemblé, à cet égard, nombre de passages d'Origène, de saint Ambroise, de saint Hilaire, etc.
7. De ces trente-neuf coups, treize devaient être donnés sur l'épaule droite, treize sur l'épaule gauche, treize au-dessus des épaules. S. A. Othon a réuni dans son *Lexicon Rabbinicum*, p. 244, nombre

de passages relatifs à cette flagellation. Elle fut conservée en vigueur jusqu'à des temps rapprochés de nous, car Uriel Acosta, penseur indépendant et hardi, la subit à Amsterdam vers le milieu du XVII$^e$ siècle.
8. Nicodème mourut peu de temps après la passion de Jésus-Christ. Gamaliel le fit inhumer à côté de saint Etienne. C'est peut-être ce qui a porté le patriarche de Constantinople Photius à croire que Nicodème avait été victime de la même persécution. L'église l'honore seulement comme confesseur, le 8 août
9. St Mathieu (chap. IX. 20) n'a point fait connaître le nom de cette femme. Selon un sermon attribué à tort à saint Ambroise, (*Serm. 47, in append. edit Benedict. olim libellus de Salom. c.* 5) c'était Marthe, la sœur de Lazare. Eusèbe dit que c'était une femme idolâtre et qu'elle érigea en mémoire du miracle une statue qu'il a vue de ses yeux. Selon Philostorge et Sozomène, l'empereur Julien fit renverser cette statue. Nous renvoyons d'ailleurs à une assez longue note de Thilo, p. 561, à Dom Calmet, (*Commentaire sur la Bible*, 1726, tome VII, p. 83), et à Fabricius, t. II, p. 445-455 ; ce dernier rapporte, en grec et latin, une prétendue lettre de l'hémorroïsse au roi Hérode, d'après la *Chronographie* de Jean Malala (Oxford, 1691, p. 305.) M. Maury pense que c'est dans l'évangile de Nicodème que Malala a pris le nom de Βερονίαη, *Veronica*, qui depuis a généralement été donné par les légendaires à l'hémorroïsse.
10. Chez les Juifs, avant qu'un accusé fût livré au supplice, un héraut demandait à haute voix s'il n'y avait pas de témoins qui vinssent déposer en faveur de son innocence. Voir le traité *Sanhédrin*, dans la *Mischna*, édition de Surenhusius, tom. IV, p. 233.
11. Cette coutume de délivrer des prisonniers à l'occasion de quelques grandes fêtes, existait chez les Romains et chez les Athéniens. Elle fut en vigueur lors des solennités de Pâques, à la cour des premiers empereurs chrétiens. Remarquons en passant qu'il n'y a pas longtemps un jurisconsulte célèbre, M. Dupin aîné, a discuté la légalité et la régularité de la procédure instruite contre le Sauveur. (*Jésus devant Caïphe et Pilate*, Paris, 1828, in-18) ; il a combattu des assertions émises par M. Salvator, et que celui-ci a cherché à soutenir dans une seconde édit (1838) de son ouvrage (*Jésus-Christ et sa doctrine*, tom. II, p. 520). Indiquons aussi aux bibliophiles le *Trésor admirable de la sentence de Pilate contre Jésus-Christ, trouvée miraculeusement, écrite sur parchemin, dans la ville d'Aquila, traduit de Vitalien*, Paris, 1581, in-8°, opuscule de 24 feuillets, dont il y a une autre édition, Paris, 1621, (de 16 pages), et dont il a été fait, en 1839, à la librairie de Techener, une réimpression *fac-similé*. Selon l'inventeur de cette pièce, indigne que la critique s'en occupe un instant, on la découvrit dans un vase de marbre, enclos de deux autres vases, l'un de fer et l'autre de pierre.

12. On trouve dans la *Chronique* de Martin le Polonais, (l. III, p. 118), divers récits fabuleux relatifs à ce Longin. On a prétendu qu'il avait été enseveli dans l'île Barbe, au confluent de la Saône et du Rhône. Des actes nullement authentiques ont été inscrits sous son nom dans le recueil des Bollandistes, au 15 mars. Voyez d'ailleurs Th. Bartholinus, *de Latere Christi aperto*, cap. VI, et Thilo, p, 586.
13. Les Grecs célébraient la fête du bon larron, le 10 des calendes d'avril, les latins le 8. Consultez la collection des Bollandistes, au 25 mars. La croix sur laquelle il mourut fut longtemps conservée, dit-on, dans l'île de Chypre. César de Nostradamus, fils du célèbre prophète, a composé un petit poème, intitulé *Dymas, ou le Bon Larron*, Tholose, 1606.
14. Ces récits, relatifs à Joseph d'Arimathie, ont passé dans les épopées chevaleresques ; c'est lui qui a été prêcher la foi dans la Grande-Bretagne. Les Grecs célèbrent sa fête le 31 juillet ; il figure au calendrier romain sous la date du 17 mars. Sa vie est tout au long dans le recueil des Bollandistes, t. II, de mars, p. 507 et suiv.
15. Thilo donne, p. 618-622, une note fort étendue au sujet du mont des Olives ; nous croyons qu'il suffira de l'indiquer.
16. Les écrivains rabbiniques abondent en récits d'apparitions fort apocryphes d'Élie. Voir l'ouvrage d'Eisenmenger, *Judaïsmum detectum*, t. I, p. II et suiv., t. II, p. 402-407, *Francfort*, 1700, 2 vol. in 4°.
17. Dans Grégoire de Tours, où se retrouve la même histoire, ce n'est pas Jésus mais un Ange qui vient délivrer Joseph.
18. Chez les Pères et chez les écrivains du moyen-âge, s'endormir se rencontre mainte et mainte fois comme synonyme de mourir.
19. Gassendi rapporte une ancienne formule de serment selon laquelle les Juifs juraient par le Dieu père, Adonaï, par le Dieu qui apparut à Moïse dans le buisson ardent, et par toute la loi que Dieu a enseignée à Moïse, son serviteur. — Quant aux noms de Carinus, de Leucius, Beausobre et M. Maury les rapprochent de celui du faussaire Lencius ou Lucius qui vivait à la fin du premier siècle ou au commencement du second. Il est à croire que l'auteur de l'Évangile de Nicodème a pu prendre dans quelque œuvre apocryphe, à laquelle s'attachait le nom de ce faussaire, l'idée d'attribuer à deux personnages de ce nom, sa relation de la descente aux enfers.
20. Origène est, je crois, le premier écrivain ecclésiastique qui ait fait mention de l'allocution que saint Jean-Baptiste adresse, en sa qualité de précurseur du Sauveur, aux âmes détenues dans les prisons de l'enfer. (Voir le t. II, p. 495 de l'édition des Bénédictins, Paris, 1738-59, 4 vols in-folio). Nous pourrions rapporter ici, ainsi que sur chacune des phrases de récrit que nous traduisons, une foule de passages extraits des pères de l'église et des

écrivains ecclésiastiques, mais ces discussions théologiques ne seraient nullement à leur place. Nous renvoyons ceux qu'elles intéresseraient aux notes hérissées de grec de l'édition de Thilo et au livre de Dietelmayer : *Historia dogmatica de descensu Christi ad inferos*. Nous signalerons la dissertation de Semler : *De vario et impari veterum studio in recolenda historia descensus ad inferos*, ainsi qu'à celle d'Ittig : *de evangelio mortuis annuntiato*. M. Alfred Maury, dans la dissertation que nous avons déjà citée, a discuté plusieurs de ces passages des Pères. Nous mentionnerons seulement les circonstances de l'apparition de saint Jean-Baptiste sous les traits d'un ermite ; plus tard nous reverrons le bon larron porter les traces de son crucifiement, preuve de l'opinion généralement répandue dans l'antiquité que l'âme, affranchie du corps, en conservait toutefois la forme et les signes distinctifs. N'omettons pas de dire que parmi les manuscrits du musée Britannique, il s'en trouve un en langue copte écrit au septième ou huitième siècle ; il paraît avoir quelque analogie avec l'Évangile de Nicodème, et des érudits le regardent comme une traduction d'un écrit de Valentin, le chef d'une des plus illustres écoles gnostiques de l'Egypte. L'auteur de cet ouvrage dont la forme est dramatique, suppose que Jésus-Christ, après sa résurrection, passe douze années avec ses disciples, leur développant, dans une suite d'instructions, une révélation supérieure, et la science du monde des intelligences. — On sait que les Bibliothèques de l'Angleterre possèdent des manuscrits coptes d'une haute importance, intitulés : *la Fidèle Sagesse*, les *Mystères du monde invisible*, etc. La publication de ces écrits éclairerait la philosophie des premiers siècles du christianisme, et jetterait de la clarté sur les doctrines du gnosticisme, doctrines encore imparfaitement connues, malgré les travaux d'érudits tels que Neander et M. Matter. On trouvera, à l'égard de ces compositions en copte, quelques renseignements malheureusement trop courts, dans une brochure de M. Dulaurier que nous avons déjà citée à propos de l'histoire de Joseph : *Fragment des révélations apocryphes de saint Barthélémy* (Paris, impr. royale, 1885). Voir aussi la lettre de ce judicieux érudit au ministre de l'instruction publique, du 24 octobre 1833, (*Moniteur* de la même année, p. 2408).

21. Parmi les diverses opinions relatives à la délivrance des patriarches, il faut citer, à cause de sa singularité, celle des Marcionites. Selon cette secte de gnostiques, Caïn et ceux qui lui ressemblaient, les habitants de Sodome, les Égyptiens et tous ceux enfin qui avaient marché dans les voies de l'iniquité, avaient seuls été sauvés par le Seigneur, lors de sa descente aux enfers, à l'exclusion d'Abel, d'Enoch, de Noé, des imitateurs d'Abraham et des prophètes.

22. Il a circulé nombre de légendes fabuleuses au sujet de ce patriarche ; on lui a attribué divers écrits. Georges Syncelle raconte, d'après *la Petite Genèse* (livre attribué à Esdras), que Seth fut instruit par les Anges de la venue du Sauveur et de la marche des choses futures, et qu'il en fît part à ses enfants. Des rabbins prétendent qu'Adam envoya Seth aux portes du Paradis demander à l'Ange une branche de l'arbre de vie ; et, de cette branche, enfoncée en terre, il naquit un bel arbre qui fournit successivement la verge d'Aaron, celle de Moïse, le bois que Moïse jeta dans les eaux pour les rendre douces, le support qui soutint le serpent d'airain. Le moyen-âge forgea là-dessus un récit merveilleux, d'après lequel le tronc de cet arbre, après avoir été employé à la construction du Temple de Salomon, donna le bois de la vraie croix, récit qui se trouve entre autres ouvrages dans l'*Histoire de la pénitence d'Adam*, traduit du latin en français par Colard Mansion, typographe de Bruges, au sujet duquel M. Van Praët a publié des *Recherches* intéressantes. D'autres écrivains modifiant quelques circonstances de ce récit, racontèrent que l'arbre ne put s'adapter à aucune portion du Temple, et qu'on le plaça sur un fleuve où il servait de pont ; la reine de Saba ne voulut point mettre le pied dessus, parce qu'elle savait que le rédempteur du monde devait souffrir sur ce bois. Les Juifs le jetèrent dans un égout, lequel devint la piscine miraculeuse dont il est question dans l'Évangile (saint Jean, chap. 5). Voir un passage d'Adelphus, cité dans le *Thesaurus hymnologicus* de Daniel, t. II, p. 80, et dans les *Poésies populaires latines du moyen-âge*, de M. Edelestand du Méril, p. 320.
23. Indiquons ici un passage des *Récognitions* de saint Clément (l. I. c. 45), ouvrage du premier siècle, où il est donné une explication mystique de cette onction de l'huile, provenant de l'arbre de vie. Dans la cérémonie du baptême, chez les Ophites, hérétiques antérieurs à Origène, le néophyte disait : « Oignez-moi du baume blanc de l'arbre de vie. » Selon les écrivains juifs, l'arbre de vie, ainsi que tout ce qui était dans le Paradis terrestre, a été transporté dans le ciel ; le livre d'Enoch (édit. d'Oxford, 1824) le dit formellement (chap. XXIV. I-II; XXXI. I-V). On peut recourir aux passages qu'a réunis Schœttgenius dans ses *Horae Heb. et Talm.* p. 1095. Puisque nous avons parlé de l'arbre de vie, notons, qu'au dire de quelques rabbins, celui qui était au milieu des jardins de l'Éden était si gros qu'il aurait fallu cinq cents ans à un homme tel que nous, pour en faire le tour.
24. Les écrits les plus anciens indiquent l'Archange Michel comme le protecteur des Israélites et des chrétiens. Hermas, dans le livre du *Pasteur*, l'appelle le défenseur et le chef des fidèles ; Sophorinus, archevêque de Jérusalem, dans son discours de l'excellence des Anges, (inséré dans la *Bibliothèque des Pères*, édit. de Lyon, t. XII, p. 210), le qualifie de prince établi sur tout le genre hu-

main, de saint archi-satrape, de conservateur du corps, celui qui éclaire toute créature et qui introduit les âmes au ciel.
25. Quelques sectes des premiers siècles, les Montanistes, entre autres, poussèrent ridée de la nécessité et de l'efficacité du baptême jusqu'à baptiser les cadavres d'individus morts avant d'avoir pu recevoir ce sacrement Voyez Vossius, *Dissert de baptismo*, Wall, *History of pœdobatism*, Monter, *de antiquit. eccles. gnosticorum*. Selon un théologien grec, Théodore Abucaras, tous les saints de l'Ancien Testament furent baptisés par le mélange de sang et d'eau qui s'écoula du côté de Jésus-Christ.
26. Cette distinction entre Satan et le prince de l'enfer se retrouve dans quelques ouvrages des anciens auteurs ecclésiastiques et dans divers écrits apocryphes, notamment dans les actes de saint Thomas que Thilo a publiés en 1823, avec un commentaire, d'après un manuscrit, resté inédit, de la bibliothèque du roi.
27. L'expression de Tartare se retrouve dans quelques poètes ecclésiastiques. Fulbert, de Chartres, disait, au dixième siècle, dans son hymne pour la fête de Pâques : « *Quam devorarat improbus Prœdam refudit Tartarus* ; » et nous trouvons dans une pièce de vers attribué à tort, sans doute, à Victorin, de Poitiers : « *A sedibus imis Tartarus evomuit proceres.* » Si quelque lecteur tenait à connaître tous les passages des Pères, où reparaissent ces description de l'enfer que le vulgaire interprétait à la lettre, renvoyons-le avec M. Maury, à deux ouvrages de Mamachi, *de animabus justorum in sinu Abrahœ, ante Christi mortem*, Romae, 1766, 2 vol. in-4°, et de T.-L. Kœnig, *Die Lehre von Christi. Hœllenfahrt*, Francfort, 1842.
28. Il a existé des livres attribués à Lazare, mais ils sont perdus.
29. Beausobre, dans son *Histoire du Manichéisme* (I, 374) s'exprime ainsi au sujet de ce discours : « C'est le plus bel endroit de la pièce. L'orateur y prête au prince du Tartare toute son éloquence. Il lui prête même des sentiments qui feraient croire qu'il y a encore quelques principes de justice aux enfers. »
30. Après Belzebuth, quelques manuscrits portent l'épithète de *tricapitinus* ou *tricapitus*. Ce qui rappelle un passage du *Kidduschin* folio 29. — « Le rabbin Acha passa la nuit dans un cimetière, et bientôt le démon lui apparut, et il avait la forme d'un démon à sept têtes. » Le chien à trois têtes, le Cerbère des Grecs est chargé de la garde de l'enfer chrétien, dans un des hymnes grecs de Synésius, évêque de Ptolémaïs, mort vers 630 ; on le retrouve comme l'emblème du diable sur une des colonnes de l'église de Saint-Martin, à Tarascon.
31. La plupart des docteurs des $4^e$, $5^e$ et $6^e$ siècles, ont cru qu'il s'agissait ici du Paradis terrestre, ils le représentaient comme existant encore sur la terre. Quelques 'écrivains l'ont placé dans l'île de Taprobane ou de Ceylan. Albert le Grand rapporte qu'il est aux extrémités de l'Inde, sur une montagne tellement élevée,

qu'elle atteint jusqu'à la lune. Il est digne de remarque que c'est en effet dans l'Inde que se trouvent les cimes de l'Himalaya, les pics les plus, altiers et les plus inaccessibles sur la surface de noire planète. D'autres, tels que Pierre Lombard, le Maître des sentences, se bornent à placer le jardin d'Eden sur une montagne que les eaux du déluge n'ont pu recouvrir. Il serait long et fastidieux de rechercher les diverses places que l'on a données au Paradis terrestre ; les Musulmans le mettent dans le septième ciel, Hardoin, aux environs de Damas, Heidegger, dans la vallée du Jourdain, Reland, dans l'Arménie, Fregge, sur les bords de la mer Caspienne, Marignola dans les Maldives, Hasse, sur les rives de la Baltique, Rudbeck en Suède, et Schulz, dans les régions polaires.

32. Nous avons déjà parlé d'Énoch, et nous renvoyons à une longue note de Thilo, p. 756-791, ceux qui seraient curieux de rechercher les diverses opinions émises au sujet de ce patriarche. Nous ajouterons que, selon une tradition fort répandue parmi les Hébreux, Moïse aurait été enlevé vivant au ciel, ainsi qu'Enoch et ainsi qu'Élie, et qu'il a existé un livre apocryphe de l'*Assomption de Moïse*. On a prétendu également que Jérémie avait été exempt de la loi commune du trépas, et qu'il reviendrait sur la terre avec Elie. (Voir saint Hilaire, conc. 20 *in Matthœum*, et Bartolocci, *Bibliotheca rabbinica*, t. IV p. 513).

Quant à Enoch et aux écrits qui lui sont attribués, nous ajouterons les indications suivantes à celles qui sont contenues dans une de nos notes sur l'*Histoire de Joseph* : G. S. Sandmark, *De libro Enochi prophetico*, Lund, 1769, 4° ; J. Rezel et Denell, *de prophetia Enochi*, ibid. 1769, 4° ; Silvestre de Sacy, *Notice du livre d'Enoch, traduit de l'Éthiopien en latin*, dans le *Magasin Encyclopédique*, 1800, t. I, p. 869 ; *The book of Enoch the prophet, an apocryphal, production discovered at the close of the last century in Abysinia now first translated from an Ethiopic mss. by R. Laurence*, Oxford (1821), 1833, 8° ; R. Murray, *Enoch restitutus*, Londres, 1833, 8° ; A. C. Hoffmann, *Das Buch Enoch*, Jena 1838, 8°. Nous remarquerons aussi que les Arabes ont donné à Enoch le nom d'Edris : *Enoch dictas Edris propter multiplex studium* ; *dimisit enim ei altissimus triginta volumina*, (Hottinger, *Hist. orient.* l. I, c. 3), Abulpharage affirme que d'anciens auteurs grecs (*grœci antiquiores*) assuraient que ce patriarche était le même qu'Hermès, dit Trismégiste. Plusieurs écrits nous sont parvenus sous le nom de ce dernier personnage dont l'existence est entourée d'épaisses ténèbres. On peut consulter à cet égard J. G. Rœser, *Dissert. de Hermete*, (Viteberg. 1636, 4°), Baumgarten Crusius : *de libror. hermetic. indole atque origine*. (Jenae, 1827, 4°). Quant aux livres qui lui sont attribués, ils sont au nombre de deux, (*Pimander, de sapientia et potestate Dei* ; *Asclepius, de voluntate divina*) ; le premier fut traduit en latin par Marsile Ficin, et cette traduction, imprimée en 1471, fut souvent reproduite au seizième et au dix-septième siècle. Le texte grec fut publié pour la première fois à Paris, en 1554, chez Adrien Turnèbe. On en connaît deux traductions françaises par G. du Préau, *Paris*, 1549, et par F. de Foix de Candalle, *Bordeaux*, 1574, in-8°. Chacune d'elles ont eu les honneurs de la réimpression. (Au sujet de ces diverses éditions, consulter le *Manuel du Libraire*, 1843, t, III, p. 363). M. Ravaisson, dans son travail sur la métaphysique d'Aristote, t. II, p. 481, s'exprime ainsi à l'égard de ses écrits : « Ils sont apocryphes, mais ils ne sont pas toutefois aussi récents que quelques auteurs l'ont supposé. Le Pymandre est évidemment l'œuvre d'un chrétien, la doctrine de l'Asclepius, livre important et peu étudié, présente de singuliers rapports avec celle de Philon et des cabalistes. »

33. Ce chapitre n'existe point en grec et dans une partie des manuscrits latins, il est l'œuvre d'une main plus récente ; l'ignorance de l'auteur se trahit lorsqu'il raconte que Pilate, un païen, put entrer, sans empêchement, dans le sanctuaire du Temple.
34. Il y a lieu de croire que cette expression de Septante se rapporte aux 70 livres, que la tradition attribuait à Esdras ; le premier d'entre eux, connu sous le nom de la *Petite-Genèse*, renfermait les dialogues de l'Archange Michel avec Seth.
35. Remarquons que si l'on additionne ces diverses périodes, l'on trouve 4964 et non 5500 ans. D'autres manuscrits portent des chiffres un peu différents, mais aucun n'a eu l'habileté de tomber juste.

Copyright © 2023 par DP Éditions
Couverture : Canva.com
ISBN Ebook 979-10-299-1520-8
ISBN Livre broché 979-10-299-1521-5
**Tous droits réservés**

www.ingramcontent.com/pod-product-compliance
Lightning Source LLC
LaVergne TN
LVHW031605060526
838201LV00063B/4739